はじめに

　強制動員真相究明ネットワーク（真相究明ネット）は 2005 年に結成されました。現在も活動を継続しています。真相究明ネットは、以下の活動をするために作られました。

1）日本政府に、政府および公的機関、そして企業の保有する強制動員関係の資料の提示を促進することを求める活動をする。
2）日本における強制動員の真相究明のための活動を通し、日本の世論が強制動員問題に関心を向けるようにする。
3）韓国で構成される被害者団体を含む「市民ネット」と連帯し、交流や可能な行事を行う。
4）日本における真相究明法である「恒久平和調査局設置法案」の制定運動に協力する。
5）ネットワークで集約された資料を保管・展示する空間を作る。

　会員が情報を共有し、さらに活動内容を広く知っていただくためにニュースを発行しています。2025 年 4 月の段階で、25 号まで発行していますが、そのニュースを 2 冊の合本として発行することにしました。

第 1 分冊　1 号（2006 年 2 月 12 日）～10 号（2018 年 2 月 2 日）
第 2 分冊　11 号（2018 年 5 月 26 日）～20 号（2022 年 6 月 2 日）

　本冊がその第 1 分冊です。この冊子が、活動の記録となり、更に運動がひろがる糧となることを願っています。

　　　　　2025 年 4 月 10 日　強制動員真相究明ネットワーク　共同代表　庵逧由香　飛田雄一
　　　　　〒657-0051 神戸市灘区八幡町 4-9-22　神戸学生青年センター内
　　　　　　　　TEL 078-891-3018 FAX 078-891-3019
　　　　　　　ホームページ　https://ksyc.jp/sinsou-net/　e-mail　shinsoukyumei@gmail.com

　　＜ 目 次 ＞（頁）
　・No.1　2006 年 2 月 12 日　（2）
　・No.2　2007 年 7 月 3 日　（18）
　・No.3　2008 年 6 月 25 日　（38）
　・No.4　2011 年 5 月 4 日　（58）
　・No.5　2012 年 7 月 20 日　（73）
　・No.6　2014 年 3 月 15 日　（89）
　・No.7　2015 年 10 月 12 日　（97）
　・No.8　2016 年 10 月 6 日　（121）
　・No.9　2017 年 6 月 19 日　（139）
　・No.10 2018 年 2 月 2 日　（155）

強制動員真相究明

ネットワークニュース No.1　2006年2月12日

編集・発行：強制動員真相究明ネットワーク
（共同代表／上杉聰、内海愛子、飛田雄一、事務局長／福留範昭）
〒657-0064 神戸市灘区山田町 3-1-1 (財)神戸学生青年センター内
ホームページ：http://www.ksyc.jp/sinsou-net/　E-mail：kyumei@nifty.com
Tel/Fax：092－732－3483（事務局長・福留範昭）
郵便振替＜00930－9－297182　真相究明ネット＞

ニュース発刊に際して　強制動員真相究明ネットワーク共同代表　飛田雄一

　　昨年7月、私たちは「強制動員真相究明ネットワーク」を立ち上げました。戦後60年を過ぎてもなお明らかにされない強制連行の真相を究明するためです。本ニュースで取り上げているようにいくつかの具体的な課題が私たちに突きつけられています。「遺骨」問題が日韓政府間の協議の焦点になっていますが、私たちネットワークでも上杉レポートにあるように宗教界との共同の取り組みを進めようとしています。また花房、横川、小林のレポートにあるように、地域での具体的な取り組みも始まっています。様々な地域でこのような取り組みがなされることが期待されています。またネットワークは、日本政府に、政府および公的機関、そして企業の保有する強制動員関係の資料の提示を促進することを求める活動を行っており、この活動を通して日本の世論が強制動員問題に関心を向けるように働きかけをしていこうと考えています。また日本における真相究明法である「恒久平和調査局設置法案」の制定運動にも協力していきたいと考えています。

　　ネットワークは、16頁掲載の呼びかけ人によって設立されました。ネットワークでは更に多くの仲間を求めています。個人・団体の参加をよろしくお願いします（申込み方法等についても同頁を参照ください）。また運動にはそれなりの資金が必要となってきます。この面での支援もよろしくお願いしたいと思います。

　　戦後60年が過ぎたいま、歴史の事実を記録する作業は、最後のチャンスともいえる時期にさしかかっていると言えるでしょう。私たちの力をあわせて真相究明のための活動を進めたいと思います。

●目 次●　ニュース発行にさいして　飛田雄一 p1／真相究明ネット活動報告　福留範昭 p2／宗教界の遺骨問題への取り組み　上杉 聰 p4／「遺族に沈黙を強いる靖国」内海愛子 p5／真相究明ネットのニュース誌発行を祝って　崔 鳳泰 p7／強制動員被害者の生死の確認を　李 熙子 p8／ドキュメンタリー "あんにょん・サヨナラ" を制作！　古川雅基 p9／福岡県での取り組み　花房俊雄 p10／「変災報告書と二重徴用」横川輝雄 p12／北海道・浅茅野飛行場の遺骨について　小林 久公 p13／「韓国委員会 口述記録集『タンコだって』発刊」（聯合ニュース）p14／「真相究明ネット入会書式」p16

強制動員真相究明ネットワークニュース No.1（2006.2.12）　1

強制動員真相究明ネットワーク
ニュース合本 第一分冊
１号（2006年2月12日）～10号（2018年2月2日）

真相究明ネット活動報告

真相究明ネット事務局長　福留 範昭

2005.7.18　ネットワーク結成集会

　強制動員真相究明ネットワークは、2005年7月18日に結成されました。この日、東京の在日韓国YMCAで開かれた結成総会には、沖縄から北海道に至る全国各地から140名を越える方々が集まって下さいました。

　真相究明ネットは、韓国の日帝強占下強制動員被害真相糾明委員会(以下、真相糾明委員会)の活動を支援するために、強制動員の真相究明の活動を第一義にしています。しかし当時、強制動員被害者の遺骨に関する第1回日韓協議が既に開催されており、日本政府による遺骨の情報収集活動も始まっていました。したがって、真相究明ネットでは、まず強制動員被害者とりわけ強制労働者の遺骨に関する取り組みを中心に活動を始めることになりました。

　その活動の経緯を簡単に、報告したいと思います。まず、強制動員・遺骨問題関連の行事歴を表示します。

●
日本における動き
2005年
03下旬 福岡からネットワーク構想の発信
04.　政府108の企業へ遺骨調査票送付
05.03　第1回ネット事務局会議(神戸)
05.21-2 「戦後60年」日本の過去の清算を求める国際集会(東京)
005.25 第1回日韓遺骨問題協議(東京)

6.02　第2回ネット事務局会議(神戸)
06.20 政府、自治体へ遺骨情報の提供依頼
06.29 政府、宗教団体へ遺骨情報の提供依頼
07.18 第3回ネット事務局会議(東京)
　　　真相究明ネット結成総会(東京)
07.19 ネット代表、政府関係者に遺骨問題要請
09.04 遺骨問題対策会議(神戸)
08-09 ネットで衆議院候補にアンケート実施
09.26 **第2回日韓遺骨問題協議**(東京)
10.01　第4回ネット事務局会議(神戸)
11.22 曹洞宗、1411寺に調査票送付
11.28-9 第3回日韓遺骨問題協議(ソウル)
12.13 政府、全日仏理事会で遺骨問題説明
12.27 遺骨問題の**第1回日韓実務者協議**
2006年
01.11 政府、全日仏の連絡協議会に参加
01.23 政府自治体に埋・火葬認可証の確認依頼
01.27 遺骨問題の**第2回日韓実務者協議**

●
韓国における動き
2005年
01.17 日韓協定外交文書一部公開
01.25 強制連行被害者団体連合発足
02.01 **強制動員被害申告受付開始**
02.17 真相糾明委員会代表団日本の国会訪問
03.18 対日過去事清算のためのワークショップ
04.20 真相糾明委員会調査班初めての日本実地調査(2班に別れ、筑豊・宇部、筑豊・ウトロなどの調査をそれぞれ行う)
05.10 ネット準備会代表が、真相糾明委員会を訪問しネット結成予定を報告
06.20 日韓首脳会談開催(ソウル)
06,07 委員会2回にわたりサハリン長期調査
06.30 **第1次被害申告受付終了**(約20万件受理)
08.26 日韓協定外交文書全面公開
09.15-6 平壌で日本の過去の清算を求める国際協議会開催
10.05 朝鮮人強制動員政策シンポジウム開催
10.21 日本の過去の清算を求めるアジア議員連帯会議発足

2 強制動員真相究明ネットワークニュース No.1 (2006.2.12)

11.10 究明委員会発足1周年 強制動員問題の国際シンポジウム開催
12.01 第2次被害申告受付開始(06.6.30まで)

2006年
02.03 崔鳳泰氏に代わり、朴新事務局長就任

2005.1.25 日帝強制連行被害団体連合発足式(ソウル)

●

遺骨調査は、2004年12月鹿児島で行われた日韓首脳会談で、盧武鉉大統領が小泉首相に強制動員労働者の遺骨の所在確認および奉還を要請したことに端を発しています。その後の日本政府の遺骨問題への取組みは、必ずしも迅速なものではありませんでした。しかし、2005年に起こった事象によって、政府の対応は加速したように思えます。

それは、扶桑社の歴史・公民教科書の検定・採択問題、島根県の「竹島の日」条例制定、日本の国連安保理常任理事国入り宣言などです。これらは、韓国世論に大きな反発を呼び起こし、日韓関係は膠着化してきました。これを改善する一つの手段として、遺骨問題への対応がなされたように思われます。政府は、4月に企業108社に調査票を送り、6月に都道府県および宗教団体(全日本仏教会など)に、情報提供依頼文書を送りました。

一方、韓国では、真相糾明委員会が2月より強制動員被害者の申告と真相調査申請の受付けを開始し、4月には調査班を日本に派遣し実地調査に着手しました。その後も、福岡県(筑豊・大牟田)、北海道、長野県(松代大本営)、福島・茨木県(常磐)、長崎県、広島市、そしてサハリンなどを調査しました。また、強制動員に関する基礎資料の収集のために日本の各地を回っています。

5月25日には、東京で遺骨問題に関する第1回日韓協議が行われ、韓国側代表として崔鳳泰事務局長を初めとする真相糾明委員会のメンバーが参加しました。この協議で、日韓両政府は、遺骨問題の方針を、「人道主義」・「現実主義」・「未来志向」の3原則にすることで一致しました。なお、6月30日に締め切られた第1次被害申告は、20万3,055件となりました。

7月18日に結成された真相究明ネットでは、翌19日、政府(内閣官房、外務省、厚労省)の実務者と面談し、遺骨問題に関する具体的な問題を議論し、要請文を手渡しました。7月中旬の段階で、都道府県に送られた政府の遺骨に関する依頼文書は、市町村に送付されていきました。真相究明ネットでは、各県の市町村の担当課に訪問や電話で作業内容を確認しました。ほとんどの担当課では、充分な調査をせず「該当なし」の回答をしていました。また、宗教団体に関しては、各宗派の宗務部(庁)に文書が留まり、末端の寺院には伝達されていませんでした。

8月に予定されていた第2回日韓協議は延期され、9月26日に東京で開催されました。ここで、日本側より、企業調査で147体、地方自治体から721体、計868体の遺骨の存在が確認されたことが報告されました。韓国側は、確認された遺骨の数が少なすぎるため、より徹底した調査を要請しました。

真相究明ネットでは、この間、上杉共同代表を中心に東西の浄土真宗や曹洞宗などの本部を訪れ、遺骨調査への協力を要請しました。各宗派では、宗報で政府の依頼文書を掲載し、末寺への協力を求めました。そして、曹洞宗は11月22日に1,411寺に調査票を送付しました。その内容は、真相究明ネット側の要請を多く採り入れたものでした。(仏教界の取組みについては、上杉氏の文章を参照ください)

ついで、11月28〜29日、ソウルで第3回日韓協議が開催されました。この協議で、日韓共同の遺骨実地調査を年内にも着手すること、その具体的な内容を検討するために実務者会議を開催することが決められました。また、韓国側は、日本側提供の遺骨情報に関し、朝鮮人1万名以上を雇用していた麻生炭鉱すら資料提供がないことを挙げ、徹底した調査を再び要請しました。

実務者協議は、12月27日と06年1月27日に東京で開催されましたが、遺骨実地調査に関する具体的な計画を立てられないでいます。こ

れは、遺骨が安置されている寺院を持つ各宗門の積極的協力が、現在まで得られていないことに主として起因しています。政府の関係者は、12月の全日本仏教会の理事会と06年1月の全日仏の連絡協議会に参加し、遺骨問題について説明し、協力を要請しました。しかし、全日仏側は、遺骨調査に関する具体的計画が政府にないこと、確認された遺骨を韓国に送還する具体的方法が提示されていないことなどを、批判しました。

政府の遺骨問題に対する取組みは、外交問題として対応しているため、外務省、内閣官房が中心になっています。そして、日韓両側が掲げている原則のうち「人道主義」の立場に、日本側が充分立っていないため、その中身には多くの問題点があります。しかしながら、1月27日の全日仏の協議会には、厚労省から多数の関係者が参加し、日本側の姿勢の変化が垣間見られます。真相究明ネットは、遺骨の調査・返還が実りあるものになるため、政府を批判するだけでなく、協力していく姿勢を維持していくつもりです。

遺骨問題に関しては、真相究明ネットと連動して、北海道、福岡県で具体的な取組みが進展しています。花房氏が福岡県の取組みを紹介し

ていますので、これを参考にして、各地で新たな動きがつくられることを望みます。

韓国の真相糾明委員会に被害申請をした約20万件ののうち、7割にあたる約14万件が、強制労働者に関するものです。しかし、労働者に関する名簿は、約1割の人たちに関するものしか、日本政府から韓国政府に渡っていません。したがって、関係者は委員会が進めている被害の認定を受けることができません。そして、遺族の多くは肉親の「生死の確認」すらできていない状況です。

このため、遺骨調査と関係して、強制動員労働者の情報、被害者の生死、強制労働の内容などを知るために、厚生年金名簿、供託金名簿、旧鉱山監督局の諸資料、そして埋・火葬認可証などの開示が是非必要です。日本政府に開示を求めるだけでなく、地方に分散しているこれら資料の断片の発見にも、皆様のご協力をお願いいたします。

また、真相究明ネットでは、遺骨問題だけでなく、真相究明の作業として、資料の発掘・収集、そして更なる調査活動などを各地で展開していきたいと思っています。皆様の連携や協力を切にお願いいたします。

宗教界の遺骨問題への取り組み

真相究明ネット共同代表　上杉　聰

政府が全日本仏教会（以後「全日仏」、約7万寺院）へ遺骨の情報提供を要請したのは、05年6月のことであった。植民地時代の遺骨が保存されている可能性がもっとも高いのは、なんといっても旧来の仏教寺院であり、それを取りまとめてきたのが全日仏である。政府の宗教界への要請は、企業、自治体につづき最後の公的な調査依頼だったが、遺骨問題に占める仏教界の位置の大きさが次第に浮彫りになっている。

政府から依頼を受けた全日仏は、ただちに傘下の加盟団体（58の宗派など）へ政府の要請書を流した。その内容は、末端の各寺院から政府に直接報告するものであったことから、私たちネットワークは、仏教界の遺骨調査が最後の

大きな砦であるにもかかわらず、これでは十分な成果を期待できないと考え、9月初旬に、全日仏をはじめ、その傘下にあって実質的な組織力を発揮してきた曹洞宗、東本願寺（真宗大谷派）、西本願寺（浄土真宗本願寺派）への要請を行った（この三派の合計が約3万5千カ寺で全日仏の約半数に達する）。

私たちが要請したことは、宗教者の主体的な立場からこの問題に取り組み、宗門の責任のもとに全寺を調査してほしい、また調査対象を中国人遺骨へも広げてほしいなどであった。これにもっとも早く反応してくれたのが曹洞宗で、宗教者の戦争責任を果たす立場（92年「懺謝文」）に基づき、中国（台湾）出身者の調査も

4 強制動員真相究明ネットワークニュース No. 1（2006.2.12）

あわせ行うという趣旨のもと、強制労働の事業所があった周辺の寺院1,411カ寺に11月22日、ダイレクトメールで調査依頼を発し、さらに宗報により1万5千カ寺すべてに同じ文書を伝達した。

これに対する返答が、06年1月末段階で約1,000寺（もちろん「ない」という回答も多い）から寄せられ、現在、集計中である。私たちネットワークは、1月27日、今後に向けて同宗と協約を結び、遺骨の所在や身元確認などについて共同調査をすること、その実施に際しては互いの自主性と独立性を重んじ、情報の管理は厳密に行うなどの暫定協約書を交わした。以後、共同の予備調査、現地調査を行う運びとなっている。

次に積極的に応じてくれたのが東本願寺で、昨年11月に宗報『真宗』を通して全末寺9,000カ寺に対し、遺骨調査への協力依頼を流した。これへの反応は良くなかったが、予算措置を伴う調査計画を新たに策定中であり、とくに戦後直後の中国人遺骨の返還に大きく寄与し

た過去の経験や、各地で自発的に遺骨の調査と奉還を実施してきた経緯を踏まえ、仏教教団の中に締める位置の大きさ応えた活動をしたいと表明している。

西本願寺は11月、これまで部落問題や靖国問題に取り組んできた基幹運動本部が責任を持ってこの問題に取り組むことを決定、12月には全国32の教区の代表を集めて遺骨問題の学習会を持った。宗門の中央がこの問題に取り組む正式決定を行うのは2月の予定であるが、12,000カ寺を擁する西本願寺が本格的に動き出すことへの期待が、各方面から寄せられている。

政府が昨年9月に発表した企業・自治体を通しての調査結果によると、868体の遺骨うち約65%がやはり寺院に安置されていることが判明、仏教界の取り組みがもつ位置の大きさが改めて確認されている。

遺族に沈黙を強いる靖国

真相究明ネット共同代表　内海 愛子

アジアを歩いて来て、この間感じたことを、お話したいと思います。パプア州にビアク島という島があります。恐竜のような形をしたニューギニアの西側にあるインドネシア領パプアの小さい島です。恐竜の形をしたニューギニア島の真ん中が割れて、東西に分断されていますが、その一番東の端が旧ホーランディア、ジャヤプラです。

放置されている日本兵の遺骨

私はかつて海老の調査でこのあたりをかなり歩きました。その時に放置されている日本兵の遺骨に出会う機会がたくさんありました。ビアク島では日本軍が立てこもった壕があり、そこには5千人近くが立てこもったと言われています。今はその近くに厚生省による貧弱な碑が出来ていますが、歯や大腿骨の一部が残っていました。

ビアク島に私たちが行ったときには、住民に、最近発見された日本兵の遺骨があるからと言われ、それを見に行きました。カマールリマ、五つの部屋と名付けられた洞窟は、入り口が一メートルもありません。そこを這って入ると奥に五つの鍾乳洞の部屋があり、日本兵の頭蓋骨が並べて置いてありました。住民はこれが次の観光資源になるということなのでしょう、きれいに整理されていましたが、その一番奥には飯ごうもあれば、歯ブラシに歯磨きが付いたまま、そして石鹸箱がそのまま非常に生々しい状態でありました。戦後五〇数年を経ても、こういうかたちで遺骨が見つかります。アンボン島に行きますと、湾を望む所には、日本軍が作った高射砲陣地が残っていました。

インドネシア、中でも特にあの戦争の最前線といわれる地域を歩いてみると、もちろん、まず第一にインドネシア人の戦争被害を問題にし

強制動員真相究明ネットワークニュースNo.1 (2006.2.12)　5

なければいけませんが、風時に私が疑問をもったのは、戦後50年を経てもなぜこの遺骨が放置されているのだろうかということでした。一体日本人は遺骨をどう考えているのだろうか。240万人の日本軍将兵の死、この中には朝鮮人も台湾人も含まれていますが、そのうち116万人以上の遺骨が収集されていない。半数近くを海外の戦場に放置して、私たちは戦後50年、60年を迎えていたわけです。そのうち今でも60万体は収集可能だと言われているのです。

　何でこれを収集しないのだろうか。何で遺族が自分の肉親の遺骨に執着しないのだろうか。日本には遺骨に執着しないという宗教観があるのだろうかと考えてきました。これと対照的なのがアメリカです。今でも時々、新聞のべた記事に出てきますが、1950年代の朝鮮戦争のときの行方不明および捕虜になったアメリカ兵の遺体を今でもアメリカは捜索しています。

　POWとMIA、つまり捕虜・行方不明兵士の遺骨の収集、遺体の収集は、アメリカがもし朝鮮民主主義人民共和国と国交回復することがあれば、まず解決されなければならない問題だととらえられています。同じことがベトナム戦争についても言えます。

　こういうかたちでのアメリカの遺骨への執着について、アメリカのナショナリズムの問題、国家とは何かという問題と関連して考えなければならないので同列に並べて論ずることはできませんが、自国の兵士の遺骨を、最後の最後まで探し出そうとするアメリカの執念があります。それに較べて、日本では死亡した将兵の半数近くを海外に留めたまま私たちは戦後60年を迎えました。私は、ビアク島の洞窟に這って潜っていって遺骨が並んでいるのを見たときに、一体これはどういうことなのだろうかと強く疑問に思いました。

名誉の戦死を強いた靖国

　ここに靖国の大きな機能があるのではないだろうかと私は思います。遺体がなくても白木の箱に石ころなり遺品なり、時には紙切れなりを入れて引き渡される。靖国の神になったと言われる。そのことによって、遺族の遺骨を返せという思い、あるいは自分の肉親を遺骨にしたこの戦争の指導者、政府、権力に刃向う力が殺がれていきます。靖国に合祀をされることによ

って、遺族が沈黙を強いられる。あるいは満足をさせられたのではないのか。　みんなが靖国に合祀されるのかというと、合祀されない戦没者がいます。一つは逃亡、それから不名誉な死、自殺も含まれますが、この人たちは合祀されません。ですから遺族が靖国をめぐって二つに分断されていると言えます。靖国に合祀される「名誉ある死」と、合祀されない「不名誉な死」。この死の分断、差別化によって遺族は沈黙を強いられる。

　1937年に日中戦争が始まると、今まで単に死亡と書かれていた戸籍に司法省の通牒によって名誉の表彰たる"戦死"が戸籍に記載されるようになります。翌年になると戦傷で死んだ人たちも、どこどこで受傷して死亡と記載されます。戦傷死と戦死というのが戸籍に記載されるようになる。だから単なる死亡ではなく、名誉ある戦死ということが戸籍の上からも判読できるようになります。地元の役場で、戦死と戦傷死、単なる死亡と、公に分けて記載されるようになると、たとえば、こういうことが出てきます。インパール作戦の時に、師団長が自決をすれば戦死として扱うということを最後に訓示しました。ということは動けない兵士が捕虜になりそのまま捕まったのちに死んだ場合、不名誉な死であるのに対して、手榴弾で自決をすれば、これは名誉ある戦死というわけです。こういうかたちで日本軍の兵士たちは決して捕虜にはなれないという状況に追い込まれていきました。フィリピンのミンダナオ島で投降し捕虜になった小島清文さんにインタビューをしたときに、日本の軍人にとって捕虜になるというのは、男が女になることが難しいくらいに難しいことだったと述懐していらっしゃいました。捕虜になって生き残る、あるいは生き残れる可能性があっても名誉の戦死を強いられていく。こういう兵士の死が戦争中にありました。

遺族にとっての靖国

　日本には死亡者の遺骨を収集しなければならないという法律はないようです。1952年に衆議院で「海外諸地域等に残存する戦没者遺骨の収集及び送還等に関する決議」が採択されました。この決議は、同胞の遺骨の速やかな送還を決議するだけなのです。ですから政府・国家権力は遺骨の収集を義務付けられていない。また、

戦後行方不明の兵士に対して、戸籍の整理をして、戦時死亡宣告を記載するということが行われました。これは一般の人たちの単なる行方不明の宣告ではなくて、あくまでも戦争に動員された結果としての戦時死亡宣告である。一般の人の死亡とは違いますよということがここでも記載できるような措置がとられているのです。戦中戦後、遺骨のない白木の箱を抱かされて、怒りを政府にも軍にも向けられなくて沈黙を強いられた遺族。あるいは靖国にも入れなくて不名誉な戦死として、村の中で沈黙を強いられた遺族。こういう遺族の存在を考えたとき、靖国には、時には名誉の感覚をくすぐり、そしてある時には不名誉の感情を押し付けて、遺族に沈黙を強いるという機能があったのではないかと思われます。アジアの人たちの問題はありますが、もう一方で日本の将兵にとって靖国神社とは何だったのだろうか、遺族にとって靖国とは

何だったのだろうかと考えさせられます。この視点から靖国神社のもっている機能をもう一度考え直すとき、116万の遺骨を海外に放置したまま戦後60年を経てきた私たちの戦後ここから、いったいどのような問題が見えてくるか。最後に一言付け加えますと、1959年、未帰還者の戦時死亡宣告措置がとられるほぼ同じ時期に、戦犯の靖国への合祀が始まっています。1959年、六〇年と、政府側のこのような戦争処理が行われてきました。靖国神杜の国家護持の問題が出てくるのが1969、70年ですが、その10年も前からこの遺骨や戦死者の問題の、政府による体制整備が行われてきているのです。しかし、それにもかかわらず、いまだに遺骨収集を国の責任において行うということにはなっていません。
（※この文章は、『季刊 戦争責任研究』第50号に記載されたものです。）

真相究明ネットワークのニュース誌発行を祝って

弁護士　崔 鳳泰

　日本におられる真相究明ネットワークの参与者の皆さま、こんにちは。 私は日帝強制占領下強制動員被害真相糾明委員会の事務局長を務めていた崔鳳泰です。
　この間、皆さまのご支援で、大きな誤りもなく無事に事務局長の任を終えることになりました。大変、ありがとうございました。
　韓国の被害者たちは、この間、自分たちの尊厳を守り、権利を求めるために多くの努力をしてきました。その結果韓国では2004年に、被害の真相を明らかにする特別法を制定するに至り、昨年は韓日協定を全面公開する成果を上げました。自分たちの被害に対して真相を明らかにし、更に韓日協定公開を通じて責任所在を明らかにした昨年一年は、被害者問題解決のために重要な一年として記録されるでしょう。
　それと共に、被害者たちが自身の力で解決の糸口を見つけ出し、この間挫折せずに闘えたのは、この間の被害者の孤独な闘い見守って下さった日本の皆さんの激励の力が大きな原動力ではなかったかと思います。

　このように、真相糾明法が制定され、現在韓国では本格的な被害申告と真相究明の作業が行われています。被害者の判定も速度を速めながら、遂行されています。更に、韓日協定文書が全面公開され、韓日両国政府の責任に関する法的意見が表明され、その中には韓国政府がこの間不充分だった被害者対策を補完しようとする新たな動きが可視化しており、被害判定および真相究明の作業がその重要性を増しています。

*

　昨年7月に、皆さんは真相究明を日本市民の力で行おうとの趣旨で全国的なネットワークを発足させ、それに続いて、資料収集、現地調査などに多くの支援をしてくださっておられます。もう一度、皆さんのご努力に対して胸中から深い敬意を表わします。併せて、現在韓日両政府間の懸案になっている遺骨調査の部分に対しても、真相究明ネットワークで日本の宗教界を動かし、積極的な調査がなされつつあります。これに対して、特に感謝申し上げます。

また、この場をお借りして、皆さまに要請申し上げたいことがあります。迅速な被害者救済のために必要な厚生年金名簿や供託金名簿などの入手のために、韓国政府は色々な努力を行っていますが、まだ入手できていない状態であり、これらの資料は韓日協定公開を通じて明らかになった韓国政府の責任履行のためにも、是非必要な資料です。断片的ではあっても、皆さんが持っておられる資料を提供して下さると、被害者たちに大いに役に立ちます。

韓日市民間の市民のネットワークこそ、この地域で新しい共同体を作る中枢的な力だと言わざるを得ません。特に、戦争被害者の人権を回復するためのネットワークこそ、韓日間の平和インフラの核心だと信じています。皆さんの活躍と献身を通して、この地域で再び戦争の惨禍が起きないしっかりした垣根が作られることを祈願します。

もう一度皆さまの労苦に感謝申し上げながら、情報誌発刊を契機に韓日間により一層堅固な平和インフラが作られることを希望して止みません。

どうも、ありがとうございます。　（福留訳）

強制動員被害者の生死の確認を

太平洋戦争被害者補償推進協議会共同代表　李 煕子

皆さん今日は。私は日帝下強制動員被害遺族の李煕子（イ・ヒジャ）と申します。被害者団体の太平洋戦争被害者補償推進協議会の共同代表として活動しています。

遅くなりましたが、今回のニュス誌を通して2006年新年挨拶を申し上げます。今年一年健康で、一日一日が幸せな日になるようお祈りします。そしてまた、皆さんが、昨年真相究明ネットを立ち上げ、私たち韓国民のために惜しみない努力を傾けてくださっていることに感謝申し上げます。

＊

私の父は、私が一歳の誕生日を迎えてまもなく、軍属として徴集されました。解放後、父の消息は、日本政府からも韓国政府からも、知らされませんでした。母と私は、父の帰りを毎日待っていました。母と祖母（母の母）は、父の消息を訊ねてあちこちを歩き回りました。母が周囲から説得され再婚したのは、10年後のことでした。

私は、1988年に戦後補償運動に関わり、父の痕跡を訊ねる作業を始めました。死亡記録を確認したのは1992年です。1945年6月11日中国広西省180病棟で死亡したことになっていました。その時、私が大きな憤りを覚えたのは、家族の生死確認をするために苦労している遺族にとって、一筋の光のような大切な文書たちが、どこかに閉じ込められているということでした。

その後、より少し詳しい記録を探しながら、活動を続けました。そして97年に父の霊が靖国神社に合祀されているという事実を確認しました。記録を確認した瞬間、心臓が止まるような衝撃を受けました。「どうしてこんなことができるのか」と。家族に死亡事実を知らせないで、日本が勝手に靖国神社に無断で合祀したのは、とうてい許せないことでした。

恨（ハン）の積もった号泣の怒りから、父の名にかけて、日本政府に最後まで対応する決心を新たにしました。父の死の痕跡を探し求めて、すでに18年が経っています。この間数多くの被害者や遺族に会いながら、一日も平安ですっきりした日はありませんでした。私たちの周りには、暗かった過去の痛みが治癒されず生きていかなければならない切迫した現実が、そのまま残っています。

徴用や徴兵で動員されて生きて帰られた方たちが、事務室をよく訪ねてきます。国を失った悲しみの中で生じた戦争という悲劇で、まさに奴隷のような生活を経験しなければならなかった話は、留まることなく続いています。

その方たちの話を聞いていて、何がどこから間違ったのか、そして今の時代に私たちができることは何かを、謙虚に問わないわけにはいき

ません。今、私たちは日本が犯した過ちで犠牲になられた方々の名前を捜し出し、歴史に刻み込む作業に努力を傾けなければなりません。

すでに私たち遺族も年取って、両親のそばに帰らなければならない時が近づいています。そして、死ぬ前に親の痕跡だけでも探すことが、余生の課題と考えています。

被害者や遺族の中には、強制動員された肉親の生死すら確認できずにいる方々が多くいます。その多くが「労務者」として強制動員された方々です。先端技術の発達で人間が夢見てきたことが目前に現実として現れる世の中で、不可能なことがあるとすれば、死んだ人を生き返らせることでしょう。しかし、私たちの要求は、死亡者の記録を確認してくれということです。誠意を尽くして調べ、遺族に真実を知らせてくれということです。

誠意だけが不可能を克服するものだと考えながら、このことを皆さんにお願いしたいと思います。太平洋戦争被害者補償推進協議会では、日本の強制動員真相究明ネットワークに、生死が確認できていない方14名（労働者12名、軍属2名）の資料をお送りしました。このうち、一人だけでも記録が確認されれば、私たちにどれだけ勇気を与えることでしょう。

どうか皆さん、今後とも強制動員被害者の記録の確認に、ご尽力くださることを切にお願い申し上げます。　（福留訳）

「靖国」問題日韓共同ドキュメンタリー「あんにょん・サヨナラ」を制作！
在韓軍人軍属（GUNGUN）裁判を支援する会事務局長　古川 雅基

釜山国際映画祭で受賞を喜ぶ
イ・ヒジャさんと古川さん
（2005年10月10日・プサン）

戦後（解放）60年、植民地支配開始から100年の2005年、日韓市民が共同でドキュメンタリーを制作しました。テーマは「靖国」。

映画の主人公は、李熈子（イ・ヒジャ）さん。お父さんの李思鉉（イ・サヒョン）さんは、ヒジャさんが1歳になったばかりの1944年2月15日に日本陸軍に強制的に徴用されます。残された家族はいつまでも父の帰りを待ちますが、父は帰ってきませんでした。ヒジャさんが10歳の時、お母さんは再婚します。その後、ヒジャさんは中学校への進学も断念しました。お母さんは、お父さんの死亡申告をしたことでいつも罪悪感にさいなまされながら暮らします。ヒジャさんは子育ての区切りがついた89年に遺族会に加入し、父の記録を探すために活動します。

そして96年5月に確かな記録を日本の厚生省資料で発見します。ヒジャさんは、陸軍留守名簿にある「合祀済」という捺印に気づき、その後その意味を知ります。1959年に父が靖国神社に合祀されていたのです。父の生死もわからず苦しんできた戦後。その責任者である日本政府は、戦後40年間遺族に生死確認すら放置してきたのに、靖国神社に対しては「遺族に断りもなく合祀手続きを行っていた」のです。

ヒジャさんの「合祀取り下げ」要求の原点はここにあります。「父が靖国に合祀されているということは、いまだに父親の霊魂が植民地支配を受けていることだ」とヒジャさんは語ります。現在、靖国に合祀されている246万余人のうち、朝鮮半島出身者は21,181人ですが、被害者が加害者と同じところに閉じ込められることによって、「死後も支配し続けられているのは耐え難い屈辱だ」というのが、韓国原告の共通した思いなのです。

韓国の天安にある望郷の丘に、ヒジャさんが建てたお父さんの墓があります。墓標には文字がありません。「靖国合祀が取り消されたとき、文字を刻む」というヒジャさんの思いが伝わってきます。

今、真相究明ネットとして取り組んでいる課題の一つに「遺骨調査」があります。軍人軍属の戦死者240万人のうち、116万人もの遺骨が未返還だと言われています。当然その中に植民地出身者も含まれます。なぜ遺骨が放置されてきたのか？その鍵が「靖国」にあると私は考えています。遺族の怒りや悲しみを「喜び」に転換させてきた靖国のシステムこそが、日本人遺族の遺骨調査要求を抑えてきたのだと思います。アジアの人々に犠牲を強い、日本人自身も多くの犠牲を払った、あの戦争とは何だったのか。日本人にとってその総括ができていないことを、この「遺骨」や「靖国」問題が提起してくれます。

＊

「あんにょん・サヨナラ」は、一人500円の上映料で上映できます。ぜひ多くの地域で上映していただきますよう、お願いします。

（お問い合わせ）上映委員会まで
Tel＆Fax　03-3403-1902
Email：ann-sayo@hotmail.co.jp

【今後の上映予定】
「GUNGUN」のホームページもご覧ください。
2月16日(木)東京・三鷹コミュニティセンター（19時10分）
2月18日(土)横浜（13時半「のげシャーレ」（JR桜木町駅徒歩3分）
2月19日(日)東京・豊島区民センター映写室（午後）
2月25日(土)神戸市（14時・16時・19時神戸学生青年センター）
2月25日(土)大阪ドーンセンター（14時・18時：グロッピー）
2月25日(土)・26日(日)名古屋市女性会館（14時・17時）
2月26日(日)大阪ドーンセンター（14時・18時）
2月26日(日)黒部市・コラーレ黒部市国際文化センター（14時マルチホール）
3月4日(土)仙台市メディアテーク（18時）
3月4日(土)藤沢市カトリック藤沢教会（時間未定）
3月12日(日)東京・品川中小企業センター（14時・17時）
3月17日(金)18日(土)小田原市「川東タウンセンター」
3月18日(土)京都市「ひとまち交流館京都」（12時・15時・18時）

福岡県での取り組み

強制動員真相究明福岡県ネットワーク事務局長　花房　俊雄

１．福岡県ネットワークの結成

　7月の全国ネットワークの結成後、その下部組織として9月24日「強制動員真相究明福岡県ネットワーク」が結成された。長年に渡り強制動員被害者の調査に当たってきた金光烈さん、武松輝雄さん、林えいだいさん、横川輝男さんら研究者と、1986年から同胞の遺骨を韓国の望郷の丘に返還・慰霊してきた在日本大韓民国民団福岡県本部の人たち、福岡市教職員組合の役員、お寺の住職さん、そして福岡市内で戦後補償や日韓の交流に取組んできた市民らが結集している。その後、部落解放同盟福岡県連合会と福岡県教職員組合の役員に加わっていただいた。

　福岡県ネットワークの目的は次の2点である。
①　韓国の強制動員真相糾明委員会と連携し、福岡県内での強制動員・死亡の真相調査、遺骨の調査・返還に取組む。
②　調査の結果を広く市民に伝え、真相究明と和解の取り組みを社会化していく。

２．国内最大の強制動員地・福岡

　1938年以降の福岡県における強制動員労働者は17万1千人にのぼる（1945年10月の福岡県事務引継書より）。そのうち炭鉱地帯・筑豊には15万人が動員された。他に福岡市内とその周辺の炭鉱、大牟田市の三井三池炭鉱等、そのほとんどが苛酷な炭鉱労働者として動員された。1941年1月の福岡県特高資料「在住半島人職業移動状況」によると当時の福岡県内への強制動員労働者11万3千人のうち実に93パーセントが炭鉱に動員されている。この段階での死者は711人と記録され、単純計算で比較す

10　強制動員真相究明ネットワークニュースNo.1（2006.2.12）

ると17万1千人だと敗戦までに1076名が死亡したことになる。しかし1944年、45年と敗戦近くなると熟練労働者の減少、保安の不備と無謀な増産のために事故が激増していること、また警察にも報告されず処理されたという証言などから実数はより多いと思われる。

　福岡県ネットワーク設立以前における遺骨の調査・返還の取り組みは、民団が1986年来500体近い遺骨を望郷の丘に届けている。他に在日大韓基督教小倉教会が建てた納骨堂「永生園」に87体、飯塚市の無窮花堂に約80体がある。（以上の遺骨は、死亡時期が強制動員の時期以前から以降まで含まれ、子供から老人、女性を含んでいる。）そのほとんどは無縁仏で慰霊塔に納められている。他には敗戦の年の9月に帰国途中の海で遭難して流れ着いた氏名不詳の約80体の朝鮮人遺骨が北九州市若松区の小山田墓地に納められている。その他にも筑豊には炭坑労働者やその家族が葬られて放置されている箇所が散在し、その中に朝鮮人の遺骨も眠っていると思われる。

　前述した遺骨はほとんどが無縁仏で、遺族の元に帰っていない。その原因は遺骨が置かれていたお寺の過去帳に本籍地が記されていない例が多いこと、本籍地が記されていても遺族が移転している例が多いことがあげられる。そして遺族が一番知りたい「どうして死んだのか」という詳しい死亡情報がないことである。

3．これまでの取り組み
① 埋葬火葬認可証
政府が依頼した福岡県、福岡市、北九州市の遺骨調査依頼の結果は新たな情報は皆無であった。この結果を受けて福岡県ネットワークは福岡県庁に本籍地や死亡原因が記されている埋葬火葬認可証の再調査の要請行動に取組んだ。その結果、福岡県が再調査を行い、12月に福岡県下82自治体のうち9市で埋葬火葬許可願書や許可書の存在と1市で戸籍受付帳（戸籍の異動～死亡等に関する「受附帳」）の存在が確認された。このうち朝鮮人名簿の存在が確認されたのは現在2市2町で合計907名の名簿が確認されている。情報公開が順次なされているが、埋葬火葬許可届や許可書のうち「個人情報保護のため」病名や届出人の欄が墨塗りされていて、炭

鉱労働者の有無や、死亡原因が不明で企業の関与を隠蔽する結果になっている。
② 変災死亡報告書
　横川さんの報告にあるように、戦前炭坑事故の死亡報告を炭坑監督局に届け出ることが義務付けられていた。福岡、大阪、東京、北海道の4箇所に設置されており、現在は産業保安監督局と名称を変更して存続している。死亡のいきさつが詳細に記されていて、死亡情報を知る上で極めて貴重な資料である。福岡産業監督局に2度出向き、報告書の所在確認と情報公開を求めたが、情報公開法の施行前に資料整理を行い30年を経過した事故報告書はすべて廃棄処分したとの信じられない返答であった。

　今後、各炭坑会社が保管していた事故報告書の写しの行方を追うことになるが、多くは戦後すぐに焼却処分にされたか、または焼却を免れていても企業による秘匿の壁は厚く、調査は厳しいものとなるであろう。
③ お寺の調査
　1969年から30年以上にわたって筑豊のお寺をくまなく回り、同胞の遺骨を探し続けた金光烈さんが過去帳で確認した朝鮮人名簿が約2000人、約500体の遺骨を調査されてきた（前述したようにその多くは各慰霊施設に移されている）。筑豊以外の福岡市内や近郊の炭坑周辺のお寺、大牟田市三池炭坑周辺のお寺の過去帳や遺骨の調査が今後の課題になる。

　この間、各宗派の教務所を訪れ調査要請を行ってきたが、ある所長さんは「簡単なアンケート調査でもなかなか応じていただけない。宗報で依頼するぐらいの調査では、応じるお寺は少ないであろう」との心もとない反応であった。全日仏や各宗派の本山との連携を強化する一方、地元での地道な要請が欠かせないと思われる。先人たちの研究者たちは「相手が音を上げるぐらい何度も訪れて、やっと相手にしてくれる」と調査の要諦を話してくださる。確かに動けば何らかの成果が出てくる。

＊

　国の機関や地方自治体への調査要請を行ってきて、「情報公開法の施行に伴い歴史文書の廃棄が危惧される」と警告を発してきた研究者たちの危惧をまざまざと思い知らされている。「あと1、2年早く来ていたら」、「あと5年

前にきていたら」といった現場の職員の声を何度も聞かされた。戦後60年、あまりにも遅すぎる取り組みである。一方、日本政府が曲がりなりにも遺骨調査の取り組みを始めたことは、地方自治体の協力などを得やすくしているのも、また確かである。今後、あらゆる手立てを通じて死亡情報、遺骨情報の入手に取り組み、一体でも多くの遺骨を遺族の手に届けたい。

そして、その調査結果を発表する全国集会を、福岡県ネットワーク結成一周年の今秋に福岡の地で持ちたいと思っている。

変災報告書 と二重徴用

強制動員真相究明福岡県ネットワーク事務局　横川 輝雄

私は、1990年2月27日に、福岡県赤池町教育委員会の書庫にある炭鉱関係資料の中で偶然に出会った『自昭和19年10月至〃22年12月 変災報告綴 (赤池鑛業所分ヲ除ク)』という明治鑛業㈱の書類の一綴りの中身を見て、びっくりしてコピーをとらせていただきました。

そこには、明治鉱業の七つの炭鉱の事故で死亡した人の一人ひとりの死亡状況の詳細な報告書が綴じられており、平面図・断面図・位置図が精密に書かれた図面が一枚に納められて添付してあり、その図面の中には、事故死者の位置まで図示してありました。

その一綴りの中には、31人分の報告書が綴じられており、日本人が14人、朝鮮人16人、不明が1人で、その朝鮮人16人の内、3人が二重徴用(朝鮮からサハリンへ、さらに筑豊へと強制動員された)という過酷な人生を送らされた人のものでした。そのうち、一人は筑豊に強制動員されて1カ月半後に、一人は2カ月後に、もう一人は4カ月弱後に事故死しているのでした。

名前は、3人とも創氏改名を押しつけられていましたが、報告書の中の「罹災者」は「樺太白鳥澤鑛業所ヨリノ轉換半島鑛員」と残酷な差別表現の入っている記述によって、韓国人だとわかりました。ただ、3人とも技術は熟練していて、それぞれ「相當熟練セル先山」、10人の「責任者」、15人の「責任者」と書いてあったのは、救いでした。

また、報告書を作った炭鉱の保安課職員の「対策及希望」もかなり詳細に書いてあり、そこからは劣悪な炭鉱内の状況がはっきり浮かび上がっていました。

私は、この報告書を、直ちに各組織に渡すとともに、強制動員や二重徴用の過酷さと、そのような中で、熟練した技術を身につけていた朝鮮人の能力の高さを生徒さんにわかってほしかったので、授業で使っていました。

2005年11月末に、韓国の政府機関の強制動員被害真相糾明委員会が二重徴用の調査で筑豊に入った時、私は、筑豊の二重徴用に関係する七つの炭鉱跡を案内するとともに、前述の3

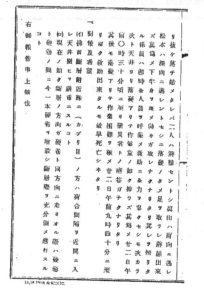
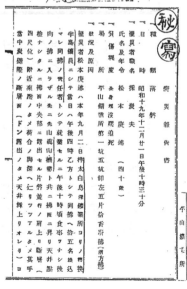

人の変災報告書を渡して、遺族にも伝わるとありがたいと希望しました。そして、取材に来ていた報道の人々にも報告書を渡して、協力をお願いしました。

　すると、朝日新聞の高原敦記者が、すぐさま、ようやくサハリンから帰国できたばかりの遺族を首都ソウル近くの安山市に訪ねていって、報告書(コピー)を渡してくれました。遺族は、お父さんが二重徴用で明治鉱業平山炭鉱に強制動員され、4カ月弱後に事故死した呉世煜(オ・セオク)さん(76歳)でした。朝日新聞05年11月26日付け夕刊の1面左上に「報!」として大きく報道され、「徴用朝鮮人、筑豊の炭鉱で落盤」、「父の最期61年後の真実」、「遺族、報告書握りしめ」という大きな見出しがついていて、呉世煜さんは、「報告書を両手で握りしめ、絞り出すような声でつぶやき」、「指でさしながら報告書を読みふけり」、「父はこのようにしてなくなったのでねとつぶやいた」という痛切な思いが報道されました。(なおこの記事は、その後、朝日新聞の英文版にも掲載されました)

　遺族は、死亡の事実だけでなく、せめて死亡の状況をなんとしてでも知りたい(日本人の遺族も同じです)わけで、その際、このような変災報告書は重要なものです。「長崎在日朝鮮人の人権を守る会」の会長であった岡正治氏は、『原爆と朝鮮人 第4集』(1986年)で、「鉱山、炭鉱災害発生の場合は、詳細な諸報告書を関係官庁に報告することを法律で決められていた」(p.72)と記しています。また、北海道の大学で教鞭をとられていた頃から炭鉱関係のあらゆる分野の資料を集めて詳細に分析してこられた守屋敬彦氏も、同様なことを私に教示してくれました。

　私が出会った変災報告書には、炭鉱の所長以下6人の印鑑が押してありました。(「秘」の捺印もありました)今でも企業は、これを持っているはずでし、官庁(当時の鉱山監督局など)も持っているはずです。事故死者の変災報告書は、永年保存することになっていると確たる研究者が言っています。

　企業、官庁、国は、進んでこれを公開すべきです。和解し、未来を志向するためには、その基礎となる「真実」が何より必要です。私たちも、「真実」の解明にとりくみたいものです。

北海道・浅茅野飛行場の遺骨について
強制連行・強制労働犠牲者を考える北海道フォーラム　事務局次長　小林久公

　北の果て宗谷岬から数十キロも離れていないところに猿払村と浜頓別町がある。そこのオホーツク海に面した地域に、二つの陸軍飛行場跡地がある。浅茅野第一飛行場と浅茅野第二飛行場である。国土地理院が保有する戦後まもなく写された米軍の航空写真には、くっきりと当時の飛行場が写っている。

　第一飛行場跡地は、酪農農家の放牧地になっている。第二飛行場は、村有地となり村営牧場、国道に面した滑走路跡地には第三セクターのホテルが建っている。

　第一飛行場の朝鮮人強制連行については、本多勝一が『北海道探検記』(1981年版)に書いている。第一飛行場は、1942年6月ごろ着工し、陸軍航空本部仙台出張所が管轄した。たこ部屋の鉄道工業・丹野組、川口組が工事を行った(『浜頓別町史』)が、完成は1945年(昭和20)5月末ごろである。

　第二飛行場は、1943年4、5月ころ着工し、北部軍経理部が管轄し、1944年8、9月ころ完成している。工事関係者には、たこ部屋の丹野組、菅原組、川口組の名前がある。(『飛行場

前という名の無人停車場』前田保仁著(1994年自費出版)

　この飛行場建設工事に、どれほどの労働者が動員されたか不明である。死亡者の数も正確ではない。幸いなことに猿払村と浜頓別町は、当時の埋葬・火葬許可証を保存していてくれた。私たちは、それによって死亡者の氏名、本籍、埋葬場所を知ることができる。韓国では、すでに6名の遺族が見つかったとのことである。だが、埋火葬許可証の数が死者のすべてではない、たこ部屋では闇から闇へ葬られ、役場に届けられていない死亡者がいるからである。

　埋火葬許可証には、日本人の名前も朝鮮人の名前も出てくる。たこ部屋では、日本人も朝鮮人も一緒の部屋に入れられて酷使され、一緒に埋葬された。

　猿払村の埋火葬許可証に埋葬場所として『浅茅野共同墓地』と書かれている。その共同墓地がどこにあるのかわからない。役場に聞くと、その共同墓地は戦後移転しており昔の場所がわからないという。地域の古老が案内をしてくれた。そこは、とど松の茂る王子製紙の林だった。古老は、埋葬されたまま残っている遺体があるはずだと言う。

　私たちは王子の許可を得て、昨年10月にそこを試掘した。そうすると、丸々一体が出てきてしまった。警察に届けて現場検証し「事件性なし」の確認を得て、その場で法要を行い、遺骨を朱鞠内光顕寺に安置した。

　浜頓別町の曹洞宗永生寺の過去帳にある18名の犠牲者について、町役場に残されている埋葬認許証を調べてもらったところ、役場から生年月日の記載のない2名以外の16名について、埋葬認許証が存在するとの連絡があった。埋葬場所は、『頓別共同墓地』とのことである。そこや第二飛行場は、まだ手をつけられないでいる。

　『浅茅野共同墓地』は、面積が二百坪の山林である。そこに何人が埋まっているか分からない。本多勝一は、そこに運ばれた死者が300人から400人はいたとの証言を確認している。

　私たちは、そこの木を取り払い、表土を剥いで、今年の夏、八月のお盆すぎに全面的な発掘を行おうとしている。重機が必要である。若い人の力がいる。日本と韓国から集まってもらおう。100人は必要か。食事、宿泊場所はどうするか。近くの小学校の体育館を使わせてもらえるかもしれない。費用はどうするか。300万円は必要だろう。そして今、政府に遺骨発掘の補助金申請をしようと真剣に考えている。

　工事を請負った丹野組は、旭川で今も健在である。仲間が会長に面会した。補償を請求されるのが恐ろしくて、当時のことは話せないと言う。政府からは何の問い合わせもないらしい。

韓国の報道から／日本の強制動員の口述記録集『タンコだって』発刊
「私たちは人間でもなく..奴隷だった」（聯合ニュース 2006/02/01 14:13）

(ソウル＝聯合ニュース) キム・ジェホン記者＝日帝強占下強制動員被害真相糾明委員会は、2月1日強制動員生存者19名の苦痛の歳月を聴き取り整理した『強制動員口述記録集1－タンコだって』を発刊した。

　真相究明委の関係者は、「強制動員の生存者たちが、炭鉱を意味する日本語「タンコー」の発音が正しくできず、炭鉱で働いたということを、'タンコ'で働いたと時折表現する」とし、

「タンコが生存者たちの苦痛を含蓄的に表現する単語と思われ、本の題に決めた」と語った。

　口述記録集には、高(コ)ボンナム(89)ハラボジら19名の強制動員の生存者たちの胸中に恨(ハン)が積もり、記憶すらよみがえらせたくない事情が紹介されている。

　高ハラボジは、日本の巡査を暴行した罪で平壌刑務所に監禁されていたが、「(海南島に行って)6ケ月だけ仕事をしたら、仮出所で釈放

される」という日本総督(府)の話を信じて、海南島へ行くことを選択した。しかし、高ハラボジは、引き続く空襲の恐怖の中でこん棒による洗礼と飢えに苦しめられつつ、毎日13時間を越える格納庫建設工事の仕事をさせられ、また脱出を試みて捕まり、死ぬほどの苦労をしもした。

崔(チェ)チャギ(79)ハラボジの場合も、植民地の民に生まれた罪(?)による運命の数奇さは語りがたいものだ。慶南蔚山(ウルサン)が故郷の崔ハラボジは、17才の時、体も弱いので、炭鉱に引っ張られて苦労することを心配したお父さんにより、1945年4月炭鉱より仕事が厳しくないという北海道に本社を置く鯨会社へ向かうことになった。崔ハラボジ父子は、その後、生前に一度も会うことができず、崔ハラボジも

解放後に帰国しようとしたが、ソ連軍の進駐で捕らえられてサハリンの炭鉱地域に強制移住させられその地で生活し、44年ぶりに帰国することができた。

真相糾明委は、このようなケースを記載した生存者の口述記録集の発刊作業を続けるとともに、これを映像作品としても製作する計画だ。

真相糾明委関係者はまた、「日帝によって強制動員されて労役に従事した生存者たちが、過去を思い出すときに最もよくする表現が、『おれたちは人間でもなくて、ご飯を食べる時も、ネズミを捕まえるようやたら殴って、殴って…私たちは奴隷だった』という言葉だ」と言い、「強制動員された韓国人たちが奴隷の人生と歳月を送ったという事実を、子孫が必ず記憶すべきだ」と付け加えた。(森川静子訳)

編集後記

■ネットワーク結成からだいぶ時間がたってしまいましたがニュース1号をお届けします。すでに会員となっていただいた方でe-mailをおもちの方には「強制動員真相究明ネットワーク会員メーリングリスト」で情報を提供していましたが、おもちでない方にはせっかくご入会いただいたのになんの連絡もさしあげていないので心苦しく思っていました。ニュースも不定期なものとなりますが、できるだけ多く発行したいと思っています。

また、まだ加入しておられない方にも事務局よりこのニュースをお送りしています。是非、ご入会をよろしくお願いします。

■『戦争責任研究』51号（06年3月15日発行予定）に「強制動員真相究明」の特集を組んでいただきました。飛田雄一、樋口雄一、守屋敬彦、竹内康人、殿平善彦、川瀬俊治、横川輝雄が原稿を書いています。ごらんくだされば幸いです。すでに同誌第49号（2005年秋期号）に事務局長の福留範昭が「『強制動員真相究明ネットワーク』の設立にあたって」を書いていますのでそれもご参照ください。

■竹内康人さんが労作の「朝鮮人強制連行期（1939〜1945）の朝鮮人強制労働現場一覧」を作成されて、それは竹内さんのホームページ http://www16.ocn.ne.jp/~pacohama/sensosekinin/flaber0506.html に紹介されています。ネットワークではそれに真相究明ネットの活動、地図等を加えて単行本として、神戸学生青年センター出版部より発行の予定です。ご期待ください。（飛田）

■次の行事が近く予定されています。
「強制連行・強制労働犠牲者を考える北海道フォーラム集会」2月19日午後2時より於・札幌別院本堂
「恒久平和議連総会」2月21日午前9時30分より 於・衆議院第二議員会館第4会議室
（福留）

● お知り合いの方に、真相究明ネットへの加入をお呼びかけください。

〈 呼びかけ人 〉

荒井信一、有光 健、市場淳子、伊藤孝司、内海隆男、太田 修、川瀬俊治、川村一之、木村公一、
金城 実、小池善之、古庄 正、小松 裕、在間秀和、下嶌義輔、鈴木次郎、空野佳弘、高実康稔、
竹内康人、田中 宏、塚崎昌之、殿平善彦、豊永恵三郎、西川重則、西野瑠美子、林えいだい、
樋口雄一、平野伸人、福岡安則、水野直樹、持橋多聞、山田昭次、吉見義明

ネット加入用 E-mail および Fax 書式

[個人の場合]

ご氏名   E-mail (   )

ふりがな

電話番号 (   )

住 所 〒

次の所属団体名は、所属があれば記入して下さい。

所属団体

入会金 ( )口 (円) [１口５千円です]

[団体の場合]

団体名

                          E-mail (   )

代表者名

電話番号 (   )

          HP URL. (   )

  住 所 〒

入会金 ( )口 (円) [１口１万円です]

[問い合わせ] (福岡事務局 福留)

T&F：092-732-3483   E-mail：kyumei@nifty.com

[郵便振替口座] (神戸本部事務局)

    名義：真相究明ネット, 番号：00930−9−297182

16 強制動員真相究明ネットワークニュース No. 1 (2006. 2. 12)

強制動員真相究明
ネットワークニュース No.2　2007年7月3日

編集・発行：強制動員真相究明ネットワーク
（共同代表／上杉聰、内海愛子、飛田雄一、事務局長／福留範昭）
〒657-0064 神戸市灘区山田町3-1-1 (財)神戸学生青年センター内
ホームページ：http://www.ksyc.jp/sinsou-net/　E-mail：kyumei@nifty.com
Tel/Fax：092－732－3483（事務局長・福留範昭）
郵便振替＜00930－9－297182　真相究明ネット＞

「韓国・朝鮮の遺族とともに」東京集会（2006年7月29日）

●目次●　発行に際して　飛田雄一 p2／遺骨・強制動員問題に関する年表 p3／今年の夏は,飛騨神岡.高山・名古屋へ　上杉 聰 p4／飛騨市神岡町の遺骨について　下嶌義輔 p5／朝鮮人軍人・軍属の遺骨問題　青柳敦子 p7／遺骨問題の解決と北海道フォーラムの活動のあり方　堀口 晃 p9／「韓国・朝鮮の遺族とともに」－鹿児島の取り組み　佐々木智憲 p11／既成概念の大きな揺らぎ　花房俊雄 p14／祐天寺の「にせ遺骨」報道　福留範昭 p16／会計報告 p18／新聞記事 p19／入会案内等 p20

強制動員真相究明ネットワークニュース No.2 (2007.7.3)　1

ニュース2号の発行に際して
強制動員真相究明ネットワーク共同代表　飛田雄一

　遅くなりましたが、この度、ネットワークニュース2号を発行することになりました。真相究明ネットは、2005年7月に結成され、さまざまな活動を行ってきました。全国の多くの方々に、これらの活動に協力していただいていることに感謝申し上げます。

　真相究明ネットの結成当時、日韓の政府間で強制動員被害者の遺骨返還の事業が開始されていました。したがって、ネットでは遺骨問題を一つの中心的課題に定めました。全国各地に散在する朝鮮人・中国人の遺骨の実態調査、地方公共団体にある「埋火葬認可証」等の資料の開示請求などを呼びかけました。そして、「韓国・朝鮮の遺族とともに」全国実行委員会を結成し、多くの市民団体とともに、2006年の夏、犠牲者の遺家族24名を全国17の地域に招請し、証言や追悼の行事を行いました。また、遺骨問題に関し、曹洞宗宗務庁と2006年より「協約書」を交わし、共同の調査や協議を行っています。

　遺骨問題に関しては、上杉をはじめとするレポートに見られるように、一定の成果を上げつつあります。しかし、日韓政府による遺骨返還には、まだ解決すべき問題が多くあり、一層の努力を必要としています。それを踏まえ、2007年7月末に全国実行委員会から発展した「韓国・朝鮮の遺族とともに」全国連絡会の主催で、岐阜(飛騨)・名古屋の行事が企画されています。

　また、強制動員・強制労働の現地調査や資料研究も、一定の進展を見せています。それらを踏まえ、2006年11月には福岡市で、「強制連行とは何か」というテーマで全国研究集会を開催いたしました。本年秋には、第2回の全国研究集会を開催する予定です。

　戦後60年を超えた今、過去の歴史を記録し、問題を解決するための最後の機会にさしかかっています。真相究明のための皆さまの一層のご協力をお願いしたします。また、真相究明ネットでは、2006年10月より会費制を導入いたしました。資金面でのご協力もよろしくお願いいたします。

2 強制動員真相究明ネットワークニュース No.2 (2007.7.3)

遺骨・強制動員問題に関する年表　　真相究明ネット事務局

日本における動き	韓国における動き
2005 年	**2005 年**
05.03　第1回ネット準備会会議 (神戸)	01.17 日韓協定外交文書一部公開
06.20　政府、自治体へ遺骨情報の提供依頼	02.01 強制動員被害申告受付開始
06.25　第1回日韓遺骨問題協議 (東京)	02.17 真相糾明委員会代表団日本の国会訪問
06.29　政府、宗教団体へ遺骨情報の提供依頼	04.20 真相糾明委員会調査班初めての日本実
07.18　真相究明ネット結成総会 (東京)	地調査 (2班に別れ、筑豊・宇部、筑豊・
07.19 ネット代表、政府関係者に遺骨問題要請	ウトロなどの調査をそれぞれ行う)
08-09 ネットで衆議院候補にアンケート実施	05.10 ネット準備会代表が、真相糾明委員会を
09.26　第2回日韓遺骨問題協議 (東京)	訪問しネット結成予定を報告
11.22　曹洞宗、1411寺に調査票送付	06.20 日韓首脳会談開催 (ソウル)
12.13　政府、全日仏理事会で遺骨問題説明	06.30 第1次被害申告受付終了(約20万件受理)
12.27　遺骨問題の第1回日韓実務者協議	08.26 日韓協定外交文書全面公開
2006 年	09.15-6 平壌で日本の過去の清算を求める国
01.11 政府、全日仏の連絡協議会に参加	際協議会開催
01.23 政府自治体に埋・火葬認可証の確認依頼	10.05 朝鮮人強制動員政策シンポジウム開催
01.27 第2回日韓遺骨問題実務者協議 (東京)	10.21 日本の過去の清算を求めるアジア議員連
06.29-30 第4回日韓遺骨問題協議 (東京)	帯会議発足
07.28 真宗大谷派 遺骨調査開始発表	11.10 糾明委員会発足1周年 強制動員問題の
07.29 「韓国・朝鮮の遺族とともに」東京集会	国際シンポジウム開催
08.07 田川市の市納骨堂で日韓遺骨実地調査	11.28-9 第3回日韓遺骨問題協議 (ソウル)
08.11 ネット・遺族代表 政府と話し合い	12.01 第2次被害申告受付開始 (06.6.30まで)
08.18 東アジア共同ワークショップ開始	**2006 年**
09.14 高山市本教寺で日韓遺骨実地調査	01.25 崔鳳泰氏に代わり、朴新事務局長就任
11.03 真相究明ネット全国研究集会 (福岡)	02.21 委員会委員長ら、恒久平和議連総会参加
11.09 第5回日韓遺骨問題協議 (東京)	03.16 政府、支援法立法予告
12.15 真宗本願寺派 全寺に調査票送付	09.25 政府、支援法を国会に提出
2007 年	12.初〜 遺族、サイパン・フィリピン・パラオ
02.08 いわき市願成寺 第3回遺骨実地調査	に追悼巡礼
04.18 第3回日韓遺骨問題実務者協議 (東京)	12.29 委員会 諸資料集発刊
04.25 米沢市関興庵で第4回日韓遺骨実地調査	**2007 年**
05.06 第8回ネット事務局会議 (神戸)	01.15　YTN 祐天寺の「にせ遺骨」報道
06.21 ネット代表 真相糾明委員会訪問	03.24 遺族、パプアニューギニアに追悼巡礼
(07.28)「韓国・朝鮮の遺族とともに」	03.末 委員会各課編成替え(遺骨班は総括課へ)
岐阜県飛騨フイールドワーク	04.25 支援法、行政自治委員会通過
(07.29)「遺族とともに」名古屋全国集会	06.27 支援法、法制司法委員会通
(秋) 真相究明ネット第2回全国研究集会	07.03 支援法、国会通過

強制動員真相究明ネットワークニュース No. 2（2007.7.3）

神戸学生青年センター出版部・出版案内 2025.4

〒657-0051 神戸市灘区八幡町 4-9-22 TEL078-891-3018 FAX 891-3019 E-mail info@ksyc.jp URL https://ksyc.jp/

＜ブックレット＞
強制動員真相究明ネットワーク編
強制動員真相究明ネットワーク・ニュース合本第二分冊(11～20)
　　　2025.4 ISBN978-4-906460-78-6 A4 218頁 1000円
強制動員真相究明ネットワーク編
強制動員真相究明ネットワーク・ニュース合本第一分冊(1～10)
　　　2025.4 ISBN978-4-906460-77-9 A4 162頁 1000円
飛田雄一編
あっちの山、こっちの川—むくげ通信・旅日記—
　　　2025.4 ISBN978-4-906460-76-2 A4 114頁 1000円
飛田雄一編
資料集「アジア・太平洋戦争下・神戸港における強制連行・強制
労働—朝鮮人・中国人・連合軍捕虜」
　　　2025.4 ISBN978-4-906460-75-5 A4 174頁 1000円
飛田雄一編
資料集「武庫川と朝鮮人」2
　　　2025.3 ISBN978-4-906460-74-8 A4 94頁 1000円
飛田雄一編
資料集「武庫川と朝鮮人」
　　　2025.2 ISBN978-4-906460-73-1 B5 90頁 1000円
成川順
南京事件フォト紀行　　　　　2011.12 A4 96頁 560円
宮内陽子
生徒と学ぶ戦争と平和　　　　2011.12 A4 80頁 560円
浄慶耕造
国産大豆で、醤油づくり　　　2010.12 A4 24頁 320円
大森あい
自給自足の山村暮らし　　　　2009.4 A4 36頁 320円
竹内康人編
朝鮮人強制労働企業 現在名一覧 2012.2 A4 26頁 240円
高作正博著・「高作先生と学ぶ会」編
ブックレット・高作先生と学ぶ会 NO.1
「2017年通常国会における改憲論議—転換点としての5月3日」
　　　　　　　　　　　　　　2018.1 A5 56頁 500円

飛田雄一著
阪神淡路大震災、そのとき、外国人は？
　　　2019.7 ISBN978-4-906460-50-2 B5 58頁 410円
神戸港における戦時下朝鮮人・中国人強制連行を調査する会編
資料集「アジア・太平洋戦争下の「敵国」民間人抑留—神戸の場
合—」
　　　2022.4 ISBN978-4-906460-62-5 A4 56頁 600円
松田妙子著／西本千恵子・飛田雄一編
松田妙子エッセイ集(改訂版)「いつか真珠の輝き」
　　　2023.4 ISBN978-4-906460-67-0 B5 123頁 800円
藤井裕行著
歴史の闇に葬られた手話と口話
関東大震災下で起きた「ろう者」惨殺の史実を追う
　　　2023.10 ISBN978-4-906460-69-4 B5 56頁 600円
神戸学生青年センター朝鮮語講座
ブックレット①
ハンサルリム宣言(品切)　　　　B5 28頁 100円
在日朝鮮人運動史研究会関西部会編
シンポジウム＜在日朝鮮人史研究の現段階＞資料集(品切)
　　　　　　　　　　　　　　　B5 52頁 300円
神戸学生青年センター編
11・27神戸朝鮮人生活権擁護闘争・資料集(品切)
　　　　　　　　　　　　　　　B5 31頁 300円
ブックレット版はいずれも送料250円をあわせてご送金ください

梶村秀樹　解放後の在日朝鮮人運動
　　　1980.7 ISBN978-4-906460-51-9 A5 103頁 600円
金慶海・洪祥進・梁永厚
在日朝鮮人の民族教育(品切)　　　A5 89頁 600円

中塚明・朝鮮語講座上級グループ
教科書検定と朝鮮(品切)　　　　　B5 148頁 800円

田中宏・山本冬彦
現在の在日朝鮮人問題(品切)　　　A5 94頁 500円

新美隆・小川雅由・佐藤信行他
指紋制度を問う—歴史・実態・闘いの記録—(品切)
　　　　　　　　　　　　　　　A5 200頁 900円
梁泰昊
サラム宣言—指紋押捺拒否裁判意見陳述—
　　　1987.7 ISBN978-4-906460-58-8 A5 92頁 500円
仲村修・韓丘庸・しかたしん
児童文学と朝鮮
　　　1989.2 ISBN978-4-906460-55-7 A5 216頁 1100円
朴慶植・水野直樹・内海愛子・高崎宗司
天皇制と朝鮮
　　　1989.11 ISBN978-4-906460-59-5 A5 170頁 1200円
金英達・飛田雄一編
1990 朝鮮人・中国人強制連行強制労働資料集(簡易製本版)
　　　　　　　　　　　1990.8 B5 80頁 400円
金英達・飛田雄一編
1991 朝鮮人・中国人強制連行強制労働資料集(品切)
　　　　　　　　　1991.7 B5 209頁 1100円
金英達・飛田雄一編
1992 朝鮮人・中国人強制連行強制労働資料集
　　　1992.7 ISBN978-4-906460-61-8 B5 272頁 1400円
金英達・飛田雄一編
1993 朝鮮人・中国人強制連行強制労働資料集(品切)
　　　　　　　　　1993.7 B5 315頁 1600円
金英達・飛田雄一編
1994 朝鮮人・中国人強制連行強制労働資料集
　　　1994.7 ISBN978-4-906460-26-7 B5 290頁 1600円
金英達編
朝鮮人従軍慰安婦・女子挺身隊資料集
　　　1992.7 ISBN978-4-906460-60-1 B5 215頁 1100円
仲原良二編
国際都市の異邦人・神戸市職員採用国籍差別違憲訴訟の記録
(品切)　　　　　　　　　　　　B5 192頁 1800円
朴慶植・張錠寿・梁永厚・姜在彦
体験で語る解放後の在日朝鮮人運動
　　　1989.10 ISBN978-4-906460-53-3 A5 210頁 1500円
キリスト教学校教育同盟関西地区国際交流委員会編
日韓の歴史教科書を読み直す—新しい相互理解を求めて—
(品切)　　　　　　　　　　　　A5 199頁 2190円
キリスト教学校教育同盟関西地区国際交流委員会編
【日韓合本版】日韓の歴史教科書を読み直す—新しい相互理解
を求めて—
　　　2003.12 ISBN978-4-906460-41-0 A5 427頁 2500円
韓国基督教歴史研究所著・信長正義訳
3・1独立運動と堤岩里教会事件
　　　1998.5 ISBN978-4-906460-34-2 四六 252頁 1800円

金乙星
アボジの履歴書
　　1997.10 ISBN978-4-906460-33-5 A5 134頁 2000円
八幡明彦編
＜未完＞年表日本と朝鮮のキリスト教100年（品切）
　　　　　　　　　　　B5 146頁 1600円
　　　　　　　（簡易製本版）B5 146頁 1000円
鄭鴻永
歌劇の街のもうひとつの歴史―宝塚と朝鮮人
　　1997.1 ISBN978-4-906460-30-4 A5 265頁 1800円
和田春樹・水野直樹
朝鮮近現代史における金日成
　　1996.8 ISBN978-4-906460-29-8 A5 108頁 1000円
兵庫朝鮮関係研究会・編著
在日朝鮮人90年の軌跡―続・兵庫と朝鮮人―
　　1993.12 ISBN978-4-906460-23-6 B5 310頁 2300円
脇本寿（簡易製本版）
朝鮮人強制連行とわたし川崎昭和電工朝鮮人宿舎・舎監の記録
　　1994.6 ISBN978-4-906460-25-9 A5 35頁 400円
尹静慕作・鹿嶋節子訳・金英達解説
母・従軍慰安婦　かあさんは「朝鮮ピー」と呼ばれた
　　1992.4 ISBN978-4-906460-56-4 A5 172頁 1000円
金慶海・堀内稔
在日朝鮮人・生活権擁護の闘い―神戸・1950年「11・27」闘争
　　1991.9 ISBN978-4-906460-54-0 A5 280頁 1800円
高慶日
高慶日マンガ展「二十世紀からの贈り物」
　　　　　　　　　　　A4 44頁 カラー 1300円
高銀
朝鮮統一への想い
　　2001.9 ISBN978-4-906460-38-0 A5 30頁 400円
モシムとサリム研究所著/大西秀尚訳
殺生の文明からサリムの文明へ―ハンサリム宣言　ハンサリム宣
言再読― ISBN978-4-906460-46-5 A5 164頁 700円

ジョン・レイン著、平田典子訳
夏は再びやってくる―戦時下の神戸・オーストラリア兵捕虜の手記
　　2004.3 ISBN978-4-906460-42-7 A5 427頁 1800円
深山あき
風は炎えつつ
　　　　　　ISBN978-4-906460-43-4 B6 209頁 1500円
佐渡鉱山・朝鮮人強制労働資料集編集委員会
佐渡鉱山・朝鮮人強制労働資料集
　　2024.6 ISBN978-4-906460-70-0 A4 184頁 1800円
竹内康人編著
戦時朝鮮人強制労働調査資料集増補改訂版
　―連行先一覧・全国地図・死亡者名簿―
　　2015.1 ISBN978-4-906460-48-9 A4 268頁 2000円
竹内康人編
戦時朝鮮人強制労働調査資料集 2―名簿・未払い金・動員数・
遺骨・過去精算―（品切）
　　2012.4 ISBN978-4-906460-45-8 B5 212頁 1900円

竹内康人編
戦時朝鮮人強制労働調査資料集 2 増補改訂版―名簿・未払い
金・動員数・遺骨・過去精算―
　　2024.9 ISBN978-4-906460-71-7 A4 248頁 2000円
強制動員真相究明ネットワーク・民族問題研究所編
日韓市民による世界遺産ガイドブック「明治日本の産業革命遺
産」と強制労働
　　2017.11 ISBN978-4-906460-49-6 A5 88頁 500円
中田光信著
日本製鉄と朝鮮人強制労働―韓国大法院判決の意義―
　　2023.5 ISBN978-4-906460-68-7 A5 88頁 500円
●
白井晴美・坂本玄子・谷紹保・高橋晄正
今、子供になにが起こっているのか
　　1982.4 ISBN978-4-906460-57-1 A5 158頁 600円
竹熊宜孝・山中栄子・石丸修・梁瀬義亮・丸山博
医と食と健康（品切）
　　　　　　　　　　　A5 132頁 600円

中南元・上杉ちず子・三島佳子
もっと減らせる！ダイオキシン
　　2000.10 ISBN978-4-906460-37-3 A5 145頁 1200円
●
山口光朔・笠原芳光・内田政秀・佐治孝典・土肥昭夫
賀川豊彦の全体像
　　1988.12 ISBN978-4-906460-52-6 A5 180頁 1400円
佐治孝典
歴史を生きる教会―天皇制と日本聖公会（品切）
　　　　　　ISBN978-4-906460-40-3 A5 165頁 1300円
中村敏夫
牧会五十話
　　1995.12 ISBN 978-4-906460-28-1 A5 177頁 1800円
小池基信
地震・雷・火事・オヤジ―モッちゃんの半生記
　　1998.11 ISBN4-906460-35-9 四六 270頁 1600円
中村敏夫
信徒と教職のあゆみ（品切）
　　　　　　　　　　　B6 101頁 1500円
●
神戸学生青年センター50年記念誌
50周年を迎えたセンター、次の50年に向かって歩みます
　　2023.4 ISBN978-4-906460-64-9 A4 254頁 2000円
まつだたえこ作人民新聞社編
貧困さんいらっしゃい
　　2023.4 ISBN978-4-906460-65-6 A5 155頁 1000円
特定非営利活動法人NGO神戸外国人救援ネット編
震災から30年救援ネットのあゆみ
　　2025.1 ISBN978-4-906460-72-4 A4 452頁 2000円

ブックレット版以外の本はいずれも
送料360円をあわせてご送金ください
※いずれも消費税別の価格です

【ご購入方法】
1)代金を郵便振替＜01160-6-1083 公益財団法人神戸学生青年センター＞で送金下さい
　（振替手数料センター負担・別途送料がかかります）
2)全国どこの書店でも取り寄せられます
　「地方小出版流通センター」扱いの本と言ってお近くの書店でお申し込み下さい
3)Amazon、学生センターロビーでも購入いただけます

今年の夏は、飛騨神岡・高山・名古屋へ

真相究明ネット共同代表　上杉　聡

やま場にさしかかった遺骨調査

日韓両政府の合意のもと、日本政府による遺骨調査が2005年6月に開始されてから、この6月で丸2年をむかえた。厚労省の発表によると、現在1,720体の遺骨情報が寄せられており、さらにこの5月末には、全日本仏教会から第1次集約(内容は未公表)が政府へ届けられたので、その数はさらに増えることが予想される。

地方自治体や企業への調査に今後新たに大きな期待はできないが、これから仏教会のうち、とくに中心な3教団である曹洞宗と東西本願寺の調査がやま場にさしかかっているため、強い期待が寄せられている。

曹洞宗は、これまで1年以上のあいだ予備調査をしてきたが、寄せられた遺骨情報を検証し、周辺へと調査を拡大するため、5月22〜23日、飛騨神岡・高山地区で第1回の本調査を実施した(ネットワークからも3人が参加。全体で約80体の遺骨を確認した)。また東本願寺(真宗大谷派)は、この1年間、九州に限定した調査を行ってきたが、その経験をもとに5月末から全国調査の準備に入っている。西本願寺も、昨年末に調査を開始し、成果が出始めている。

私たちネットワークとしては、こうした動向を踏まえ、2年間の成果をいっそう押し進めるとともに、今後の課題を提起する時期にさしかかっているといえよう。きたる7月28日〜29日に2回目を迎える「韓国・朝鮮の遺族とともに－遺骨問題の解決へ」全国連絡会の今年の夏企画は、飛騨神岡・高山地区フィールドワークとともに名古屋での全国集会を予定している(別添のリーフレット参照)。ネットワークとしてもこれを担いつつ、そのなかで生じている課題の整理を、ここで試みてみたい。

遺骨が示す日本政府の責任と課題

まず、日本政府の責任のもとで今後最終的に発見・返還される遺骨数を、私たちとして、ど

の程度の目標として設定するか、という問題がある。韓国政府周辺の非公式情報によると、5,000体を下回ることは容認できないという。たしかに、これまで「民団」の手によって返還された遺骨数が3,000体に及ぶことを考えれば、日本政府の達成数がそれを下回ることは考えられず、日本政府のいっそうの努力が要請されているところである。

また、すでに発見されている遺骨の多くは、昨年から実施している日韓両政府による4度にわたる合同実地調査や寺院から寄せられた情報からみると、かなりの割合が戦後直後に死亡した遺骨であること、また一般渡航者やその家族の遺骨が多く含まれていることが判明している。むしろ被徴用者の遺骨の相当数は、戦中や戦後直後の帰国事業の中で、企業や友人、身よりの手によって返還されたケースがかなりの割合を占めていることが明らかになりつつある。

こうしたなかで徴用者の遺骨返還を、今後もれなく実施するには、やはり政府自らが持っている死亡情報を開示し、そのうちどの程度の遺骨が返還され、また残存しているかを、企業や韓国政府の協力(遺族からの情報収集)を得て精密に調査することが必要となっている。日本政府は、今回の調査の開始当初から、企業に対する要請に失敗してきた。その理由は、政府自らの責任を不問にし、死亡に関する政府資料の開示さえ怠ってきたこと、自らの責任感が欠けているため企業への要請も及び腰であったこと、などを指摘できる。当初から指摘されてきたこれらの改善が、これからも第一の課題となる。

日本政府の姿勢のもう一つの問題は、企業だけでなく地方公共団体、民間の協力などを積極的に活用しようとしていないことである。たとえば、政府は埋火葬認許証(死因や遺骨の保存場所、本籍地などが記されている)を再調査す

る要請を、昨年初頭、地方公共団体へ行ったが、一片の通知によって実施されることは困難であり、多くの自治体が要請書を放置してきた。これでは、すでに発見されている遺骨の親族さえ特定できず、返還が宙に浮く危険性さえある。

　この点について注意を喚起し、自治体への働きかけを行って関心を高め、同資料の開示を推進してきたのは、ほかならぬ市民団体や宗教会であった。政府は、そうした民間の努力を尊重し、協力して遺骨関連情報の収集に努め、そうした人々と共に地域からも遺骨を返還しようとする方向性をもたない限り、これ以上の成果は期待できないことを認識すべきである。

遺骨問題を
朝鮮植民地支配清算の入り口に

　ただ、ここで微妙な問題が生じることも指摘しておきたい。それは、民間(地域)の動きを重視するあまり、日本政府に誠意ある遺骨返還を実施させ、この問題で政府に責任を担わせる努力を怠る危険性が私たちの側に生じがちな点である。とくに現在、今年早々に予定されていた祐天寺の遺骨返還が、「ニセ遺骨」問題によって大幅にとどこおり、強制連行労働者の遺骨返還については出口さえ見えない状況が生じている。このため、遺族の方々が一日も早く遺骨を手にしたいと切実な願いを抱いていることに応えられない焦りが私たちの間にある。

　この問題について、6月21日に福留事務局長と私が訪韓し、韓国真相究明委員会と協議したところ、間もなく祐天寺の遺骨については打開する見通しであること、そのなかで確認されつつある──遺族が日本へ渡航する費用の負担や、何らかの経済的な措置、また日本政府による謝罪表明などは、民間企業への徴用者の遺骨返還にも適用される可能性が出てきているので、もうすこし忍耐強く待ち、日韓両政府の手を通して返還できるよう追求してほしいとの要請があったことをここにお伝えしておきたい。

　個別の遺骨返還が散発的になされるとき、むしろ日本政府の責任は解除され、被害者遺族全体への措置を実現させることが困難となる。私たちとしては、政府に対して責任をとらせつつ、もういっぽうで地域からの返還運動をつくるという大切な二つの課題を、バランスをとって進めていくという難しい課題に挑戦する必要があるだろう。

　遺骨問題が戦後60年以上も放置されてきたのは、日韓両政府が、戦後一度として本格的に朝鮮植民地支配の清算を実行しようとしてこなかったからであり、その象徴である (近く刊行される岩波ブックレット『遺骨の戦後－朝鮮人強制動員と日本』を参照されたい)。今年の「韓国・朝鮮の遺族とともに－遺骨問題の解決へ」の夏期企画は、そうした課題を鮮明にさせつつ、もう一つの課題である地域からの遺骨返還に向け、現在さまざまな準備を進めている。ぜひとも全国から多数の方々に集まっていただき、やま場を迎えた遺骨問題の新たな展開のはずみとし、この運動を本格的な朝鮮植民地支配の清算への入り口にしていただきたいと思う。

飛騨市神岡町の遺骨について　　岐阜県地下壕研究会　下嶌義輔

1. 犠牲者の遺族を発見

　真相究明ネットで取り組んでいる強制連行被害者の遺骨調査の一環として、岐阜県の遺骨調査に取りかかりました。まず、2005年の日本政府の総務省自治行政局国際室からの「朝鮮半島出身の旧民間徴用者の遺骨について(依頼)」に対する岐阜県の回答を県に情報公開請求しました。その結果、飛騨市神岡町の4軒のお寺に遺骨が複数あることがわかりました。

強制動員真相究明ネットワークニュースNo.2 (2007.7.3)　5

そこで、2005年10月神岡へ行き、どのような状態で保存されているか見て来ました。街中にある円城寺と洞雲寺、栃洞坑口の最も近くにあり鉱山住宅のそばの光円寺と廻りました。高山市に近い両全寺は人がおらず、中は見ずに帰りました。この時、全部で十数体の遺骨を確認しました。

2006年再び神岡を訪れ、前回見ることができなかった両全寺に行って、遺骨を見せてもらったところ、その中のひとつに出身地らしきものが書かれている骨箱がありました。「全羅南道済州邑回泉里 金文奉(キム・ムンボン)」と書かれており、ほかにも創氏名、死亡年月日、収骨年月日、勤めていた思われる場所と組の名前が書かれていました。

金文奉さんの遺族を見つけたいと思い、一週間後、岐阜の民団本部へ行き調べてもらうと、金文奉さんのものと思われる戸籍が確認できました。

そこで、いろんなメーリングリストに投稿してみました。2006年8月韓国の済州島で「朝鮮人・中国人強制連行強制労働を考える交流集会 IN 済州島」があり、そこで知り合った済州大学に留学している上村尚子さんが、遺族の捜索をしてくれることになりました。そして、彼女と彼女の研究仲間の玄恵慶(ヒョン・ヘギョン)さんの二人で、遺族を探していただきました。そして、たった2週間で遺族が判明しました。済州市の禾北(ファボク)に金文奉氏の甥の金大勝(キム・デスン)氏が住んでいました。

2.「ピッタム」から

次に、金文奉氏がどのようにして亡くなったのか、どのよう生活を神岡で送っていたのかを遺族の方たちにお知らせしなければならないと思い、調査を始めました。（これは、最低限しなければならない日本人の義務と考えます）

1990年に第1回目の「朝鮮人・中国人強制連行・強制労働を考える全国交流集会」が開催されました。そのとき、「ピッタム」という冊子が作られましたが、その中に金蓬洙氏が「神岡にて」という文章を書いています。その文末

に、1965年に神岡町役場を訪れて、埋火葬許可証を書き写した34名分のリストがついていて、その中に金文奉氏の名前、出身地、死亡原因などが記載されていました。

金文奉氏の骨箱にかかれている住所などから考えると、神岡水電(当時)が造った浅井田ダムと牧発電所の建設工事で亡くなったと推測されます。ダムと発電所をつなぐ導水路が15kmほどあり、1941年4月27日にこの導水路(ほとんどがトンネル)の掘削中に事故があり、金文奉氏は胸を強打し、神岡鉱山にある診療所に運ばれました。そして、3日後の4月30日に亡くなられ、5月1日火葬にされ、両全寺に遺骨が納められました。

工事は、1939年11月から始まり(1941年12月完成)、大林組が元請けとなりました。その下請けか孫請けの山本組で働いていています。渡日から20年以上が経ち、日本語と韓国語を話すことができるという点から、渡日したばかりの朝鮮人を現場で世話をするような係りだったのではないかと思われます。

神岡水電は、その後国策会社の日本発送電、関西電力を経て、現在は北陸電力となって日本の家庭へ電気を送っています。

3. 遺骨の返還について

今年の2月、ある程度のことがわかったので、中間報告というかたちで遺族へ報告に行きました。遺族のことを思うと、迷わないでもなかったのですが、遺骨は持たずに行きました。済州島では4・3研究所が事件の遺骨の発掘を行っていて、大変なときでしたがいろんなお世話をしてくださいました。発掘現場は、昨年の交流集会で見学した日本軍地下壕のところでした。

甥の金大勝氏とお会いしましたが、「金文奉氏は、今まで全くの行方不明であって、連絡があるまでどこでどうなっているのか全くわからない状態だった。祭祀(チェサ)は誕生日に行っていた」とのことで、ほとんど情報は得られませんでした。

「韓国・朝鮮の遺族とともに」全国連絡会の行事が、今年の7月末に神岡・名古屋で開催されることになりました。この時に、金大勝氏を招請することが決まりました。彼を含む遺族が希望すれば、この時遺骨をお返しすることになるかもしれません。

本来、日本政府が、それぞれの遺骨の遺族を見つけ出し、返すべきですが、これを政府はやろうとしていません。今回、たまたま遺族を見つけられたのは、本当に回りの人のつながりがあったからで、金蓬洙氏の仕事がなければ、いまだに遺族は見つかっていないでしょう。

いみじくも、両全寺に厚生労働省の担当者から電話があり、「両全寺の遺骨に関しては、遺族を見つけた人たちに任せましょう」などと言いました。それなら、私たちの仕事を手伝えとは言いませんが、せめて私たちの邪魔だけはしないでほしいと言いたいのです。

また、曹洞宗の調査で神岡にある遺骨に関し、新たに多くの事実が判明してきています。私たちは遺骨が遺族の元へ帰ることを願っています。その実現のために、今後も調査を進めていきます。

朝鮮人軍人・軍属の遺骨問題
－祐天寺の遺骨返還と千鳥ヶ淵戦没者墓苑　　青柳　敦子

祐天寺の遺骨返還

祐天寺の遺骨返還は、1970年代以降はほぼ中断していましたが、2004年11月の日韓首脳会談以後、一定の進展がありました。両国政府が、祐天寺の遺骨を早期に返還すること、遺族の心情に配慮すること、未来志向で返還を行なうこと等で合意したのです。

そして昨年12月21日には、朝日新聞が「(祐天寺の)朝鮮人遺骨1,135人分のうち約240人分の身元や韓国人遺族の所在が、日韓政府の調査で判明した。うち約140人分について遺族に確認し、20日までに約60家族が『引き取りたい』と答えた。来年2月にも返還する予定で、日韓両国が調整を進める」と報じるまでに至りました。

祐天寺の遺骨は、長い間、無縁故遺骨と言われていましたので、遺族の調査が十分ではなかった事を日韓政府が認め、返還への取り組みが始まった事に私は期待していました。日本人が、朝鮮人兵士と軍属の死を実感できる機会はこれまであまりなかったからです。

遠い異郷での痛ましい戦死、帰ることのできなかった遺骨、遺族の悲しみ????それらが日本人に伝わり、日本人の追悼の気持ちが韓国人に伝わる遺骨返還になるようにと、私は祈るような気持ちでした。

その一方で、祐天寺にどんな方の遺骨が眠っているのか、どこで戦死した方の遺骨が返るのか、ほとんど何も分からない状況が不安でもありました。

祐天寺には、浮島丸事件犠牲者の遺骨が280体安置されています。浮島丸事件訴訟では、訴外協議において、遺骨返還の原則として、謝罪と供養料10万円、慰霊祭への遺族の招聘、遺骨が祐天寺に安置されるまでの経緯の説明を求めましたが、国が謝罪など最初の3つを拒否した為、遺族は遺骨の受け取りを拒否し、現在に至っています。遺族が原則としたことが実現する遺骨返還になるのかどうか、私は気がかりでした。

しかし確かな情報は、なかなか伝わりません。そこへ飛び込んできたのが、今年1月の「日本の強制動員韓国人遺骨、にせ物と確認」(YTN TV　15日)、「日本祐天寺の徴用韓国人遺骨、一部が『でたらめ』」(東亜日報16日)等の韓国メディアの報道でした。真相糾明委員会の

調査で、遺骨名簿に名前がある7人が生還していたことが明らかになり、このように報じられたのです。

日本人の場合も、遺骨が届いたのに本人が生きて帰ってきたということがありました。ですから、日本政府は事前にその可能性を伝えておかなければならなかったのですが、そのような配慮がなかったのでしょう。

また、浮島丸事件の遺骨は、個人を特定できなかったため、併せて茶毘に付し、死亡者の数(朝鮮人524人、日本人25人)に分けたもの(分骨)です。日本政府は裁判ではこのことを説明しましたが、韓国政府には説明しなかったようで、報道があって初めて分骨のことを明らかにしたようです。そのため、集団火葬などと韓国で報道されました。

浮島丸を引き揚げる時には、在日朝鮮人団体の強い抗議がありましたので、海上で慰霊祭をしてから作業を始めています。バラスに埋まっていた遺骨を、一つずつ丁寧に洗ったという作業員の証言もあります。しかし、日本政府が資料を提示してそれらの経緯を説明しなかったため、誤解が膨らんでしまったのです。

このような事態を受けて、今、遺骨返還は頓挫していますが、私はもう、拙速は避けるべきだと思います。何よりもまず、亡くなった一人ひとりを追悼できるように、その出身地、生年月日、動員年月、死亡年月日、死亡した場所、所属部隊、供託金の有無とその金額等を明らかにするよう日本政府に求める取り組みが必要です。日本政府は、これらについての資料を作成しているのですから。

浮島丸事件の遺族が原則とした最初の三つは、日韓政府で前向きに協議が進んでいるとのことですが、それを確実にし、日本政府に公表させる取り組みも必要です。祐天寺の遺骨返還に向けて、保守層も動かすことができるように知恵と力を貸してください。

千鳥ヶ淵戦没者墓苑

千鳥ヶ淵戦没者墓苑は国立の無名戦士の墓地ですが、朝鮮人についての銘記がなく、日本政府は遺骨のない韓国人遺族に対して千鳥ヶ淵のことを説明していません。その為、韓国では、韓国人の遺骨を故意に収集せず、現地に放置したと誤解する人々もいます。韓国政府は韓国人の銘記と慰霊碑の建立を求めていますが、一時前向きだった日本政府の姿勢は、後退したと聞いています。このようなことで、どうして日韓の和解が進むでしょうか。

外務省の公開資料等によれば、朝鮮人「戦没者」は約2万2000人です。遺骨（遺髪、遺爪等を含む）は、戦前に遺族に届けた遺骨（南北朝鮮）が約2,600体、1948年にGHQの許可を得て韓国の政府機関に返還した遺骨が約7,200体、その後遺骨返還は中断し、1966年に日本政府が保管していた遺骨は、南北朝鮮を併せて2,274体です。

これらの遺骨を合計すると、遺髪、遺爪等を含めても約1万2,100体ですから、半数近くの約1万体の遺骨は、海に眠るか戦場に残され、遺族のもとへは帰っていないのです。

昨年12月初旬に、韓国の遺族を対象に初めての慰霊事業が行なわれ、遺族たち約60人が南方の激戦地を訪れ、祭祀を行なうことができました。慰霊事業は現在も続いていますが、多くの遺族は遺骨がない状況なのに、大半の遺族が千鳥ヶ淵の事を知りません。

海外に残る遺骨の収集は、1952年、衆議院で決議が採択されたことで始まりましたが、決議文には、「これら同胞の遺骨の速やかな収容」とあります。又、同年の閣議了解事項には、「日本人戦没者の遺骨の収集」とあります。当時は敗戦国の日本が、朝鮮人の遺骨を収集し慰霊することが憚られたのかもしれませんが、建前として日本人だけの遺骨を収集することになっていたのです。

その後、日本政府は不十分ながら、戦地や沈んだ船からの遺骨収集を始め、1959年に千鳥ヶ淵戦没者墓苑が竣工し、氏名を判別できない遺骨を千鳥ヶ淵に埋葬しました。が、そこには朝鮮人・台湾人の遺骨はないことになっていたのです。

8 強制動員真相究明ネットワークニュース No.2（2007.7.3）

今、日本政府は、朝鮮人の遺骨も安置している事を認めていますが、それを銘記し、慰霊碑を建立することには否定的なのです。

※

光州遺族会会長の李金珠さんは、昨年夏の遺骨問題の集会に懇請されて訪日しましたが、李金珠さんの夫の遺骨も帰ることはありません。李金珠さんは、「千鳥ヶ淵での慰霊祭を見届けてから、安心して夫のもとへ行きたい」と私に語りました。

浮島丸事件の遺族・全承烈さんは、小さなスーパーを経営していますが、1週間近く店を離れて、日本各地で祐天寺の遺骨返還を訴えたと聞きました。

李金珠さんや全承烈さんの長年の願いがかなうよう、微力ながら私も努力したいと思います。（兵士や軍属の遺骨問題に対する日本政府の姿勢は、企業にも影響を及ぼすと思います。）

[注]
i 「援護50年史」（ぎょうせい1997年）p 512. 下線部は青柳
ii 同註 i
iii 京都市の霊山観音の敷地内に1968年に日本人が建立した「韓国人戦没者慰霊塔」があり、その碑文に「韓国は今や独立国、<u>我国としてこれらの人の霊を祭ることは許されない</u>。しかし心ある日本国民は国民感情がこれを許さないとしてこの英霊を慰めるためにこの塔をつくり、永遠に祈念し祭祀を続けることになった」とある。また、「日韓併合以来、犠牲になったすべての韓国人のために」という言葉も刻まれている。

遺骨問題の解決と北海道フォーラムの活動のあり方
強制連行・強制労働犠牲者を考える北海道フォーラム事務局長　堀口 晃

2007 東アジア共同ワークショップの発掘現場

強制連行・強制労働北海道フォーラムは、今日まで4年半にわたり浄土真宗本願寺派札幌別院の101体の遺骨、猿払村浅茅野の遺骨発掘、室蘭の寺院の遺骨などについて、関係機関や関係者の協力により遺骨問題の解決に取り組んで来た。今年からは、返還を希望する遺族に対する遺骨返還に向けて活動が開始されている。以下、フォーラムの活動の中で出された課題について記述したい。これらは、必ずしもフォーラムの見解を反映するものではない。

1. 遺骨とは

人間の人格、人間の尊厳を引き継いでいるものである以上、それが毀損されたままにしておくことは許されないことである。死者の霊が浮かばれるようにしなければならない。それは、死者として丁重に葬られることは勿論のこと、その死が無駄にされないことである。具体的には少なくとも下記①～⑫が実現されることである。

2. 何故われわれは遺骨問題に取り組んでいるのか

【人間として】「人権・人間の尊厳が奪われたままにしておくことは許されない」という人間としての立場からで、国籍・民族等の違いを超える。【日本人として】加害責任を持つ日本政府と関連企業が基本的にそ逃げている姿勢の現状の中、日本人としてこれを見過ごしにできない。【犠牲者と同じ民族・国民として】同族の一人としてその歴史を共有し、自己のアイデンティティをより確かにし、遺骨問題を解決したい。(フォーラムの構成員には在日韓国・朝鮮・中国人がいる)・・・活動に参加している誰もが、遺骨問題の解決に向けての活動の中で、東アジアにおける真の友好と和解を目指したいと考えて行動を共にしている。

3. 遺骨問題とは何か、どこまでやればこの問題の解決と考えてよいのか

①基本的に、日本政府と関連企業に責任があることを確認する。②遺骨を見出す。③資料公開を含め真相究明を行う。④遺族を見つける。⑤遺族と遺骨のDNA鑑定を行う。⑥遺族と遺骨の対面を実現する。⑦遺族による犠牲者の労働・生活地の訪問を実現する。⑧関係地域が地域の問題として解決に努力し、戦跡保存・教育の場としての保存などに取り組む。⑨遺族が直接日本政府と関連企業に会い、遺族のから直接訴えを語る機会をつくる。その際、犠牲者個人の資料の提示を要求する。⑩遺族に日本政府・関連企業が直接謝罪し、遺族の渡航・宿泊・交通費、追悼費、永代供養費、碑建立費等を含む補償をし、再びこうした事を繰り返さないためにも、教育等で後世に伝えることを行なう。⑪遺骨の返還に当たり、犠牲者の所属する政府や関連団体に民族としての意思・考えを表明してもらう。⑫これらの行為を実践するに当たっては、いずれも誠意を持ってする。・・・これら①〜⑫が行われた段階で、一応の決着が着けられたと考えられる。

4. フォーラムの活動の特色は何か

裁判を否定するのではないが、話合いによって遺骨問題の解決を目指すという点にある。本質的、全般的な問題解決に向け、連帯の輪を広げながら粘り強く活動を継続していく一方、遺族による遺骨の引取り意思が表明された場合は、返還のあるべき基本枠がない中でも、最善を尽くして遺族の思いに答えようとする。ただ、時間の経過と共に、返還が問題解決の「忘却」ならないための手立てを講ずることが必要だろう。

5. 現状の中で、遺骨返還はどうあるべきか

1）遺族の意思をどうとらえるか・・・返還には、相矛盾する遺族の二つの思いが交叉している。フォーラムの活動を通して知りえた遺族の思いは、すぐにでも遺骨を引き取りたいという思いと、真相究明・責任ある者からの謝罪などなすべきことをなさいない形で遺骨を引き取るわけにはいかない、という思いが同居している。

2）遺族が一番先に、そして最も求めているのは上記「3」の①〜⑫の内のどれか・・・それは、「真相究明」だと思う。JR西日本の列車事故で、遺族が謝罪・補償に先駆け、真っ先に要求していることは、「真相究明」である。それは、肉親として犠牲者のつらい残念な思いを共有したいという思いと共に、肉親の死が今後の事故防止に役立ってこそ、「死者が浮かばれる」（人間の尊厳の回復）と思えるからである。昨日肉親を亡くした遺族と60年前に肉親を失った遺族の思いはまったく同じだと思う。

3）遺族が他の条件を棚上げしてでも、まず返還を求める場合のわれわれの行動のあり方

○ 遺骨返還は遺族の思いに従ってなされるべきである。しかし、遺骨題は、上記「3」の①〜⑫にあるように、戦争・植民地化に伴って起こった問題であるので、遺族にとっての遺骨返還問題であると同時に、国家主権を代表する政府間の問題でもあり、多くの同胞の死は、同胞(民族)の問題でもある。遺族への返還の前に、遺骨問題解決に責任があり、本来先頭に立って動くべき日本政府及び関係企業と被害国の政

府の意向・見解の表明を求め、更に、犠牲者の所属する国の民衆に遺骨返還についての見解を聞くべきであろう。その後、フォーラムは動くべきである。このことは、事柄解決のための正当な道順を踏むということであり、遺骨問題解決の責任の所在を事あるごとに明らかにし、責任を負う政府・企業が責任を果たすことを喚起することが必要だからである。だが、必ずしもこれら三者の態度表明にフォーラムの活動が左右されることを意味しない。

○ 返還の本来的条件がない中での返還であるが、遺族をお慰めするために最大限の努力が払われるべきである。上記「3」の①〜⑫の内、③, ⑥〜⑩については、何とか努力すべきである。

○ 遺骨返還は遺骨問題解決の一端であるので、フォーラムは引き続き遺骨問題解決まで活動を続けるものである。その際、「返還即やがて忘却」とならないための取っ掛かりを、日本と犠牲者の祖国にも設定しておく必要がある。(例えば、札幌別院の遺骨を例にすると、遺骨の一部を別院などに安置し保存し公開するなどの措置をとるなど)

6. 当面の返還から全面的な遺骨問題解決を展望するのか

○ その答えは、強制連行・強制労働問題の一翼を担う日本軍「慰安婦」問題の解決への活動が展望を示していると言えよう。即ち、様々な個々の要求活動を行いながら、同時に、問題を様々な機会をとらえて国内的・国際的に広げ、大きな世論を巻き起こしていることである。われわれも、以下のような連帯の輪を広げつつ、最強の国際的規模での人権の目を結集することが、国家権力・企業集団の頑なで一方的な枠を外すことになることは間違いない。

○ 地域との連帯(上記「3」の⑧)。

○ 他分野との連帯 ─ 裁判関係、芸術分野、記録分野、人権・平和運動分野等と。

○ 全国的連帯 ─ 全国真相究明ネット、「遺族と韓国・朝鮮の遺族とともに」全国連絡会、真相糾明委員会などと。

○ 世界的規模での連帯 ─ 国連機関への訴え・要請、各種国際組織との連帯、関係国の遺族組織・市民運動組織・専門家組織等との連帯。サミットなどの国際会議等でのアピールを行う。

○ 今後、活動の大きな牽引車的役割を担うことが期待されているのは、「遺骨問題こそ宗教界の取り組むべき課題だ」として活動されている仏教会と宗派の動きである。

「韓国・朝鮮の遺族とともに」－鹿児島の取り組み
鹿児島強制連行を考える会代表　佐々木智憲

　2006年5月下旬、「韓国・朝鮮の遺族とともに－遺骨問題の解決へ」全国実行委員会の事務局長福留範昭氏が鹿児島に来られ、韓国在住の金旭(ム・ウク)さんの父親の遺骨調査と鹿児島集会の実施について話し合いが持たれた。

　1992年に鹿児島強制連行を考える会を結成して、県下の強制連行の実態や遺骨調査、遺骨返還に取組んできた経緯から、要請については当然のこととして実行委員会の結成を多くの方々に呼びかけることにした。7月4日には鹿児島集会実行委員会を浄土真宗、キリスト教の宗教関係者、平和運動関係者、朝鮮総連・在日本大韓民国民団鹿児島県本部、市民の方々と結成し、金旭さんを迎えての現地遺骨調査、8月5日の鹿児島集会を実施することとした。

遺族　金旭さん

強制動員真相究明ネットワークニュース No. 2 (2007.7.3)　11

現在の北朝鮮咸鏡南道新光軍に住んでいた金旭さんの父キム・ペクチさんが同じ村の2名と強制徴用されたのは、1942年5月のことであった。日本の徴用先からきた父親からの手紙の地名が、鹿児島県熊本郡下屋久村の栗生川原(河原)事業所からであったことをずっと記憶していた。今回の調査以前は、熊毛郡を熊本郡として記憶していたため、当初は熊本地方を調べたこともあったらしい。

1944年7月頃、駐在所から巡査が来て父の死亡通知書を受け取っている。その後、日本からの通知は何も無いという。朝鮮戦争後は韓国に住み、軍隊除隊後、自分で事業を起こして現在に至るが、この間、父の遺骨情報を捜し求めていたという。2005年5月には厚生労働省に資料調査を依頼したが、軍人・軍属でないとのことで資料がないとの回答。社会保険業務センターに「厚生年金保険加入期間照会」をしたが無回答。鹿児島県社会福祉部に問合せや直接訪問もしたが何の情報も得られずに、今回の遺骨調査に参加することになった。

川原事業所跡で献花する金さん夫婦

仁田鉱山

これまで、屋久島の軍需産業や強制連行について聞いたことはほとんどなかった。種子島や奄美諸島の特攻基地建設にともなう朝鮮人徴用については、郷土史などで確認できていたり、調査も行ってきた。屋久島には無かったことにしていた。

平成7年3月に発行された『屋久町郷土誌』第2巻において軍需工場としての仁田鉱山があったことを知った。国内のタングステン鉱山の生産量第2位で日本各地や朝鮮から工員がきていたという。昭和17、8年頃が最盛期で、従業員は300人を超していたという。鉱山での重要な仕事である水選夫は朝鮮人が担当していたという。昭和20年になると米軍機の空襲により生産が低下し、6月には爆弾の直撃を受けたことが記されていた。

私たちは、屋久島に渡り、事前調査を行った。仁田鉱山について行政・郷土誌関係者、当時の工場で働いていた方々を訪ねて話を聞いたが、朝鮮人は大部分が家族で来ていたこと、爆撃や落盤事故等で朝鮮人が亡くなったことはない等の証言であった。また、鉱山の地が栗生からは離れた地であったことで、金さんの父親の徴用先は鉱山ではないとの結論を出した。

栗生川原事業所

仁田鉱山で使っていた坑木は栗生の方から来ていたとの証言があったので、木材関係を中心に調査を進めた。現在の行政区域で栗生(くりお)は屋久町(戦前は下屋久村)、川原は上屋久町である。川原は西部林道として世界自然遺産に指定されている地域で、明治後半から大正の頃には集落と呼べる地域が、半山、川原、瀬切であった。『屋久島民俗誌』(宮本常一著)によると昭和15年には「川原は廃村、半山は廃村同然」と記されており、戦時中の様子は不明である。

現在では、鬱蒼と茂った森となり、昼間でも薄暗いなかで、時折、猿や鹿に出逢う場所である。調査を進めていくと戦前に半山に住んでおり小学生であった人の証言を得た。川原地区で軍用材の伐採のために朝鮮人が50から60名位来ていたこと、若い人たちもおり、雨の時など永田に遊びに行き、夜、帰り着かずにこの方の家に泊まったこと、それ以降、たびたび泊まる

事があったこと、日本語のしゃべれない人がいたこと、等であった。

川原事業所跡（海岸の岩盤上に通路の跡がある）

　また、軍用材の刻印を押す仕事をしていた永田の人がいたことや、別の証言では朝鮮が本拠の「キオウ」という会社であったことなどを教えてられた。そして、栗生では次のような証言を得た。川原地区の海岸の磯にある船着場までの道路は、「ガンバ」といっており朝鮮人たちが作ったと伝えられていること、食料などの日常品は栗生から運んでいたこと、伐採した軍用材は積み込みまでは朝鮮人の人々が行い、船での運搬は栗生の人たちがやっていたこと等であった。

　当時のことを知る古老は非常に少なく、また、人里離れた岩場の多い海岸の山中の地での強制労働あることを考えると、多くの方が知らないのは当然といえる。このような経過から、川原・半山地区が金さんのお父さんの徴用された地域と結論付けた。

　上屋久町・屋久町で朝鮮人の方々の埋葬許可証などを含めた情報を求めたが不明であった。特に、上屋久町は戦後の水害により役場が大きな被害を受け、以前の書類は全て廃棄されたとのことであった。また、浄土真宗、法華宗の寺院を訪ねたが、過去帳記載や遺骨等はないとのことだった。後日、西部地区の森林の研究者から情報が寄せられ、昭和２２年の米軍の航空写真で川原地区がほぼ丸坊主に近いほど伐採されていることが不思議だったが、強制労働による軍用材伐採だと理解できるとのことであった。

鹿児島強制動員実態調査

　鹿児島集会実行委員会では、金旭さんご夫妻を迎えて7月30日から8月5日までの1週間の行動予定を確定した。7月31日、鹿屋市役所にて協力要請と納骨者の名簿確認、外国人墓地参拝。8月1日、南さつま市役所にて協力要請と万世飛行場建設における朝鮮人死亡者の名簿確認、鹿児島県庁にての記者会見。8月2日、上屋久町・屋久町役場にて協力要請と仁田鉱山跡・栗生にて聞き取り調査。8月3日、川原事業所跡の調査。8月5日、鹿児島集会を東本願寺別院、大谷会館で金旭さんの証言と森川真智子さんの講演会、という内容だった。

　特に、川原事業所跡地の調査では、栗生の青壮年の方々が、自分達の島の歴史を受け止めようと調査の趣旨を理解していただき、積極的に協力してくれた。特に、軍用材伐採事業の朝鮮人の情報を掘り起こすことは、地元の方々の協力なしにはできることではなかった。川原事業所跡の調査のために、住居跡、散乱していた生活用品の確認など、事前に地元の方々が確認していただいていたのである。

　今回の調査では、残念ながら金さんのお父さんに関する情報や墓などの存在は、確認することができなかった。金さんの「父さんの遺骨を韓国に持ち帰りたい」という思いはかなえられなかった。しかし、金さんは父親が働いた地にたどり着いたことで、これからが本当の遺骨探しであることを確かめた屋久島調査と鹿児島集会であった。

　金さんのように韓国や朝鮮において父親や親族の遺骨を捜し求めている多くの遺族たちが存在していることを改めて知らされた。まだまだ知らない鹿児島の強制労働の実態調査と遺骨調査への取り組みこそ、私たちの戦後責任といえる。

既成概念の大きな揺らぎ
－福岡県における遺骨調査にたずさわって
強制動員真相究明福岡県ネットワーク事務局長　花房俊雄

福岡の全国研究集会で発表する鄭調査１課長
（2006年11月3日）

はじめに

　前回のニュース発行から一年余が過ぎた。福岡県ネットワークのこの間の主たる取りくみは、遺骨を探している韓国の２組の遺族をお迎えしたことと、筑豊の７地方自治体が情報公開した埋葬火葬認可証等の整理分析などを中心に朝鮮人死亡者の実態と遺骨の行方に迫ろうとしたことである。

　上記取り組みの過程で県ネットワークのメンバーは、「強制連行されて亡くなった朝鮮人の多くは、遺族への死亡通知や遺骨の返還がいまだなされていない」という既成概念の大きな修正を迫られることになった。この点を中心に過去一年余の取り組みの報告を記すことにする。

１．二組の遺族を迎えて

　昨年夏全国各地で開かれた隣国より遺族をお呼びしての証言集会の一環として、福岡では叔父の遺骨を探している韓鶴洙（ハン・ハクス）さんをお呼びすることになった。戸籍謄本に記載されていた叔父・李鐘完（創氏名＝岩本鐘完）さんは、昭和19年3月22日の三菱飯塚炭坑爆発事故で死亡したとの情報を前もって得ていた。「石炭鉱山災害調」により45名の死者を出したガス炭塵大爆発であったことが判明。同炭坑があった穂波町には、幸いなことに戦前の埋葬火葬認可証が保存されていて、情報公開を受けていた。それにより33名の朝鮮人が亡くなっていること、坑道火災沈火のため罹災者もろとも水没させたことによって、遺体の引き上げに4ヶ月も要したことが読み取れる。

　更に、「三菱飯塚炭坑史」には、同炭坑火災で負傷した日本人上司が傷が癒えた後の12月に朝鮮人の遺骨を遺族に渡すために弔慰金・扶助料とともに携えて朝鮮に行った体験記が載っている。「企業は朝鮮人の遺骨を返していたのか？　では、なぜ李鐘完さんの遺骨が返ってないのか？」このような疑問を解くため、李鐘完さんと同じ忠清南道保寧郡出身の他の8人と他の郡から行った数人の遺族の本籍地を韓国の真相糾明委員会の遺骨調査官に送り調査を依頼した。その結果、同郡から6人と他の郡にいる3人の遺族と連絡が取れ、すべて遺骨が帰っていることが判明した。「企業は遺骨を返していたのだ！」それにしても、「なぜ、李鐘完さんの遺骨だけ帰ってないのか」、この疑問を大村市に住む学者の守屋敬彦さんに相談すると「昭和19年の末は関釜連絡船の渡航もすでに厳しくなり、朝鮮内の交通事情も悪くなっていて、遺族を訪ね歩くことは不可能であったと思われる。道庁か郡庁に遺骨や扶助料などを手渡して後を託して帰ってきて、郡庁か面の事務所のどこかで支障があって遺族の下に届けられなかったのではないだろうか」と推測された。

　3泊4日の日程で韓鶴洙さんら二人の甥を迎かえて、県ネットワークのメンバーはそれぞれの場で寄り添い、同行して、亡き叔父の生前の足跡を訪ね歩く筑豊の旅、150名の市民で囲んだ証言集会、宿舎での団欒を過ごした。二人の遺族にとって亡き叔父の追憶と追悼、さらに県ネットワークメンバーとの深い信頼を築いた旅となった。

ついで12月には、筑豊の旧宮田町で亡くなった母・趙文葉さんの遺骨を捜す朴日善さんと付き添いの娘さんを迎えることになった。旧宮田町＝現宮若市の総務課が趙文葉さんの埋葬火葬認可証を調査してくださり、昭和9年貝島炭坑の避病院にて死亡していたことが判明、夫の朴敬守さんは貝島大之浦炭坑第7坑で働いていた。

遺族を迎えるための下調べに、宮若市の総務課長が先導して車を出してくださり、避病院跡、第7坑炭坑住宅跡、会社が建てた炭坑犠牲者の慰霊塔などを案内していただいた。第7坑の犠牲者の慰霊塔は、山の麓から上に広がる地元の人たちの墓が立てられた京野墓地の更に上に建立されていた。「南無阿弥陀仏」と彫られた大きな石塔であった。その周辺に散在するさまざまな形をした20センチほどの石を指しながら、総務課長さんは「亡くなった朝鮮人の乳幼児の墓です。情報公開した埋葬火葬認可証の乳幼児のうち63人がここに埋葬されています」と話された。筑豊各地の地元日本人墓地の周辺や、山や丘の裾に朝鮮人乳幼児の埋葬地が散在していることを改めて認識する機会となった。

地元研究者の林えいだいさん、横川輝雄さん、宮若市総務課が、趙文葉さん一家の資料を探し出し、さまざまな生前・死後の情報を準備して、朴日善さん親子を迎えることができた。翌日、筑豊の父母の足跡を詳しく訪れ、祖母の名前が過去帳に残る仏厳寺で母の位牌を作っていただいた。5歳で母を亡くし、父が再婚した義母との仲が悪く不遇な娘時代をすごした朴日善さんは、亡き母への思慕と異郷に遺骨を置いてきたことへの自責の念を晴らすための旅であった。遺骨は見つからなかったものの、不幸な娘時代の心の傷を見つめなおし、付き添いの娘と痛みを分かち合い、母とともに不幸であった娘時代の自分を癒す良い旅になった。

今はなき貝島炭坑第7坑の炭住の跡を眺める朴さん

2. 埋葬火葬認可証 から見えてくるもの

上記のごとく、埋葬火葬認可証は遺骨の情報調査に貴重な資料である。福岡県でこれまで保存が確認され、情報公開された地方自治体は以下の通りである。

埋葬火葬認可証　1市4町（昨年春の市町村合併前の地方自治体名）

飯塚市	403人分	1937年～1945年
宮田町	407分	1935年～1955年
穂波町	303人分	1941年～1945年
小竹町	226人分	1931年～1945年
庄内町	49人分	1945年～1956年
穎田町	11人分	1945年～1951年

戸籍受付帳　1市1町

| 山田市 | 140人分 | 1945年のみ |
| 糸田町 | 20人分 | 1941年～1957年 |

となり、総計1,600人近くの名簿を公開していただいた。

埋葬火葬認可証では、死亡者の▲氏名、生年月日　▲本籍地、現住所　▲病名　▲発病年月日・死亡年月日　▲死亡場所　▲火葬場あるいは埋葬場所　▲申請人の氏名と住所　などが記されている。

病名は、ほとんどプライバシー保護のために墨塗りにされているが、埋火葬認可証から、職種の判明や、事故死かどうかの推測が可能な場合が多く、筑豊への強制連行の9割以上を占める炭坑での死因解明に役立つ。また、遺族が申請すれば墨塗り部分も開示される。

上記7市町のうち、戦争中の埋葬火葬認可証を比較的長く保存していた飯塚市、宮田町、穂波町、小竹町の4自治体の名簿分析を行い、次のようなことが判明した。

①強制連行期1939年〜43年にかけての5年余の4自治体炭坑労働者死者数　　186人
　　　　　　　　　1944年〜45年にかけての1年8ヶ月の同上死者数　　　　201人
　1944年から45年にかけて死者が激増しているのがよみとれる。（穂波町の1939年、40年の埋葬火葬認可証がないため死者が不明であることを差し引いて、1943年までの死者数とそれ以降敗戦までの死者数はおおよそ同じであると推定される。特高資料による福岡における1943年末までの強制連行朝鮮人死者が711人であるので、敗戦までの死者はこの2倍の約1400名前後になると推測される。
②子供（特に乳幼児）の死者が多い（1945年までの統計）
　　　　子供の4自治体の死者総数　　628人
　　（このうち約8割が1歳以下の乳幼児）
　　　　成人　　　　　　　　　　670人

死者の約半近くが子供たちである。埋葬火葬認可証の情報を名簿一覧表に打ち直す作業にかかわった県ネットワークのメンバーは皆胸が痛かったという。栄養不足、密集した炭坑住宅等の条件は伝染病などの被害を集中的に受けたであろうと推測される。
③3自治体の子供の埋葬総数250人(4自治体のうち穂波町は埋葬・火葬の記述がないので不明)は火葬総数とほぼ同数。青年や壮年は例外なく火葬され、高齢の老人の埋葬例が、2、3見られるに過ぎない。

　前述した三菱飯塚炭坑のガス炭塵爆発事故9人の遺族以外の福岡県の強制連行期の犠牲者のうち、遺族を発見できた12人の場合も、遺骨は当時返されていた。炭鉱での犠牲者の遺骨の多くは、当時企業によって返還されていたのではないだろうか。日韓両国で遺骨返還が日程に上がる今、行政資料の情報公開や、韓国側での真相究明と連携して、改めて冷静に強制連行された朝鮮人の死亡数、遺骨返還の概容が全国的な規模で再検討されるべきときであろう。

祐天寺の「にせ遺骨」報道

真相究明ネット事務局長　福留範昭

　2004年12月の日韓首脳会談での盧武鉉大統領の要請によって、日韓の政府による強制動員被害者の遺骨の調査・返還の取組みが開始された。日本政府は現在、地方公共団体や仏教界などからの情報提供で朝鮮人犠牲者の遺骨1,720体の所在を確認している。そして、今月(5月)末には全日本仏教会からさらなる遺骨の情報が提供されることになっており、その数は増加するだろう。
　これらの遺骨の返還の前に、祐天寺に安置されている遺骨(1,135体)のうち身元が確認可能な遺骨を返還する計画が、昨年11月の日韓遺

骨協議で議論された。そして、第一次として2月の旧正月の期間に韓国への遺骨送還が計画された。このために、韓国政府は身元が判明した141の遺族に対し、遺骨の受け取りの可否を問うた。その結果、123の遺族が受け取りを希望した。
　今回の日韓政府による最初で象徴的な遺骨返還の行事は、予定どおり進行すると思われた。しかし、1月15日の韓国のテレビの「にせ遺骨」報道によって、それは暗礁に乗りあげた。
● 現在、日本では太平洋戦争当時犠牲になった韓国人の遺骨が、あちこちに散って、保管さ

16 強制動員真相究明ネットワークニュースNo.2（2007.7.3）

れています。しかし、韓国に生存している人までも死亡者として処理され、遺骨が保管されていることが、YTNの取材で確認されました。

日本の東京のある寺院。寺の後方に、太平洋戦争当時犠牲になった韓国人の遺骨千余躯が保管されています。日本軍の軍属として引っぱっていかれた慶尚北道慶山出身の金相鳳氏の遺骨も60年以上ここにあります。日本政府の資料には、金氏が沖縄で働いていて、1945年に死亡したと記録されています。しかし、取材の結果、金相鳳氏は現在釜山に住んでいることが確認されました。

<インタビュー: 金相鳳、強制動員生存者>
「私が生きているのに、私が死んだとして、私の遺骨が寺にあるというのは、非常に遺憾です。」 金氏は1945年4月米軍に捕虜としてとらえられ、ハワイに収容された後、解放されたと証言しました。取材陣が捜し出した米国政府の資料にも、そういう事実が記録されています。

1945年8月日本近海で沈没した帰国船浮島丸に乗った朴壯緒氏の場合も、似たようなケースです。朴氏の名前が書かれた遺骨も祐天寺に保管されており、日本政府は朴氏が当時死亡したと記録しました。しかし、取材の結果、朴氏も韓国に無事に戻ったことが確認されました。家族は、朴壯緒氏が1954年まで忠南青陽郡で生活して、死亡したと明らかにしました。(中略) 金氏と朴氏のように生きて帰国したのに、日本ににせ遺骨が残っている韓国人が、祐天寺だけで7人いることが確認されました。[YTN 1/15]

● YTNは、日帝下に強制動員されて生きて帰った人の名票のついた「にせ遺骨」が、日本の一寺院に保管されているという事実を単独で報道してきました。より大きな問題は、日本のあちこちに放置された韓国人犠牲者遺骨の数と真偽がはっきりせず、すでに国内に奉還された遺骨も、本物なのかどうかが確かでないという点です。(中略)

国内に奉還された遺骨8千余躯の全てが、本物かも疑問です。特に、70年代に返ってきた浮島丸爆沈事件の韓国人犠牲者の遺骨2百40

余躯は、数名の遺骨が混ざってることが分かりました。しかし、国内への奉還過程で、真偽確認の手続きはありませんでした。日本政府も、2005年から2年間韓国人強制動員犠牲者の遺骨の実態把握に取り組んでいますが、千7百余躯の所在を確認するのに留まっています。日本軍戦死者に対しては、旧ソ連やモンゴル地域まで訪れて発掘し、DNA検査までしているのと、大きく異なっています。 [YTN 1/16]

これらの報道は、韓国内で波紋を引き起した。被害者団体から批判の声が上がり、遺骨問題を担当している「強制動員被害真相糾明委員会」でもDNA鑑定の必要が議論された。

ここで、YTNの報道の意義と問題点について考えてみよう。まず、今回の問題の根本には、日韓両政府が、遺族の立場に立って遺骨返還を進めるという姿勢が不足していたことがある。日本政府は、今日まで祐天寺の遺骨の名簿を公開せず、遺族に返すという努力を怠ってきた。今回、日本政府は返還予定の遺骨の名簿と写真を韓国政府に伝達したが、祐天寺の浮島丸犠牲者の遺骨が、合葬後「集骨」されたものだと伝えなかったようだ。韓国の真相糾明委員会は、遺族に遺骨の受け取りを尋ねる手紙で、個々の遺骨の状態について知らせなかった。今回のYTNの報道は、このような事情を曝した点で意義がある。

しかしこれらの報道は、「にせ遺骨」という表現に象徴されるように、遺骨の事情を無視した「為にする」告発という一面がある。南洋群島等で戦死した日本軍の軍人・軍属の犠牲者は、戦後部隊長等の戦死報告に基づき、遺骨が収集されていない場合、紙の位牌や髪の毛、爪、戦地の石や珊瑚片などの遺物が遺族に送られた。しかし、連合軍の捕虜となり、アメリカ等から帰国した人たちの遺骨として、位牌や遺物が準備された。浮島丸の場合は、船体の引き揚げ(1950、54年)後、遺体が合葬され、「集骨」された。しかし、生存者のうちそのまま独自に帰国した人があり、これらの人の「遺骨」が設けられらという経緯がある。担当記者は、これらの事情を無視して、センセーショナルに報道を仕掛けた疑い

がある。筆者が記者にこのような事情を説明した後も、同様な報道が続けられたからだ。

　しかし問題は、日本政府がこれまで、浮島丸犠牲者の遺骨を含む祐天寺の遺骨について、犠牲者の死亡の経緯と遺骨保管の状況や経緯を韓国側に伝える努力を怠ってきたことにある。日韓の政府は、遺骨返還において、第一に遺族の立場に立ち、遺骨に関する事実を忠実に伝えることを心がけるべきだ。この立場を失えば、「未来志向」と銘打った今後行われる強制労働犠牲者の遺骨返還も内実のないものになるだろう。

(この文章は、「靖国・天皇制問題情報センター通信」No.59 に掲載されたものです)

■ 会 計 報 告 ■

2005 年度 (2005 年 5 月〜2006 年 3 月)

収　　入		支　　出	
繰 越 金	0	事務・通信費	501,334
入 会 費	1,129,232	謝 礼 等	195,570
カ ン パ	208,986	集会費用	130,060
		出張補助費	55,000
		雑　　費	420
計	1338,218		882,384
繰 越 金			455,834

2006 年度 (2006 年 4 月〜2007 年 6 月)

収　　入		支　　出	
繰 越 金	455,834	事務・通信費	497,365
会　　費	281,149	謝 礼 等	60,110
カ ン パ	100,000	集会費用※	0
		出張補助費	142,000
		雑　　費	100
	836,983		699,575
繰 越 金			137,408

○　「年度」は便宜的な区分です。

○　「事務・通信費」には、福岡事務局の電話代・インターネット等を含む諸費用(月 25,000 円)が含まれています。

○　「謝礼等」は、講師等謝礼および他団体へのカンパです。

○　「出張補助費」は、事務局員の国内外の出張費の補助金です。

○　2006 年 11 月の全国研究集会の「集会費用※」は、全て福岡県ネットに負担していただきました。

●　以上の収支決算は、真相究明ネット監査の小林公久氏の監査を受けました。(事務局)

18 強制動員真相究明ネットワークニュース No. 2 (2007.7.3)

朝日新聞　2006.12.21

いま探す 徴用の遺骨

日韓で朝鮮人の消息調査

「被害者第一」政治問題とせず

歴史の事実を共同で確認し、対話を重ねていく。その地道な作業が、東アジアでも始まっている。植民地支配下、日本に徴用され、過酷な状況下で亡くなった朝鮮人たちの遺骨探しで日韓両政府が合意した。国境を越えた試みは、どんな実を結ぶだろうか。

（北野隆一）

「私たちは強制動員に関係ある時期の遺骨を探しているのです。もう少し協力していただけませんか」

今年11月9日、東京。日韓の政府担当者の協議で、韓国側が苦言を呈した。

日本側は弁解した。「努力していますが、調査に協力してくれるところがまだ少ないのです」

政府間協議が始まったきっかけは、04年12月の首脳会談だった。盧武鉉大統領が「戦時中の民間徴用者の遺骨返還への協力をお願いしたい」と提起し、小泉首相が「何ができるか検討したい」と応じた。

韓国が探しているのは、自分たちの父や祖父にあたる世代の戦前・戦中の朝鮮半島出身者の遺骨である。

1910年の韓国併合から45年の敗戦まで、朝鮮半島は日本の植民地だった。中国、米英などとの戦争のために国民を総動員した日本は、日本人の徴兵による労働力不足を補うため、朝鮮半島出身者を連れてくることで埋めようとした。

39年から46年にかけて、募集や徴用などの名目で日本にわたり、炭鉱や工場など企業で働かされた朝鮮人は約70万人、うち数万人が亡くなったともいわれるが、正確な数はわからない。

旧日本軍の軍人・軍属になった朝鮮人戦時動員には、労働動員による強制労働や軍人・軍属への徴用、女子勤労挺身（ていしん）隊、軍の慰安婦などが含まれる。政府は、38年制定の国家総動員法による労務動員計画などで朝鮮半島でも39年から動員を実施した。①企業が朝鮮総督府の割り当てを受け、役所や警察の協力を得て実施した「募集」②総督府下の朝鮮労務協会が集めた「官斡旋（あっせん）」③国民徴用令で強制した「徴用」の3種類がある。海野（うんの）福寿・明治大名誉教授によると、朝鮮半島以外に日本に来た朝鮮人動員は約81万〜94万人。うち日本への動員は約70万人で、半数近くが炭鉱で働かされた。植民地支配下で土地や財産を奪われた生活に困り、出稼ぎで日本に来た人もいた。中国人と違い、強制的に連行された人ばかりではなかったが、日本人より過酷な労働を強いられた。

ソウル市の崔洛勲さんの父・天鎮さん（左端）が42年ごろ日本から送った手紙に同封した写真。天鎮さんは45年の終戦直後、近く帰国すると手紙を出し消息が途絶えた。洛勲さんは父を捜し、韓国政府の真相糾明委員会に申告している

た朝鮮人は24万人、うち死者は2万2千人だった、とする記録が、旧厚生労働省に引き継がれて残っている。しかし民間企業への徴用者は「国と直接の雇用関係にない」ことを理由に、政府は戦後60年間、ほとんど調べてこなかった。

盧大統領からの要請で日本側が重い腰をあげたのは日韓関係が靖国神社参拝などで冷え込んだ日韓打開の糸口に、という期待もあった。

日本政府は、全国の自治体や企業、寺院に調査を依頼した。

その結果、新たに遺骨1720人分の情報が寄せられた。今年8月以降、日韓合同で日本独自で福岡、岐阜各県や東京都内の共同墓地や寺院で実地調査して判明した51人分の遺骨について情報を韓国側に伝えた。

だが、その51人の死亡時期は戦後の47〜83年だった。そのことが、韓国側を落胆させたのだ。

韓国側が知りたいのは、日本が大規模な戦時動員をした39〜45年に朝鮮半島を離れた人の消息だ。この51人の死亡時期や動員者との関係がはっきりしない。

「日本の情報なしには、被害者や遺族を認定できない。日本政府の協力が必要なんです」。韓国政府の「日帝強占下強制動員被害真相糾明委員会」調査官・張錮京さん（40）は力を込めて訴えた。

委員会は大統領の直属機関として04年11月に発足した。各省庁の職員や大学の研究者ら約100人が調査を進める。

検察庁出身の張さんは当初は「何をすべきか」迷った。05年2月、埼玉県所沢市の金鳳院を訪れたことが転機となった。終戦直後に引き揚げ船の遭難で死亡した同胞の遺骨に対面したといい、5回にわたる日韓協議の場で、両政府は「人道主義・現実主義・未来志向」の3原則を申し合わせた。06年11月の曹洞宗に続いて、浄土真宗本願寺派や真宗大谷派も賛同した。日本の仏教界と韓国の「真相糾明委員会」で、遺骨に対する認識が共通する点がある。「遺骨は単なるモノではなく、人間の尊厳のあかしだ」ということだ。曹洞宗の有田惠宗・宗務総長（当時）は今年7月、市民団体が東京で開いた集会で「その遺骨がなぜそこにあるか、誰がそうしたのか真相も明らかにしなければならない。過酷に扱われ、歴史の片隅に捨てられた遺骨を尊崇し、真実の和解に向け取り組みたい」と述べた。

日韓協議開始以降、韓国側に返された遺骨は、昨年6月に東京・目黒の祐天寺に眠る45年死亡の旧日本軍人1人分と、今年10月、金沢市内で土木工事中に45年事故死した労働者1人分だけ。和解の歩みは、ようやく出発点に立ったばかりだ。

定する日本企業関係の資料は少なく、約一割しか認定の見込みは立っていない。

だが韓国側は、日本側の姿勢を非難するより、むしろ協力を促す実利優先の態度に終始している。

その背景には、05年8月、盧大統領は韓国政府の「日帝強占下強制動員被害真相糾明委員会」に対する原則を「人道主義・未来志向」の3原則として申し合わせた。06年11月の曹洞宗に続いて、浄土真宗本願寺派や真宗大谷派も賛同した。

「被害者第一」に考え、日韓間の政治問題としない。実現可能な要求をしない」という意味だという。

日本側では、仏教界も動き出している。

今は「自分のすべき仕事は、この遺骨の帰る先を見つけることだ」と地方の寺院に足を運び、遺族捜しの毎日を送っている。

委員会には05年2月以降、「日本に強制動員された」とする被害申告が23万件あった。このうち「死亡・消息不明」と家族が申請したのは、2万3千件。張さんは「一人でも多く遺族に遺骨を返したい。遺族も高齢化し時間がない」という。

韓国政府は現在、新たに「強制動員被害者」に慰労金を支給する法律を整備しようと準備を進めている。これまでに3万7千人を認定したが、今後の道は平らでない。

旧軍人・軍属については各種があり、申請の半数は認定可能だが、朝鮮人労働者を認めた。

【 会 費 振 込 の お 願 い 】

強制動員真相究明ネットワークでは、2006年10月より、年会費制を開始しました。
年会費は、7月1日から翌年の6月30日の年度ごとで、

個人 1口 3,000円、 団体 1口 5,000円 です。

2007年度(2007年7月～2008年6月)の会費の振り込みをお願いいたします。また2006
年度を未納の方は、2口の振り込みをお願いいたします。
　(本ニュース紙を郵送で受け取られた方は、同封の振込用紙をご使用ください)

[郵便振替口座] (神戸本部事務局)

　　名義：真相究明ネット, 番号：00930－9－297182

● お知り合いの方に、真相究明ネットへの加入をお呼びかけください。
〈 呼びかけ人 〉

荒井信一、有光 健、市場淳子、伊藤孝司、内海隆男、太田 修、川瀬俊治、川村一之、木村
公一、金城 実、小池善之、郡島恒昭、古庄 正、小松 裕、在間秀和、下嶋義輔、鈴木次郎
空野佳弘、高実康稔、竹内康人、田中 宏、塚崎昌之、殿平善彦、豊永恵三郎、西川重則
西野瑠美子、林えいだい、樋口雄一、平野伸人、福岡安則、水野直樹、持橋多聞、守屋敬彦
山田昭次、吉見義明

入会希望の方は、年会費の振り込みとともに、下記メールアドレスに(あるいは、FAX で)、ご
氏名、ご住所、電話番号、所属団体等をお知らせください。

[問い合わせ・連絡先] (福岡事務局 福留)
　　Tel & Fax ： 092-732-3483　　　E-mail ： kyumei@nifty.com

《岩波ブックレット発行のお知らせ》

岩波ブックレット『遺骨の戦後 ―朝鮮人強制動員と日本―』が、
2007年8月3日に発刊される予定です。

著者は、真相究明ネット共同代表の内海愛子、上杉 聰、事務局長の福留範昭の3名です。
著作料は、全て「韓国・朝鮮の遺族とともに」全国連絡会に寄付されます。

強制動員真相究明
ネットワークニュース No.3　2008年6月25日

編集・発行：強制動員真相究明ネットワーク
　（共同代表／上杉聰、内海愛子、飛田雄一、事務局長／福留範昭）
〒657-0064　神戸市灘区山田町 3-1-1 (財)神戸学生青年センター内
ホームページ：http://www.ksyc.jp/sinsou-net/　　E-mail：kyumei@nifty.com
Tel/Fax：　092－732－3483（事務局長・福留範昭）
郵便振替＜00930－9－297182　真相究明ネット＞

韓国「望郷の丘」での祐天寺の遺骨の奉還追悼式（2008年1月23日）

●目 次●　発行に際して 飛田雄一 p1／最近の動き 事務局 p2／第2回全国研究集会報告 川瀬俊治 p3／2007年浅茅野調査から 小田博志 p8／福岡県における朝鮮人被強制連行者の「脱出」横川輝雄 p10／浮島丸フォーラムに参加して 青柳敦子 p11／被害認定関係資料の調査と提供について小林久公 p13／韓国の「強制動員犠牲者支援法」について 福留範昭 p17／今後の祐天寺の遺骨返還に関する要望書 p19／入会案内等 p20

ニュース3号発行に際して／神戸のこと

真相究明ネット共同代表　飛田雄一

　神戸ローカルな話題だが、報告させていただきたい。

　アジア・太平洋戦争の時期に神戸港には朝鮮人が強制連行されて過酷な労働を強いられた。船舶荷役や造船所での労働である。1999年10月、「神戸港における戦時下朝鮮人・中国人強制連行を調査する会」（代表・安井三吉神戸大学名誉教授）が結成され調査活動を進めてきた。その成果は、①『神戸港強制連行の記録－朝鮮人・中国人そして連合軍捕虜－』明石書店、2004.1、②『アジア・太平洋戦争と神戸港―朝鮮人・中国人・連合国軍捕虜―』2004.2、などに発表されている。調査する会は調査活動とともにモニュメントを残すことも目的としていた。「心に刻み、石に刻む」ことが、大切なことだと考えてきたのである。

　そのモニュメントが来る7月21日に完成することになった。石碑には4ヶ国語（日中韓英）で以下のように刻まれる。

　「アジア・太平洋戦争時期、神戸港では労働力不足を補うため、中国人・朝鮮人や連合国捕虜が、港湾荷役や造船などで苛酷な労働を強いられ、その過程で多くの人々が犠牲になりました。私たちは、この歴史を心に刻み、アジアの平和と共生を誓って、ここに碑を建てました。

　2008年7月21日　　　神戸港における戦時下朝鮮人・中国人強制連行を調査する会」

　場所は、南京町のすぐ南、神戸華僑博物館のあるKCCビルの前で、藤原紀香さんの結婚パーティで有名となったホテルオークラの北側になる。神戸に来られる機会があれば是非お立ち寄りいただきたい。

●

強制動員・遺骨問題に関する最近の動き

真相究明ネット事務局

日本における動き	韓国における動き
2007年	**2007年**
07.29 「遺族とともに」名古屋全国集会	07.03 支援法(議員案)が国会通過
08.24 浮島丸殉難62周年追悼集会	08.03 政府、支援法に拒否権発動
09.26 福田内閣発足	11.23 支援法(行政自治部案)が国会通過
10.30 今野東議員、戸籍受付帳で質問(法務委)	12.10 支援法公布
11.24～25 真相究明ネット第2回全国研究集会	12.21 ソウルで第6回日韓遺骨協議
12.21 政府、供託金名簿を韓国政府に伝達	**2008年**
2008年	01.23 祐天寺の遺骨返還 望郷の丘で追悼式
01.22 祐天寺で遺骨返還の追悼式	02.25 李明博政権発足
02.03 長生炭鉱65周年追悼式	02.27 北海道の遺骨返還 奉恩寺で慰霊式
02.24 第6回「北海道フォーラム」	04.01 第3次強制動員被害申告受付け開始
03.26 近藤昭一議員、遺骨返還で質問(外務委)	05.16 委員会「浮島丸フォーラム」開催
05.16 中津川の寶心寺で日韓合同遺骨調査	06.03 支援法施行令制定

2　強制動員真相究明ネットワークニュー No.3（2008.6.25）

研究集会

　真相究明ネットでは、2007年11月24〜25日、東京で第2回全国研究集会を開催した。軍人・軍属、遺骨、強制労働の三つの問題に関して17の発表がなされ、最近の新しい調査・研究の成果が報告された。(プログラムは http://www.ksyc.jp/sinsou-net/20071124kennkyuu.htm 、遺骨関連の発表に関しては川瀬報告を参照ください)

　また、韓国の強制動員被害真相糾明委員会では、08年5月16日「浮島丸事件フォーラム」を開催し、日韓の研究者の発表がなされた。(青柳報告Pを参照ください)

遺骨返還

　2004年の鹿児島の日韓首脳会談での盧武鉉大統領(当時)の要請に基づいて、日本政府は翌年から強制動員犠牲者の遺骨調査を開始した。そして、ようやく08年1月、祐天寺の遺骨(軍人・軍属)101体が韓国の遺族に返還された。1月22日、遺族51人を迎え、祐天寺で日本政府主催の追悼式が行われ、翌23日韓国天安市の「望郷の丘」で韓国政府主催の追悼式が行われた。天安の追悼式には、内海愛子共同代表と事務局長が参加した。

　日本政府は、遺族の旅費、弔慰金一人当り30万ウォンを提供し、それぞれの式で外務副大臣と駐韓日本大使が、1998年の日韓共同宣言の一節を引用して「反省とお詫び」の気持ちを表した。

　遺骨返還は今後、祐天寺の遺骨の第2次・3次返還がなされた後、労働者(「旧民間徴用者」)の遺骨返還が計画されている。しかし、労働者の遺骨の返還については、具体的な方針が立っていないのが実状だ。

　祐天寺の追悼式は、当初マスコミや市民を排除して行われることになった。式前日に韓国側の抗議・要請があり、式開始前までマスコミ関係者と真相究明ネット会員5名が入場できた。真相究明ネットでは、このような点も含め、今後の遺骨返還に対する要望を5月26日政府に提出した。(「要望書」Pを参照ください)

　北海道フォーラムを中心とする市民団体は、室蘭市室蘭光昭寺の遺骨3体と赤平宝性寺の遺骨1体を、遺族の要望に応えて返還した。08年2月23日ソウルの奉恩寺で慰霊式が開催され、翌24日「望郷の丘」に遺骨が安置された。(慰霊式の写真はPに掲載)

強制動員犠牲者支援法

　2006年3月韓国政府が「立法予告」した強制動員犠牲者への支援法が、難産の末、盧武鉉政権最後の定期国会の最終日07年11月23日に国会を通過した。支援法は08年6月に施行され、8月から申請を受け付ける予定だ。李明博政権の過去問題関連の委員会の廃・統合政策に基づき、「支援委員会」は「強制動員被害真相糾明委員会」と事務局を統合するかたちで発足する。(支援法に関しては福留報告Pを参照ください)

　韓国における「支援」に必要な被害認定のための資料が大きく不足している。特に、労働者に関しては、真相糾明委員会への申告者の8割以上が資料不足で被害認定を受けていない。日本政府と関連企業の協力が強く望まれる。(小林報告Pを参照ください)

【第2回全国研究集会報告】
戦時下強制連行・強制労働犠牲者の遺骨返還問題の歴史と現状

真相究明ネット事務局員 川瀬 俊治

全国研究集会 2007.11.24～25

小林知子

■ 遺骨問題をとらえる歴史的視点

研究集会では、体系的に遺骨問題をとらえる点や、宗教界の取り組みを知るうえで貴重な発表がなされた。最初に小林知子さん(福岡教育大学教員)が、「日韓外交文書にみる戦時強制動員犠牲者の『遺骨問題』」と題して発表した。

最初に指摘したのは遺骨問題の歴史的な視点。在日韓国・朝鮮人が遺骨問題にとりくんできた事実が軽視されていたことをあげた。戦後の在日朝鮮人運動団体・在日本朝鮮人連盟は戦後まもなく関東大震災犠牲者追悼にとりくみ、独立運動家・金九らを指示する人たちは抗日運動犠牲者の遺骨を掘り起こし、ソウルに返還してきた。追悼・奉還などが在日韓国・朝鮮人によりおこなわれてきたが、現在の日本政府の対韓国政府交渉では、在日韓国・朝鮮人運動の取り組みをほとんど評価していない点を指摘した。

占領下の日本では、GHQ(連合国軍最高司令官総司令部)が1947年に朝鮮半島南出身者の遺骨返還を指令、佐世保に集められ死亡者名簿を添えて定められた約7600の遺骨・遺品が返還されている。しかし、中国人犠牲者については外務省あげて調査をおこなったのに対し、朝鮮人犠牲者は遺骨の調査すらしなかったと指摘した。

以降の遺骨返還は、韓国の遺家族団体「汎太平

共同代表 上杉 聰

2005年6月から動きはじめた朝鮮半島出身者の強制連行・強制労働動員犠牲者の遺骨返還問題。日本の朝鮮への植民地支配責任にかかわる取り組みで未解決のまま推移してきた問題であり、この間の取り組みはどのような展開をみせているのか。強制動員真相究明ネットワークが昨年11月24～25日、東京で開いた全国研究集会(軍人・軍属問題、遺骨問題、強制労働問題の三つのテーマで発表された)で発表された遺骨問題関連の内容(骨子)を報告する。

4 強制動員真相究明ネットワークニューNo.3 (2008.6.25)

洋同志会」（ラバウル戦線帰還者らで組織）が補償金未払いの状況下、遺家族への返還を検討中に朝鮮戦争が勃発、引き渡しが中断した。サンフランシスコ講和条約締結（1952 年）から日韓条約締結（1965 年）までの間は、韓国政府の遺骨問題への対応はあまりなかったといい、一方、日本政府は在日本朝鮮人総連合会（以下総連）が慰霊祭をおこない影響力拡大を警戒。総連からの遺骨返還陳情が活発化するなかで、北朝鮮からの僧侶来日要請を拒否するなどしていた。

厚生省（当時）は朝鮮半島北出身者を含めて返還の意向を示すが、外務省は日韓政府間の合意で在日朝鮮人の民間機関と交渉しない態度をとる。北朝鮮排除の姿勢だ。厚生省－外務省間の協議で遺骨だけは韓国代表部に返すことにし、56 年、2411 人の名簿を送付した（ただし、名簿は送付したものの、遺骨は返還されず）。56 年 6 月、日本政府は韓国に対して南北全体の名簿を渡して、遺家族の申し出により個別に引き渡す方針を示したという（以下「56 年方針」）。

動きがほとんどなかった遺骨返還問題が、65 年の日韓条約締結直前になり活発化した。引き金になったのは、一在日韓国人が厚生省倉庫に遺骨2000 余体が置かれていると『朝鮮日報』で「告発」、これが問題化したこともある。しかし、日本政府の遺骨返還は「56 年方針」を堅持。69 年、日韓定期閣僚会議で合意したのは、「56 年方針」に沿って「確認できる遺族、縁故者に遺骨返還」であった。

71 年に 2 万 1000 人分の死亡者名簿が日本政府から韓国政府に渡され、71 年、74 年に大規模な返還がおこなわれた。しかし、▼中国人遺骨の返還には外務省政務次官が立ち会ったが、韓国では外務省の事務官だった（中国人犠牲者との対応差が顕著）、▼花代も日本人遺族と比較して非常に少ない額となった、▼戦死通知書を受け取った人が対象だったが、申し出た人には未受者がいた―などの問題が浮上した（韓国は日韓会談での請求権問題とは切り離して遺骨交渉をする立場を追求、69 年以降も埋葬料や個別慰霊金を要求すると言明してきた）。

■植民地支配被害者の遺骨全体を視野に

下嶌義輔

次いで下嶌義輔さん（真相究明ネット事務局員、岐阜県中津川市在住）が、「飛騨市神岡町における遺骨返還の経緯」と題して具体的な遺骨発見－遺族特定の取り組みを発表した。

岐阜県内の自治体に遺骨に関する情報公開を請求して 4 カ寺に遺骨が安置されていることが判明。2006 年 10 月、神岡町の両然寺で布の一部がずれて骨箱の上に書かれた文字（金文奉さん）がわかり、民団岐阜で戸籍の確認をおこない、済州島に生存する遺族にまでたどりついた。すでに歴史研究者・金蓬洙さんが 80 年代中ごろに書いた文章で埋火葬許可願綴から金文奉さんの本籍地、死因を特定していた。遺族が昨年六月二七日に両然寺を訪れ、法事を執り行った経緯を説明した。

問題点として下嶌さんは、①済州道役場に死亡情報が伝わっていなかった、②遺骨返還だけではなく、死因の特定究明、謝罪などの取り組みが国に求められている―などをあげた。

福留範昭

下嶌さんの発表に続いてコメンテーターの福

留さんが、▼民間犠牲者の遺骨が返還されていない問題が今後の取り組みとして残っている。民間徴用の労働者の遺骨は約1900体の遺骨の所在を日本政府は確認していることになっているが詳しい情報はあがっていない。日本政府は詳しく調べる意向もないし、調査の予算的裏付けもない。人道調査室が政府に作られたが、3人の担当者で調査などできない。実際には下嶌さんのような方が現地で探すしかない状態だ。▼戸籍受付帳から犠牲者を特定する方法があるが、金文奉さんのケースでは戸籍受付帳が発見されておらず、済州道役場に伝わっていなかったと考えられる、とコメントした。

花房俊雄

次いで花房俊雄さん(強制動員真相究明福岡県ネットワーク)が、「福岡筑豊地域における強制労働犠牲者の死亡情報と遺骨について」のテーマで発表した。

同ネットワークでは日韓の遺骨協議以降全国で初めて埋葬火葬認可証と戸籍受付帳の情報公開を受けた。約1600人の名簿が公開された。これは日本政府から遺骨調査の要請があった段階ですぐさま真摯な取り組みが福岡県-県内自治体で徹底されたこと、地元での地道な取り組みが積み重ねられたという背景があるからだ。

花房さんは埋葬火葬認可証の項目をあげながら、とりわけ子どもの死者が多いことを指摘した。四自治体の死者の半数近くが子どもで、その約8割が1歳以下の乳幼児。貝島炭鉱があった宮田町(現若宮市)が、380人の死者のうち0歳が109人、16歳から30歳が105人を占めた。乳幼児に死者が多いのは伝染病の流行が考えられるとした。

炭鉱労働者の死者は、強制連行期の39年から43年で73人、44年から45年で65人。44年、45年で激増していた。他の自治体資料でも同様の傾向がみられた。特別高等警察資料では、福岡県で被強制連行者犠牲者は43年末までで711人。44年、45年がほぼ同数近いことから、特高資料空白部分の44年から45年を推測すると1400人前後という説も成り立つとした(被強制連行者で逃亡した人が多い。特高資料で半数近くが逃亡とされ、逃亡先で死亡したケースは遺家族に連絡されていないと考えられる)。

遺骨の収集・返還では、73年ごろ、大韓基督教会小倉教会の故崔昌華牧師が各寺院を巡り、門司市市営墓地の納骨堂に87体の遺骨を安置した。ほか8体の遺骨は大手炭鉱がない鞍手町の寺に安置されているが、強制連行企業から逃亡し小規模炭鉱で働いて亡くなった犠牲者が含まれていると推察されるとした。民団福岡県本部は82年以降、ムグンファの会は2000年ごろから遺骨収集(強制連行期の遺骨は民団277名の名簿で3体を確認、ムグンファの会は2体を遺族に返還)。当初、遺骨は放置されていると考えたが、遺族が確定された22体の遺骨はすべて返還されており、放置されたままとする考えは誤りで、強制動員労働者の遺骨のほとんどは、当時企業によって返還されていると推察した。

今後、韓国真相究明委員会が、申告した遺家族のうちどれだけに遺骨が返還されているかを調査してほしい、遺骨問題は、強制連行期の労働者犠牲者以外の犠牲者(乳幼児や子ども、成人など)の遺骨返還も植民地支配被害者の遺骨と理解してとりくむべきで、そうした人たちの遺骨をどうするのかについて日韓政府は協議してほしい、この機会を逸してはだめだと結んだ。

■教団の戦争責任と戦後責任を社会的に担うこと

工藤英勝

　工藤英勝さん（曹洞宗人権擁護推進本部）は、「曹洞宗の強制徴用者等の遺骨調査について」と題して発表、92年に東アジアに対する侵略行為への教団の協力についての反省から一文をまとめたが、これは教団の戦争責任と戦後責任を社会的に担おうとしたもので、遺骨問題は、宗教的課題、人権問題として取り組むことを意味するとした。

　教団1万4000カ寺全体に取り組みを訴え、強制連行企業があった寺3000カ寺に調査を直接依頼。「遺骨がある」「納骨名簿に東アジア関連の方の情報がある」との回答が115カ寺からあり、実情を知るため調査員が直接確認をおこなっているという。現在、遺骨の所在は約500体あり、過去帳などで確認したが、身元情報（朝鮮の本籍地）判明は35体。遺骨が存在しても遺族に届かないケースが大半だという。岐阜県飛田市神岡と秋田でおこなった日韓合同調査の報告もした。

　「遺骨調査は単なる調査ではない。遺骨の調査は、日本、東アジア、地域歴史を掘り起こすことと同じ意味をもつ。単に遺族に返せばいいという単純なことにはとてもならない」。協力的な企業、労組、行政が、いざ問題がリアルな局面にさしかかるとブレーキをかける。地元の地域住民の感情とか企業、寺の地元での位置づけを総合的に評価しないと破綻する。「いいことをしているから協力してくれ」という視点では説得性をもたない。「神岡で学んだことは何か。地域の歴史を掘り起こすことも含めて重心を低くしてとりくまねばならないことだ」とした。

　今後の課題だが、調査をどんどんやることはいいが、「終わりを考えて始めよ」という哲学者の言葉がある。その終わりがわからない。軍人・軍属犠牲者の遺骨問題は祐天寺などでの取り組みがあるが、被徴用者の場合、どうした方法で返すのかさっぱりわからない。日本政府は答えていない。「わたしどもは、実施調査を寺に依頼した責任から、きちんとどういう方法でやるのか、渡航費用はどうするのか、謝罪の言葉はどうなのかをはっきりさせたいが、政府方針がない。政府の手を通して返還するところに歴史的責任とか政府責任の一部分を果たすことになる。だから、民間のことは民間でということでは非常に困る。遺骨がなぜ残ったかを本気になって考えてもらわないと日本の寺院は協力できない。遺骨は犠牲者の忘れ形見ではなく、その犠牲者の生命、人格の象徴であり、それをお返しすることは歴史そのものを学び、真相を究明し、それを含めてお返しをすることだ。そのことをしないと宗教的、仏教的な遺骨の奉還にはならない」とし、「本当の意味での遺骨の奉還ができることを念じながら、日本政府とも長期間の闘いをせねばならない。いまの状況では軍人・軍属の犠牲者だけであり被徴用者の件はどうなるのか非常に不安になる」と結んだ。

　そして、「政府が手を引いても、いったんわれわれ宗教者がやった以上、最後までやろうという当時の役員決定がある。遺骨を単に『もの』として返すような感覚で政府が申し入れをしてきた場合は、曹洞宗は別の手段で真心をもって遺骨を返したいという意向もある」と、強い調子で締めくくった。

ウトロの特別報告　斉藤正樹

2007年浅茅野調査から ― 想像力を取り戻すために

北海道大学(文化人類学)准教授 小田 博志

供養儀式に参加した遺族たち
(08年8月21日、東アジア共同WSより)

「今も"北海道"ということばは聞きたくありません。気分が悪くなるんです。」

ソウル近郊に住む、朴(パク)勝(スン)仙(ソン)さんはこう語りました。北海道といえば、最近では韓国人の間でも人気の観光地になっています。それなのに勝仙さんはなぜこう感じるのでしょうか。勝仙さんは6歳年上の兄朴(パク)勝(スン)基(ギ)さんを北海道で亡くしました。これまでの調査によると、1939年から45年までの期間に当時の日本政府は、その頃植民地支配していた朝鮮の人々約70万人を日本国内に強制動員し、各地の鉱山や工事現場で働かせました。そして過酷な労働条件の中で多くの朝鮮人労働者が死亡したとみられています。そのうちの一人が勝仙さんのお兄さん勝基さんだったのです。

勝基さんは1943(S18)年の春に家族のもとからいなくなります。そのときのことを勝仙さんはこう語っています。

「兄が家を出たとき会社に行ったと思いました。夕方になれば戻ると思ったのに、帰って来ませんでした。」

その3日後に届いた手紙には「日本にいる。3年経ったら帰れる」と書かれていたといいます。しかし勝基さんが故郷に帰ることは二度とありませんでした。連行されて半年後の8月11日、家族は勝基さんが北海道で亡くなったという知らせを受けたのです。

勝基さんが死亡したのは北海道の浅茅野というところでした。当時の日本陸軍による浅茅野飛行場建設のため働かされ、その中で若くして命を落としたのです。

2006年8月浅茅野で強制動員犠牲者の遺骨発掘が行なわれました。そのとき遺族である妹の勝仙さんにも招待状が送られました。しかし勝仙さんはそれをお断りになりました。なぜなら勝仙さんにとって「北海道は人が死ぬ所、怖い所」だったからです。

こうした悲しみや怒りを戦後六十数年経った今も抱いている多くの遺族が韓国にいます。これは厳然たる事実です。そして朝鮮人強制動員犠牲者の遺骨の中に、故郷に戻されることなくいまだに日本の各地に残されているものがあることも事実です。

室蘭のある寺院にそうした3体の遺骨が保管されてきました。私は2007年7月7日から10日まで、北海道フォーラム共同代表の殿平善彦さんと共に韓国を訪問しました。このときの目的は、室蘭で1945(S20)年に亡くなり現地のお寺に遺骨が残されたままの強制動員犠牲者のご遺族を訪ねて、遺骨返還に関するご意向を伺うことでした。そのうちの一組の遺族は釜山の西にある鎮(チ)海(ネ)という町に住んでおられます。

李(イ)延(ジョン)基(ギ)さんが日本に連れて行かれたのは15歳のときでした。弟の李(イ)天(チョン)吉(ギル)さんはそのときのことをこう語ってくださいました。

「兄は軍事訓練のための学校に行ったきり帰りませんでした。一緒に日本に行かされた従弟が自分の実家に、私たちの兄が死んだことを知らせてきたそうです。しかし私たちがそのことを知った

のはもっと後のことでした。」

　李延基さんのご遺骨が室蘭のお寺にあるとご遺族に伝えられたのは2004年のことでした。翌年、ご遺族はNHKの番組撮影のために室蘭を訪れました。このとき李天吉さんらは遺骨と対面を果たしますが、それを韓国に持ち帰ることは断念します。もしここで持ち帰ったなら、日本政府と企業の責任があいまいになると考えたからでした。

　李天吉さんのお宅を訪ねて私が気づいたのは、かなり質素な暮らしをしていることでした。兄の骨が帰ってきても、お墓を建てるお金がないのだともおっしゃいました。私は別れ際に、李天吉さんにどんなお仕事をされてきたのか尋ねました。「土方だった」という答えでした。「学校を出た兄が日本に連れて行かれました。私も同じ目にあうからと、学校に行かしてもらえなくなったのです。そのためにずいぶん苦労をしました」と李さんはおっしゃいました。強制動員はその本人だけでなく、家族の人生にも大きな影響を与える。そのことを李さんにお会いして私は悟りました。

　戦争中に日本本土へ強制的に労働動員された約70万人の朝鮮人、そのひとりひとりに具体的な人生があったことを忘れてはなりません。そのひとりひとりのことを私たちはどれだけ知っているでしょうか。どんな名前だったのでしょうか。日本に行かざるを得なくなったときどう思ったのでしょうか。また家族はどう思ったのでしょうか。日本の労働現場でどんな目にあったのでしょうか。日本で命を落とした人はどれほど無念だったでしょうか。そのご遺族が六十数年のあいだ抱えてきた心配、嘆き、怒り、苦労はどれほどのものであったでしょうか。こうしたことを私たちは同じ人間としてどれだけ想像できるでしょうか。想像力を取り戻すこと。強制動員犠牲者とその家族の思いを、自分だったらどう感じるだろうかと思い描けるようになること。それが、今日「遺骨問題」と呼ばれる戦後東アジア史における負の遺産を解決するための出発点になるはずです。もしその他者の痛みへの想像力がなければ「遺骨」は単なるモノとしてしか扱われないことになるでしょう。

● この文章は、『2007年浅茅野調査報告書』(強制連行・強制労働を考える北海道フォーラム発行)に掲載された「2007年浅茅野調査について」から抜粋したものです。紙幅の関係から「注」を省略しています。『報告書』を入手ご希望の方は、次の小田博志さんのメールアドレスにご連絡ください。odahiroshi@hotmail.com

● 北海道フォーラムでは、2008年2月に室蘭市光昭寺の遺骨3体と赤平市宝性寺の遺骨1体を韓国の遺族に返還する行事を実施した。光昭寺の遺骨は、日鉄輪西製鉄所で1945年7月15日米国艦隊の集中砲火を受けて亡くなった強制労働犠牲者のものだ。宝性寺の犠牲者は北炭赤間炭坑で働いていたと推測されている。

ソウルの奉恩寺の慰霊祭での遺族 (08年2月27日)

強制動員真相究明ネットワークニュース No.3 (2008.6.25)

資料紹介
福岡県における朝鮮人被強制連行者の「脱出」
事務局員・強制動員真相究明福岡県ネット 横川 輝雄

1. 「逃亡(逃走)」を「脱出」に

　韓国の日帝強占下強制動員被害真相糾明委員会が2007年12月に出版した『強制動員口述記録集8 －酷い別離：サハリン二重徴用口述記録集』(〈発行の辞〉と〈解題〉には日本語訳がついている)の〈解題〉の最後の節に、「逃亡(逃走)」というこれまでの特高などの官庁が使い、私もそれに慣れてしまっていたことばが、「脱出」と記されている。後ろ向きの「逃亡(逃走)」ではなく、前向きの「脱出」になっている。

　書いたのは権美賢調査官、日本語に翻訳したのは李秉熙調査官、監修したのは福留範昭真相究明ネット事務局長で、それぞれの人がこのことばを丁寧に掘り起こしてくれたようで、胸のつかえがとれた思いであった。「強制連行」をしてしまったことを反省するとともに、「脱出」したたくましさを鮮やかに感じた。

2.「脱出」の多さ

　県庁文書(福岡県立図書館像)の中の「昭和十九年七月 県政重要事項(後の知事事務引継書)福岡県」に収められている特別高等課による「極秘 昭和十九年三月 移入(ママ)半島人(ママ)ニ関スル調査表」にある「昭和19・1末現在 労務動員計画ニ依ル移入労務者(ママ)事業場別調査表 福岡県」(55 石炭山を含む79 事業場)によると、1944年1月末現在で、113,061人の朝鮮人被強制連行者の内58,471人が脱出している(脱出率52%)。

　「昭和二十年六月十日知事更迭 事務引継書 福岡県」に収められている民生課の説明文の中にある「移入労務者 移入数並ニ現在数(昭20.1 末現在)」によると、1945年1月末現在で、156,213人の朝鮮人被強制連行者の内82,448人が脱出している(脱出率53%)。また、特高課の説明文によると、1945年3月以降6月頃までと思われるが、1940年以来「合計」142,701人の朝鮮人被強制連行者の内102,020人が脱出し(脱出率72%)、「定着

セルモノ僅カニ四万余名ニ過ギズ(改行)石炭緊急増産上ヨリ又治安的観点ヨリスルモ極メテ寒心ニ堪ヘザル状況ニ在リ」と日本側を嘆かせている。

　「昭和二十年十月二十七日知事更迭 事務引継書 福岡県」のP.70 にある説明文によると、1945年6月末現在で、1939年以来の朝鮮人被強制連行者の「累計」は17万1千人で、その内、現在5万人いるとしている。単純に引き算をすると、12万1千人が脱出したことになり、脱出率は71%となる。

　なお、この17万1千人は、福岡県での最終的な朝鮮人被強制連行労働者の数と見られている。

3. 1945年3月末の石炭山労働者の内訳

　前述の昭和二十年六月十日知事事務引継書のP.301にある説明文によると、福岡県には109の石炭山があって、そこの「勤労者(ママ)」の合計は、1945年3月末現在195,860人で、全国生産量の約5割を占めているとあって、その石炭山勤労者の内訳が以下のように記されている。

　　①「内地人」ママ　　　　 119,929 人
　　(その内「既往半島人」ママ4,590 人)
　　②「集団移入半島人」ママ 52,534 人 (その内、「新規徴用」によるもの約9,800 人)
　　③「華人」ママ　　　　　　 5,047 人
　　④「俘虜」　　　　　　　　 5,490 人
　　⑤「勤労報国隊」　　　　　 9,270 人
　　⑥「女子挺身隊」　　　　　　 349 人

　なお、この①～⑥を合計してみると、192,619人となり、数があわないが、3 度にわたって195,860 人の数字が使われているので、そのままにしておく。強制連行ではない朝鮮人も含め、おおよその姿が分かると思うので紹介してみた。

浮島丸フォーラムに参加して

真相究明ネット事務局員　青柳　敦子

はじめに

　5月16日、真相究明委員会主催で、「浮島丸事件関連韓日専門家フォーラム」があり、発表者の一人として参加しました。日本からは、田中宏先生と山本晴太弁護士、韓国からは、元真相究明委員会浮島丸担当の李淵埴さんと、慶北大学教授・金昌祿先生、浮島丸爆沈真相究明会会長・田在鎮さん、浮島丸爆沈事件被害者賠償推進委員会・韓永龍さんの発表がありました。

　又、フォーラムには、浮島丸訴訟原告の全承烈さん、原告団を組織した光州遺族会会長・李金珠さんと孫の金ボナさん、そして、浮島丸被害者を発掘して事件を報道し、原告団を組織した永同新聞発行人の辛在植さん、私の友人で韓国語教師の岩橋春美さんも参加しました。

　これまで浮島丸事件に取り組んできた人々が一堂に会したフォーラムです。裁判は敗訴しましたが、李金珠さんたちが韓国で粘り強く活動を続け、今日に至ったのです。ですから私は、遺族たちと韓国政府に心から感謝するとともに、感無量の思いでした。

発表の内容

　フォーラムは真相究明委員会の会議室で行われ、全基浩委員長のあいさつで始まりました。光州遺族会の取材の一環として、韓国のテレビ局の取材もありました。発表は次の通りで（発表順）、最後に総合討論が行われました。

李淵埴	「基調発表　浮島丸事件真相究明活動の歴史的背景と現況」
田中宏	「日本の戦後補償政策における旧植民地出身者（台湾人を含む）と日本人との対比」
山本晴太	「浮島丸訴訟における日本政府の主張と請求権協定・措置法関連」
金昌祿	「浮島丸訴訟の法史的位置づけ」
青柳敦子	「浮島丸訴訟を通じて確認された基礎事実と未解決の課題」
田在鎮	「浮島丸爆沈事件の沈没原因と死亡者数に関する考察」
韓永龍	「浮島丸爆沈事件に対する韓国政府の対応の問題点」

　田中先生の発表は、先生のこれまでの研究に最新のデータを加えたもので、戦後補償問題の基礎になるものです。山本弁護士の発表は戦後責任裁判小史になっていて、日本政府と裁判所の論理矛盾を鋭く指摘しています。金昌祿先生の発表は、山本弁護士と重なるところが多いのですが、これほど詳しく日本の裁判を調査していたことに驚きました。

　発表文は、以下のサイトに掲載されていますので、特に上記3人の方々については、ぜひご一読ください。　http://homepage3.nifty.com/iimptc/ukishimamaruforum.pdf

印象に残ったこと

1、会場には、浮島丸担当者以外の委員の姿もあり、盛況でした。田中先生と山本弁護士、金昌祿先生の発表は、浮島丸事件のみならず、強制動員全体を考えるにあたって日韓の基礎になると思いました。

2、金昌祿先生は、韓国人の裁判がほとんど敗訴したことについて、次のように述べています。「この失敗［敗訴］こそ日本という国のアイデンティティーを最もよくあらわしてくれるものであるかもしれない。訴訟の過程において、日本政府は、『日本という国は、昔［戦前］責任を負わない国だったので、今も責任を負えない』『歳月が経ったので責任を負えない』『韓国人に権利があるとしても日本には義務がない』と重ね重ね宣言した。そして日本の裁判所がそれを確認した。このように確認された日本の否定的なアイデンティティーが、これからの韓日関係、さらには日本の対外関係全般を規定するだろう。」（［　］内は青柳による）

金昌祿先生の結論は、被害者の立場に立って、日本の問題点を的確に指摘したものです。時間はかかるでしょうが、今後、日韓で議論が深まると思います。

3、山本弁護士は、日本政府が 2000 年になってから請求権協定を持ち出し、請求権協定は外交保護権を放棄したに過ぎず、個人の請求権はあるというそれまでの公式見解を翻したこと、最高裁が日本政府の「二枚舌」を認めたことを厳しく批判したのですが、通訳は、「二重基準を認めた」と訳しました。すると山本弁護士は、「二つの基準があるというのではありません。舌が何枚もあるのですから、二重基準よりずっと悪いですよ」と説明したのです。山本弁護士は、声も荒立てずに淡々と説明したのですが、その内容は深刻で、会場はシーンとなりました。

4、田中先生と山本弁護士に、私が、「三人とも宋斗会氏に関わりがありますね」と話しかけたところ、二人が声をそろえて、「宋さんがここに連れてきたんだよ」と。宋斗会氏の存在の意味を改めて思いました。

残念だったこと

田在鎮さんと韓永龍さんは、浮島丸事件を大量虐殺事件として発表しました。しかし、その根拠の多くは事実誤認によるものでしたから、私は総合討論の時に指摘する用意をしていました。でも、司会者が私の質問を最後にしましたので、ほとんどできませんでした。

それで、懇親会の時に二人に説明しようとしたのですが、田在鎮さんは私の話しを聞こうともしませんでした。（司会者は、それが分かっていたので私の質問を時間切れにしたのだと思います）

フォーラムのテーマは、「浮島丸事件の主要争点に対する見直し」です。また、「開催目的」に、「今後の異見発生を最小化する」とあります。しかしそれは、フォーラムの場では難しいのが現実だったのだと思います。

日本語の資料を読むことができない田在鎮さんが、明らかに間違ったことを根拠に大量虐殺を主張することは、いたずらに遺族を惑わし、苦しめることです。今後の遺骨返還に、大きな障害になります。懇親会でどうしたらいいかと相談すると、事実誤認について文書にまとめ、委員会に出すことになりました。それで、少し安堵しました。

今後の取組み

フォーラムが終わって次の二日間、私は李金珠さん、全承烈さんたち4人と遺骨返還などについて話し合いました。そして、次のことを計画しています。

1、遺骨が「分骨」であること、祐天寺の浮島丸遺骨２８０体の内、５０体が１４才未満の子供の遺骨として安置していることについて、日本政府に人道上の配慮を求め、共同の納骨施設を兼ねた慰霊碑を韓国に建立するよう要請する。

2、千鳥ヶ淵戦没者墓苑に韓国人と台湾人の遺骨が眠っていることを銘記し、慰霊碑を建立するように本政府に要請する。

日本は補償をしなかったのですから、何かしなければ、遺族たちに謝罪の言葉は伝わりません。そのことを日本政府と日本人に気付いてほしいのです。今年も 8 月 24 日（日）に舞鶴で追悼式がありますので、李金珠さんと全承烈さんに出席していただき、25 日（月）に要請書を出したいと考えています。皆さま、知恵と力をお貸しください。

なお、7 月 8 日～7 月 26 日の間、立命館大学国際平和ミュージアムと共催で、浮島丸訴訟のミニ企画展をします。お近くの方は、ぜひ、ご見学ください。

戦時下朝鮮人強制動員被害者の名簿など
被害認定関係資料の調査と提供について

真相究明ネット監事　小林　久公

1.　緊急な重要課題として

　韓国政府は、「1965年に締結された『大韓民国と日本国の間の財産及び請求権に関する問題解決と経済協力に関する協定』と関連し、国家が太平洋戦争前後の国外強制動員犠牲者とその遺族等に人道的次元から慰労金等を支援することによって、彼らの苦痛を治癒し、国民和合に寄与することを目的」（法第1条）として、「太平洋戦争前後の国外強制動員犠牲者等の支援に関する法律」を昨年末に制定し本年6月に施行すべく準備しています。

　これは、韓国政府が「被害者の対日請求外交保護権」を放棄したことに対する対応策として、本来、日本政府および関係企業が支払うべき強制動員被害に対する金銭的支払いを韓国政府が代わって実質的に行おうとするものと考えられます。

　他方、日本政府は、「個人の財産及び請求権の問題は法的に解決済みである」との立場を表明していますが、本年4月3日にソウル中央地方法院は、「請求権協定により大韓民国国民の日本国及びその国民に対する請求権自体が消滅したと見ることはできないので、（原告被害者）の請求権が請求権協定により消滅したことはないと言える」と判事しました。このように請求権問題は、国際的には「解決済み」とは言えない状況が未だ続いています。

　戦後63年を経た現在、韓国の強制動員被害者やその遺家族は高齢になっており一日も早い解決が求められています。しかし、日本側からの名簿資料の提供が不足しており、これまでに届け出た被害申請者22万人のうち約七割の15万人が認定不能の状況にあります。

　韓国から海外へ強制動員された朝鮮人被害者のうち、軍人軍属約30万人、労働者約70万人の合計約100万人ですが、そのうち日本政府が韓国に渡されている名簿は、約35万人分しかありません。

　このままでは、強制動員被害者は、日本によって二度の被害を受けることになりかねません。一度目は強制動員されたことによる被害、二度目は証明資料が不足して被害認定がなされないことによる被害です。

　日韓両国市民の和解と世界の平和のために、日本政府と日本市民は何ができ、何を成すべきかが国際社会で求められています。

　昨年十一月二十日の日韓首脳会談において、当時の盧武鉉大統領から、日本側の記録について共有できるものは共有してほしいといった要請があり、福田総理大臣は「お話を承りました」と答えました。このことについて衆議院外交委員会の質疑で「記録、資料を共有化し、お互いに協力し合って取り組んでいく、そういうことと理解してよろしいでしょうか」との近藤昭一議員の質問に、高村国務大臣は「そのように理解していただいて結構でございます」と答弁しています。

　韓国政府からの要請や協力依頼を待つまでもなく、日本政府の事業として強制動員者の名簿など被害認定に関する資料を調査し、韓国に提供し、記録、資料を共有化して、お互いに協力し合って取組んでいくことこそが必要であり、その実現が緊急の課題となっています。

2.　これまでに韓国政府に渡された名簿について

(1)　70万人と言われる強制労働動員被害者のうち、日本政府が韓国に提供した名簿数は、その約15%

強制動員真相究明ネットワークニュース No.3 （2008.6.25）　13

の 107,911 人でしかありません。このことが強制労働動員被害者の認定率が低い原因です[1]。以下は、日本政府が韓国政府に渡した強制労働動員被害者の名簿の内訳数です。

A. 1991(H3) 年 3 月 5 日に韓国政府に渡した 90,804 人の労働者名簿

[日本政府が所有していたもの]　合計　67,658 人

① 1946(S21)年厚生省が調査[2]を行い、労働省が保管していた報告書　16 府県 66,990 人

　（この外に、福岡は 386 人分が該当企業の了解が得られず渡されていない）

② 防衛庁保管　「特設水上勤務第 104 中隊」の附表「球第 8887 部隊軍夫編成表」668 人

[地方自治体等が所有していたもの]　合計 10,794 人

③ 北海道 5 点　合計　10,711 人

④ 豊川市役所　豊川海軍工廠火工部の工員名簿　198 人

⑤ 長崎国際文化会館　長崎県の造船所が作成した「霧島隊便覧」463 人[3]

⑥ 長崎国際文化会館　民間人が作成した長崎県の造船所の「福田寮収容者名簿(朝鮮人)」90 人

[企業など民間が所有していたもの]　14 点　合計　12,352 人

B. 1992(H4)年 12 月 25 日に韓国政府に渡した 8 点、17,107 人の労働者名簿

(2)　韓国政府に渡された軍人・軍属の名簿

約 30 万人と言われる強制軍務動員被害者のうち、渡された名簿記載の実数は 243,992 人です。

A.　1995(H5)年 10 月 8 日　509 冊　マイクロ 26 巻

① 陸軍　143,211 人　「留守名簿」(部隊ごとの軍人・軍属の名簿)

② 海軍　21,433 人　「軍人履歴原表」(海軍軍人の個人ごとの履歴表)

③ 海軍　79,348 人　「軍属身上調査表」(海軍軍属の個人ごとの身上調査表)

　　合計　243,992 人[4]

その他に、上記の名簿類と重複していると思われる 6 種類の名簿が渡された。

④ 陸軍　20,249 人　「兵籍・戦時名簿」　(陸軍軍人軍属の個人ごとの履歴表)

⑤ 陸軍　2,102 人　「工員名簿等」(軍属工員の個人または勤務先ごとの名簿)

⑥ 陸軍　7,035 人　「軍属船員名簿」(陸軍軍属船員ごとの履歴表)

⑦ 陸軍　840 人　「病床日誌」(陸軍軍人軍属ごとの診療記録)

⑧ 陸軍　45,514 人　「臨時軍人軍属届」(陸軍軍人軍属の留守家族から提出された届書)

⑨ 陸・海　6,841 人　「俘虜名簿」(捕虜となった軍人軍属の記録表・連合軍作成)

B.　厚生労働省社会援護局は、朝鮮人軍人軍属約 11 万人分の未払金供託(弁済供託)の供託書正本をCD-ROM にして 2007 年 12 月 20 日に韓国政府に提供した。南も北も一緒になっており、報酬、手当、慰霊金や引取費用など、費目ごとに供託している場合もあり、一人の人で複数の供託が行われており、名寄せ処理をしていないため多くの重複があり、供託者の実数は、復員者：7 万 1218人、死亡者：1 万 8370 人、合計：8 万 9588 人、供託金総額　9131 万 6115 円に相当するものと考えられます。

3.　強制連行真相調査団が発表した名簿類について

---

[1]　2007 年 11 月現在、155,385 人の労働動員被害申請に対し、131,521 人が認定できていない。認定率 15%。

[2]　調査のための通達はまだ発見されていない。金英達氏の調査で「勤発第 337 号　昭和 21 年 6 月 17 日付　『朝鮮人労務者に関する調査の件』」と件名までは判明している。

[3]　労働省保管の①と重複あり

[4]　1955 年の法務省入国管理局統計は 364,186 名、1962 年厚生省統計は 242,341 名としている。韓国に渡されたこの243,992 人は、1962 年の厚生省統計をすでに超えている。

14 強制動員真相究明ネットワークニュー No. 3　(2008.6.25)

真相調査団が、これまでに収集し発表した名簿類は79点、合計427,930人となりますが、「俘虜名簿」を日本人を含む178,498人として計算しており、それを修正すると朝鮮人の分は約26万人となります。更に、既に日本政府が韓国に提供した名簿類や、「倭政時被徴用者名簿（慶尚道）」や、重複を差し引くと、被害認定に寄与する名簿としては、おおよそ6万人程度の寄与と考えられます。

4. 新たに、日本政府が提供できる名簿・資料類について

(1) 戦時強制動員に関わった旧省庁の後継省庁などに残されている名簿・資料

　　旧企画院(昭和18年10月31日廃庁)の移入企画、各省事務総合調整関係の資料、

　　旧厚生省の移入割当て、保健衛生、勤労動員管理、食料手配要請、賃金給与関係の資料、

　　旧軍需省の所轄事業所に対する勤労動員の資料、

　　旧農商省の食料関係、被服関係の資料

　　旧運輸通信省の渡航、輸送関係、港湾など所管事業場の関係資料

　　旧内務省の治安関係の資料、

　　旧大東亜省の海外の事業場に関係する資料、

　　旧陸軍省、旧海軍省の徴兵・徴用に関する資料、軍工事に関する資料

　　旧朝鮮総督府、旧樺太庁の強制動員関係の資料

(2) 現在の各省庁が保有している名簿・資料

　　外務省　引揚げ・送還に関する資料（外交史料）

　　　　　　GHQとの連絡調整関係資料

　　　　　　GHQの預金勘定で、賠償庁が譲渡された朝鮮人口座関係資料

　　厚労省　厚生年金名簿[5]

　　　　　　健康保険関係の名簿[6]

　　　　　　引揚げ・送還に関する資料　（復員、援護局関係史料）

　　　　　　戦後に企業から届けられた未払い金の報告書と名簿[7]（労働基準局）

　　　　　　　① 未払い金供託を完了した者の企業からの報告書と名簿

　　　　　　　② 供託していない預貯金についての企業からの報告書と名簿

　　　　　　　③ 未払い金を第三者に引渡した場合の企業からの報告書と名簿

　　　　　　戦後に調査した「朝鮮人労務者に対する調査」の名簿[8]（職業安定局）

　　法務省　供託書副本[9]、

　　通産省　鉱山などの変災報告書(事故報告書)

(3) 関係企業が所持している名簿・資料

　　① 勤労動員関係資料

　　　　「朝鮮労務者連名簿」等の名簿類／福利厚生に関する名簿類

　　従って、塚崎氏が指摘している通り、軍人・軍属の動員数は、30万人程度と考えられる。

[5] 労働者年金保険法　昭和16年3月公布、昭和17年6月施行
　　厚生年金保険法(労働者保険法の改正法)　昭和19年2月16日法21号　全面施行

[6] 国民健康保険法　昭和13年4月1日公布　7月1日から施行(10人以上使用する工業、鉱業、運輸業の事業所に使用される男子労働者を強制被保険者とした)

[7] 1946(S21)年10月12日付、厚生省労政局長通達（労発第572号）「朝鮮人労務者等に対する未払金その他に関する件」に関する報告書と名簿がある。

[8] 「勤発第337号　昭和21年6月17日付『朝鮮人労務者に関する調査の件』に基づく名簿類。

[9] 司法省民事局長通達(昭和21年8月27日民事甲第516号)「朝鮮人労務者等に対する未払金等の供託に関する件」において、「各受取人別に金額氏名を列記した内訳書を添付して供託局に提出すること」とされている。

② 健康保険、厚生年金に関する名簿類　例えば「被保険者資格取得届綴」等

④ 未払金に関する名簿類

⑤ 供託金正本

⑤ 供託に関する報告書の控え

⑥ 事故、災害に関する報告書

⑦ 死亡に関する記録　例えば北炭の「鉱業所別過去帳」など

(4) 都道府県が保有している名簿・資料

戦後に企業から届けられた未払い金の報告書と名簿[10]

未払い金供託を完了した者の企業からの報告書と名簿

供託していない預貯金についての企業からの報告書と名簿

未払い金を第三者に引渡した場合の企業からの報告書と名簿

戦後に調査した「朝鮮人労務者に対する調査」の名簿[11]

(5) 市町村が保有している名簿・記録

埋火葬認許証などの写し、

戸籍受付帳及び提出された戸籍届など

(6) GHQ によって収集され、アメリカ公文書館など保管されている名簿資料

1945 年 10 月 29 日　GHQ 覚書「日本の炭鉱における朝鮮人労働者の預貯金及び賃金の朝鮮での支払いについて」で次のような命令を出しました。これらの名簿類はアメリカ国立文書館に保管されていると思われます。

① 朝鮮へ送金或いは日本銀行の特別口座に預金することを命ずる

② 朝鮮人労働者の氏名、住所、未払い金額、朝鮮国内の受取人の氏名と住所を記載した 4 枚複写の報告書を総司令部に提出すること。なおこの報告書は毎月提出するものとする。

(7) その他に収集されている名簿・資料

大学、図書館、博物館など公的機関が保有している資料

民間の研究者などが保有している資料

5．今後の調査のあり方について

日本政府が行う朝鮮人強制動員関係の名簿資料調査の実施にあたっては、閣議決定を行い、予算処置と実施体制を整備することが必要です。また、政府役人だけではこのような調査は不可能です。そのことは、これまでの政府の遺骨調査が物語っていますが、徹底的調査をした先例があります。過去に外務省が行った強制連行中国人の調査実績です。その調査では、民間人を嘱託として雇用し調査にあたらせました。このような教訓を生かして戦後六十数年が経過していますが、日本社会の義務として過去の清算の一つとしてこのような事業をやらなければなりません。

韓国の被害認定にどのような資料があるのか、どのような資料が不足しているのか、韓国の真相糾明委員会とも連携し情報の共有を図りながら、実際的で効果的な調査も必要とされています。

10　1946(S21)年 10 月 12 日付、厚生省労政局長通達(労発第 572 号)「朝鮮人労務者等に対する未払金その他に関する件」に関する報告書と名簿がある。

11　金英達氏の調査で明らかになった「勤発第 337 号　昭和 21 年 6 月 17 日付『朝鮮人労務者に関する調査の件』」に基づく名簿類。

韓国の「強制動員犠牲者支援法」について

真相究明ネット事務局長　福留　範昭

はじめに

　韓国の強制動員被害者に対する補償は、日韓協定締結後10年が経った1975年から77年に朴正煕政権によって、軍人・軍属の死亡者に対して行われたことがある。しかしこれは、充分な広報もなされず、遺族8,552人に一人当り30万ウォンが支払われたにすぎなかった。その後、被害者や被害者団体は、日本政府と韓国政府に補償を求める運動を懸命に続けてきた。

　この間、韓国政府が「慰安婦」被害者に対して「生活安定支援」を行っている以外は、強制動員被害者には何らの補償もなされなかった。このような中、昨年(07年)11月23日、韓国の国会で「太平洋戦争前後の国外強制動員犠牲者等の支援に関する法律」(以下、支援法)が通過した。この法律は、紆余曲折の末、盧武鉉政権の末期にかろうじて制定され、新政権下で本年6月より施行される予定だ。

支援法の内容

1. 支援の根拠　(第1条)1965年の韓日の「財産及び請求権に関する問題解決と経済協力に関する」協定と関連し、「人道的次元から慰労金等を支援」するとしている。この表現は、日本および韓国の「補償(支援)」責任の根拠を明確にせず、曖昧にしていると言える。

2. 支援の対象　(第1～2条)支援の対象は、強制動員犠牲者(死亡者および障害者)の遺族と生存者である。遺族の範囲は、「配偶者及び子女」、「父母」、「孫」、「兄弟姉妹」に規定されている。予告案および原案では「孫」は含まれていなかったが、追加された。そして、強制動員犠牲者とは「1938年4月1日から1945年8月15日の間」に強制動員され死亡したり、行方不明になった人とし、国会総動員法の公布以後の犠牲者に限定している。

3. 支援の内容　(第4～6条)支援の内容は、「慰労金」、「未収金の支援金」、「医療支援金」の3種である。「慰労金」は、死亡者および行方不明者の遺族に2千ウォン、障害を負った者に2千ウォン以下が支給される。「未収金」とは、未払い賃金を含む日本の政府および企業から受け取れなかった金で、1円に対し2千ウォン(原案では1250ウォン)の率で支給される。「医療支援金」は、生存者のうち老齢・疾病あるいは障害等で治療を必要とする者に支給される。その金額は施行では年80万ウォンとされている。07年7月に一度国会を通過した議員修正案にあった生存者への慰労金500万ウォンは削除された。

4. 支給の除外　(第7条)除外事項の中で注目されるのは、「親日反民族行為をした」人および「1947年8月15日から1965年6月22日まで継続して日本に居住した人」が含まれていることである。後者の事項によって、在日の強制動員被害者が排除された。

5. 委員会　(第8～27条)国務総理所属下に「太平洋戦争前後国外強制動員犠牲者等支援委員会」(以下、支援委)を置く。委員会は犠牲者等の認定および慰労金等の支援を行なう。支援委は、委員長2名を含む11名の委員会から構成される。委員会の業務を効率的に遂行するために、分科委員会を置くことができるとしている。(施行令によって、支援委の事務局は日帝強占下強制動員被害真相糾明委員会の事務局に統合されることになった。)

今後の課題

　難産の末成立した支援法だが、被害者や被害者団体の不満は強い。まず、慰労金の金額2千万円(約200万円)が少ないということと、生存者への慰労金がなくなったことに対する反発が極めて大きい。生

強制動員真相究明ネットワークニュース No.3 (2008.6.25)　17

存者に対しては、予告案にあった孫への教育費支援も削除された。今後、被害者たちによって法改正の運動が展開されると予測される。しかし、4月末にスタートした李明博政権は「実用主義」を掲げ、過去問題への取組みを後退させる方針を打ち出しており、状況は極めて厳しいと思われる。

　日本においては、韓国人を原告とする戦後補償裁判の判決で排斥期間や請求権の放棄が前面に出されて、法的補償の道が閉ざされつつある。そのような中、本年4月韓国の裁判所(ソウル地裁)が、強制動員被害者が起こした新日本製鐵に対する損害請求訴訟に対して敗訴判決を下しながらも、「韓日の請求権協定によって、韓国国民の日本に対する請求権自体が消滅したとは見なせない」としたことは、注目される。

　韓国政府が支援法の制定を基に支援事業を開始しようとしている今、日本は少なくとも道義的責任として、これに協力する態度を示すべきだ。その中で、今最も望まれるのは、強制動員被害の認定の根拠になる資料に対する協力だ。現在、被害者の認定作業は、真相糾明委で行われており、支援委の設置後も、真相糾明委がこの作業を実質的に担うものと思われる。真相糾明委は、支援委の設置を前にして、本年4月1日より2カ月にわたって第3次の被害申請の受付けを開始した。前2回の受付けで約22万件が申請されたが、このうち被害認定が終了しているのは7万5千件に過ぎない。

　90年代初盤、日本政府は軍人・軍属被害者に関する名簿等を中心に相当数の資料を韓国政府に伝達した。しかし、労働者(民間被徴用者)に関する資料は極めて不足しており、強制労働被害者(申請 約15万5千件)の8割以上が認定を受けられずにいる。日本政府は昨年12月、約11万名分(重複を含む)の供託金名簿を韓国政府に渡した。しかし、これらは軍人・軍属に限られており、労働者の供託金名簿は一切渡していない。日本政府は、労働者の供託金、厚生年金名簿などをはじめとする資料を速やかに提示すべきだ。また、強制動員関連企業およびその後継企業も資料の提供に乗り出すべきだ。

　そして私たちは、右翼勢力の「強制連行虚構論」がはびころうとしている中、軍人・軍属の動員も含め、強制動員・労働の実態をより明らかにする作業を進める必要がある。そして、政府や企業に対して、資料の開示を求める活動を展開しなければならない。

● 「支援法」の訳は、http://www.ksyc.jp/sinsou-net/shienhouyaku.pdf に掲載しています。

全国研究集会　2007.11.24～25

今後の祐天寺の遺骨返還に関する要望書

2008 年 5 月 26 日

厚生労働大臣　舛添　要一　様

強制動員真相究明ネットワーク
共同代表　上杉　聡
同　　　　内海　愛子
同　　　　飛田　雄一

　祐天寺の朝鮮人軍人軍属の遺骨 1,135 体のうち韓国籍の軍人軍属の遺骨 101 体が 1 月 23 日に韓国で遺族に返還されました。日本政府は、韓国への奉還にあたり厚生労働省主幹で遺族を招待し、前日の 1 月 22 日に、東京目黒の祐天寺において追悼式を行いました。

　その追悼式で木村仁外務副大臣が、ご遺族の方々に「痛切な反省と心からのお詫び」の気持ちを述べましたが、岸宏一厚生労働副大臣の「追悼の辞」にお詫びの言葉はありませんでした。

　遺骨の奉還にあたり、遺族をお招きして、政府の一員である外務副大臣がお詫びの言葉を述べたことは意義深いことでした。しかし、この有意義な事業を台無しにする次のような事態もありました。

①追悼式を市民に閉ざしたものにし、一般市民や国会議員の参列を拒否したこと。
②マスコミなどの取材を規制したこと。
③遺族と市民との交流の場を提供しなかったこと。
④いつ、どこで、どのようにして死亡した方々の遺骨なのか、その真相が日本国民に公表されていないこと。
⑤このような戦争、植民地支配の悲劇が、再び繰り返かえさないための日本政府の意思と取組が日本国民に明らかにされないままの遺骨返還であったこと。

　私たちは、1 月 22 日の追悼式に開催にあたり、開かれたものにするようその改善を求めて政府の担当者と繰り返し折衝しましたが、「次回式典では、開かれたものにするよう検討するので」との約束で収束しました。

　このような経緯を踏まえ、次回以降の祐天寺の遺骨返還のあり方について以下の点を改善されますよう要望しますので、ご回答下さいますようお願いします。

1. 次回以降も、遺族を招待して日本国内において追悼式典を開催すること
2. 式典には、内閣総理大臣が出席し「お詫びの言葉」を述べるか、又は、それに代わる者が出席し代読すること
3. お詫びの言葉は「1998 年の日韓共同宣言」の引用にとどまらず、戦後においても 63 年間の長期間返還せず、また「1998 年の日韓共同宣言」後も 10 年間も遺骨を返還をしなかったことについてもお詫びの言葉を述べること。
4. 式典は、開かれたものにし、希望する市民や国会議員の参列を認めること
5. 式典には、仏教界など宗教者の参列も認め、宗教的弔慰の表明も認めること
6. 式典には、両院議長、最高裁判所長官などの参列を図り、お詫びの気持ちを含む追悼の辞を述べるよう要請すること
7. 式典後に、来日遺族と関係市民との交流の場をつくること
8. 遺骨の返還に当っては、その遺骨がどのようなものであるのかについて、何時、どこで、どのように、なぜ死亡した遺骨なのかなどについて国民に公表すること。
9. 遺骨の返還にあたり、再び戦争、植民地支配の悲惨な事態を繰り返さない政府の決意を国民に明らかにし、再発防止のための取組を行うこと。
10. マスコミなどの取材はオープンにし、日韓共同の記者会見、遺族のインタビューを用意すること
11. 1 月の遺骨奉還に際し、日本政府は遺族に各 30 万ウォンの弔慰金を渡しましたが、それはあまりにも少ない金額で恥ずかしいものです。少なくとも各 300 万ウォン以上の弔慰金を求めます
12. 祐天寺に保管されている浮島丸関係者の遺骨返還に関しては、舞鶴市民をはじめとして浮島丸問題に取組んできた関係市民も参画して遺骨の返還が行われるよう要望します。また、そのための話合いの場を当会との間で設置することを要望します。

【会費振込のお願い】

強制動員真相究明ネットワークでは、2006年10月より、年会費制を開始しました。

年会費は、7月1日から翌年の6月30日の年度ごとに、

　　　　個人1口 3,000円、　団体1口 5,000円 です。

2008年度(2008年7月～2009年6月)の会費の振込をお願いいたします。なお、2007年度を未納の方は、2口の振込をお願いいたします。
(本ニュース紙を郵送で受け取られた方は、同封の振込用紙をご使用ください)

[郵便振替口座](神戸本部事務局)

　　名義：真相究明ネット，　番号：00930－9－297182

　住所：〒657-0064　神戸市灘区山田町3丁目1-1 神戸学生青年センター

● お知り合いの方に、真相究明ネットへの加入をお呼びかけください。

〈 呼びかけ人 〉

荒井信一、有光 健、市場淳子、伊藤孝司、内海隆男、太田 修、川瀬俊治、川村一之、木村公一、金城 実、小池善之、郡島恒昭、古庄 正、小松 裕、在間秀和、下嶌義輔、鈴木次郎、空野佳弘、高実康稔、竹内康人、田中 宏、塚崎昌之、殿平善彦、豊永恵三郎、西川重則、西野瑠美子、林えいだい、樋口雄一、平野伸人、福岡安則、水野直樹、持橋多聞、守屋敬彦、山田昭次、吉見義明

入会希望の方は、年会費の振込とともに、下記メールアドレスに(あるいは、FAXで)、ご氏名、ご住所、電話番号、所属団体等をお知らせください。

[問い合わせ・連絡先](福岡事務局 福留)
　　Tel & Fax ： 092-732-3483　　E-mail ： kyumei@nifty.com

《 会員の書籍案内 》

金光烈著 『風よ、伝えよ－筑豊 朝鮮人鉱夫の記録』
三一書房 ／サイズ 22㎝ 212p ／定価 1890円 ／2007年8月

真相究明ネットでは、送料込み1800円で郵送しています。
購入希望の方は、以下の郵便振替口座に「風よ、伝え」と記しお振込み下さい。
　郵便振替：００９３０－９－２９７１８２　名義：真相究明ネット

強制動員真相究明ネットワークニュース No.4　2011年5月4日

編集・発行：強制動員真相究明ネットワーク
（共同代表／上杉聰、内海愛子、飛田雄一、事務局長／小林久公）
〒657-0064 神戸市灘区山田町 3-1-1 (財)神戸学生青年センター内
ホームページ：http://www.ksyc.jp/sinsou-net/　E-mail：q-ko@sea.plala.or.jp（小林）
TEL 078-851-2760 FAX 078-821-5878（飛田）
郵便振替＜00930-9-297182　真相究明ネット＞

　東北大震災の被災者の方々に心よりお見舞い申し上げます。
　強制動員真相究明ネットワークは昨年5月に事務局長の福留範昭さんが亡くなられ大きな打撃を受けていますが、活動を継続しています。新しい事務局長には札幌の小林久公が就任しました。韓国の日帝強占下強制動員被害真相究明委員会は「対日抗戦期強制動員被害調査および国外強制動員犠牲者等支援委員会」に改編され活動を継続しています。
　久々のニュースになってしまいましたがお送りします。事務局の引き継ぎが必ずしもスムーズに行われている訳ではありません。ニュースの発送もれがあるかも知れません。お気づきの点がありましたら事務局までご連絡ください。また会費を徴収いたします。2011年4月から1年分の会費として個人3000円、団体5000円をご送金くだされば幸いです。詳細は、本ニュース最終頁をご覧ください。（飛田）

父の足跡を探す、北海道平取町

日本の従兄弟・甥っ子さんと朴進夫さん

強制動員真相究明全国研究集会・「日本の朝鮮植民地支配と強制連行」

■日時：日時：２０１１年５月２８日（土）午後２時
　　　　　　～２９日（日）午後５時
■場所：神戸学生青年センター　TEL 078-851-2760　http://ksyc.jp/map.html
　　　（阪急六甲下車徒歩３分、ＪＲ六甲道下車徒歩１０分）

■プログラム

＜５月２８日（土）＞

●14：00～14：30　開会行事
●14：30～18：00　研究発表①
1)「総動員計画と強制連行」（仮題）　庵逧由香
2)「戦時体制期韓半島内人的動員（労務動員）被害～死亡者現況を中心として～」
鄭惠瓊（韓国・日帝強制動員＆平和研究会会創立準備委員、歴史学博士）
●18：30～21：00　懇親会（参加費：一般 4000 円、学生 2000 円）

＜５月２９日（日）＞

●09：30～12：00　研究発表②
　3)「鉄鋼統制会の名簿（1945.8.15）から」　塚崎昌之
　4)「被朝鮮人連行者の賃金問題」　守屋敬彦
●13：30～15：00　研究発表③
5)「朝鮮農村からの強制連行」　樋口雄一
●15：30～17：00　総括討議

■参加費　１０００円
（宿泊、神戸学生青年センター相部屋は２９００円）

■主催・問合せ・申込先：強制動員真相究明ネットワーク
　（共同代表・飛田雄一、上杉聡、内海愛子）
　　〒657-0064 神戸市灘区山田町 3-1-1　神戸学生青年センター内
　　TEL 078-851-2760 FAX 078-821-5878
　　ホームページ　http://www.ksyc.jp/sinsou-net/
　　（事務局長・小林久公　E-mail：q-ko@sea.plala.or.jp）

福留範昭さんはもうおられない。が、　　川瀬俊治（事務局員）

2007年、真相究明ネット集会での福留さん

　悲劇はいつも突然やってくる。想像だにしていないからだ。強制動員真相究明ネットワーク事務局長福留範昭さんが５月５日未明、急性心不全で亡くなられたのもそうだ。とても信じられない。まだ６０歳で、仕事に一番あぶらがのられていた。

　九州に行くと必ずお会いして話し込んだ。昨年６月、北九州で開かれた日韓の歴史研究交流でも下準備をされ、成功に導かれた。その仕事ぶりに、参加した私はそばから敬服して見ていた。韓国語がよくできて、うらやましい限りだった。１０年間韓国で研究生活をされ韓国啓明大での日本語教員を務められた。崔吉城さんの『韓国のシャーマン』（国文社、１９８４年）を翻訳された韓国宗教研究のエキスパートでもあったが、そのことはおくびにも出されなかった。

　昨年１０月の沖浦和光先生を中心として大学同教の研修で博多に行き、時間を惜しんで博多でお会いした。それが最後になる。昼食とコーヒーを飲み、「九州に来たんだから」とごちそうを供された。

　研究者としての福留さんは知らない。ただ２２、３年ほど前に解放出版社の仕事もあり広島修道大学を沖浦先生らと訪れたことがある。共同研究室に通されて江嶋修作さんにはお会いして、そのあと広島の三良坂に学生たちとごいっしょした。ちょうど、いまの時期だ。その時に福留さんがおられたかは定かではない。

　研究者生活のあと広島での日韓の市民運動体の交流の要としても活躍された。私が知る部落解放運動のメンバーを知っておられ、親近感がいっそう増した。

　昨年、韓国の市民運動を紹介する『ろうそくデモを越えて　韓国社会はどこに行くのか』（東方出版）という本を文京洙立命館大学教授と企画し、福留さんから「韓国における過去の清算」という原稿をいただいた。共同執筆者として何度かメールや電話でやりとした。原稿は簡潔にまとめられ、文劈頭に文章全体をまとめる簡単な紹介文も福留さんに書いていただいた。この短い文は長らく韓国におられ、そして戦後補償問題に慧眼をおもちでないと草せない。何よりも韓国人の心を知らないと書けない一文だった。本当は編者が担当すべき文だったが、代行していただいて本当によかった。

　今年８月に博多の花房さん宅で日本軍慰安婦問題取り組みの拡大全国会議があり私も参加した。会議が始まる前に小林さんらと福留さん宅にお悔やみに赴いた。急な坂道を登ると木々に囲まれたマンションがあり、その１室に福留さんの遺影がおかれていた。なぜか、この部屋は鳥たちの声がよく聞こえるのでは、という思いにとらわれた。緑深い木立に囲まれた住まいということだけで沸き上がった思いではなく、窓外から聞こえる鳥たちのさえずりが福留さんのあの少し上顎をあげはにかみながら

笑う姿に重なったからだ。それは不遜でもなく自然に心を領した面影の再現だったと思う。

遺影は相当前の写真だと思ったが、4,5年前のものだと、妻の福留留美さんがおっしゃった。弔慰に訪れたメンバーは一様に驚いた。いや、そうではない。福留さんはそれだけ若くして逝かれたのだ。5月5日はなんという残酷な日だったのか。

灼熱の真夏の1日が、ここではウソのように別世界を形創っていた。さぞかし福留さんが気に入られ、終（つい）の住みかと考えられていただろうにと、あらためて無念さを感じざるをえなかった。

悲しみを越えることなど愛情く思う人ほど無理なことだと思う。しかし、その亡き人の生き方を、願い、思いを、自身の中に取り入れることができれば、少しは悲しみが癒される。親しいものとの、方々との別れを繰り返してきた私がたどり着いた心の諸相だ。しかし、もろもろの心の相は、ときとして悲しみに打ちひしがれることもあるし、酒量が増すこともある。しかし福留さんは確実に未来を見据えておられたから、凡夫のわれわれにはその思いをともに追走することができる。先達を追慕するだけではなく、歩を先に進めることが、いまとなってはわれわれがあたうかぎりできる福留さんへの最大のメッセージに違いない。
合掌

福留ノリアキ！お前はなぜ逝った?! 誰に断りもなく…。上杉　聡

　お前は、俺にとって「便利」なヤツだった。韓国がノ・ムヒョン政権となったあの年、市民運動はのぼり調子のきっかけをつかんだ。戦後補償の課題が、まず韓国から遺骨問題を先頭に日本へ届けられた。その間の事情を、韓国側の法律、新聞などを翻訳して、お前はつぶさに俺たちへ知らせてくれた。なんと便利なヤツ!! だけど、お前はもういない。

　言葉ができるというのは大切。相手の事情を心の中までつかむ力があった。いったい、どれだけその言外の翻訳力によって救われ、教えられたか…。真相究明ネットワークや遺骨連絡会は、お前がいなければできなかった。通訳するふりして組織化を進めやがった。

　でも、お前の言語力は、日本語の方は低かったよ。もしかして韓国語も下手だったのかも…。何しろ俺は韓国語が、からっきし駄目だったから、想像するしかない。ただ、お前がそばにいてくれたから、俺は韓国の友だちと、いつでも心ゆくまで話すことができる、という心のゆとりがあった。いちいち通訳を頼むのは大変なんよ。信頼できる通訳者は少ない。だけど、お前はもういない。

　市民運動は、まるで幼稚園生から大学院生までのよう。力がばらばら。何も知らない幼稚園生が、大きな顔をして院生へくってかかる。はたで見ている俺は「バカッ！」と内心言いたいが、そこは立場上ぐっとこらえて、代わりにお前をバカにした。「お前は韓国語ができるけど、

日本語は知らんなー」「福岡は田舎じゃけー、こんな地下鉄カードは持っとらんじゃろう!?」俺の言葉に、お前は少しおどけて、漫才で応じてくれた。心やさしいヤツだった。

俺のライフワークの一つが部落問題——というより部落の歴史研究。戦後補償とはいつも股割き状態。「ボーゲンの上杉」と呼んでくれと俺は語った。そんな苦しみがここ２年間はピークに達した。『これでわかった！部落の歴史』などというまがい物のような題の本を出したところ、「続きはまだか」という声がしきり、お前に断って２年間執筆に専念した。俺にも果たすべき責任があったんよ！

でも執筆は簡単ではない。去年の３月になってもまだできない。運動をサボっている俺は、たまたま会ったお前の顔が怖くて正視できなかった。お前はその時、「『これでわかった！部落の歴史』を全部読んだ。続きをがんばれ」と励ましてくれた。嬉しかったよーっ。それからもう一度、執筆に全力を挙げた。だけど間に合わず、お前は牡蠣（カキ）に殺された。

葬儀の場に置かれたお前の体に触った。足も探してみたが、服の上からはみつからなかったよ。きっと痩せこけていたのだろうな。どうして勝手に逝ってしまったのか。５月に牡蠣など食べるなよ。おれがそばにいたら止めたよな…だけど、もしかして一緒に食らって、俺も今ごろ天国だったかもなー。連休に重ならなかったら、お前は医者の手当てを十分やって貰えたのかなー。

俺の本が完成した夜、眠れず水ろうそくを一晩燃やしつづけた。「何でお前は逝った」と、天を見上げて過ごしたよ。お前と久しぶりの語らいの夜だったなぁ。降りてこい！この地上へ。お前と始めた遺骨問題は必ずやり遂げる。集会の場には必ずお前の席を確保しておくから、タダで入ってこい。いつまでも俺らといっしょに歩け、福留ノリアキ！　俺はお前を勝手に眠らせない!!

福留範昭さんを想う　太平洋戦争被害者補償推進協議会会員一同

タバコとコーヒーが好きな人
必要な話は忌憚なく言う人
涙が多く正義感の強い人
韓国語が上手で、被害者たちと直接話すことができる人
被害者たちの痛みを心に刻む人
家族がない遺族たちの痛みと、遺骨を返してもらうことが出来ない犠牲者家族の苦痛に胸を痛めた人
何よりも「日帝強制占領下強制動員真相究明特別法」の通過を最も喜び、大きな関心を持った人であったと思います。

私が福留範昭さんに初めて会ったのは一九九三年の秋です。広島で活動される方々が韓国に訪問した時、福留範昭さんが通訳をなさったと記憶しています。

その後、広島県教職員労働組合、広島部落解放同盟の方たちと元「慰安婦」のハルモニたちとの出会いが続きながら、福留さんは広島と被害者たちを繋ぐ役割をなさいました。そして何回もハルモニたちの証言集会が行われ、キムチ教室も行われながら広島で活動する女性たちとの活発な交流が成り立ちました。

韓国の食文化を通した交流会は、毎回非常に楽しく充実した席でした。行事に参加した人々の反応も良かったし、お互いの心を伝え合うのにも効果的でした。そのような行事の準備には

いつも福留さんの努力と細心の配慮がありました。今思えば韓国文化を理解し好む福留さんがいなかったとすれば、あのような良い行事は成り立たなかったと思います。

福留さんは広島を離れて福岡へと移ったあとから、「日帝強制動員特別法」のための活動の延長線上で証言集会を通じて被害者と遺族たちの声を直接日本の国民に伝える契機を作ろうとしました。当時遺族たちが話した主な内容は、被害者の「遺骨問題」と日本政府が所持している「強制動員被害資料問題」でした。

二〇〇四年二月「日帝強制占領下強制動員被害者真相究明法」の通過を契機に、福留さんは日本で永らく研究し活動してこられた方々を一つにまとめる役割をしなければなければならないと悩み、その実現のために努力されました。その成果で二〇〇五年七月に東京のYMCAホテルで行われた真相究明ネットワーク結成大会の開催であり、福留さんだけでなく多くの人々が大きな希望とやりがいを感じたことを思い出します。

福留さんは韓国に来るときまってインターネットが接続出来る宿舎に泊まり、滞在中も一晩中日本語を韓国語に、韓国語を日本語に翻訳しながらこの問題に関心がある方々にニュースレターを送る仕事をしました。事務局長の役割にやりがいを持ち、いつも情熱的でした。

被害者の立場から忘れることのできない大切な人でした。
いつも仕事場にタバコとコーヒーをたくさんおいて、仕事中毒のように熱心だった日本人
日本の人々の中で最もたくさん対話をした人
被害者たちのすぐ側で理解した人
共に泣いて笑った人
本当に大切な人
会いたい人
福留氏に会った被害者たちはみな、会いたくてなつかしい、そして助けになろうと絶えず努力した人として福留さんを記憶するでしょう。

私たちの遺族たちはそのような福留さんの記憶を胸に抱いて、生前彼が成し遂げようとし、遺族もまた切実に望む遺骨収集問題と現場調査、資料公開問題を皆さんと共に解決していきたいと思っています。 福留さんが活動してこられたこの場が、より発展し希望の灯になることを願います。

彼が私たちに残した情熱と温もりがより一層懐かしくなる初冬夕方に

＜福留範昭著作目録＞

※福留さんが書かれたものの一端をご紹介します。友人の亘明志さんが作成してくだったものです。

【翻訳書】
　1984　崔吉城・著／福留範昭・訳『韓国のシャーマン』国文社

【翻訳論文】

2007　日帝強占下強制動員被害者真相究明委員会の調査を通してみた労務動員（特集　朝鮮人強制連行）（鄭恵瓊・著／福留範昭・訳),『戦争責任研究』(55), p24-p30
2010　過去事問題の認識と責任論（特集　なぜ今、韓国併合が問題となるのか）（金　敏哲・著／福留範昭・訳),『戦争責任研究』(67), p30-34

【共著書】

内海愛子・福留範昭・上杉聰　2007　『遺骨の戦後??朝鮮人強制動員と日本??』岩波書店

【論文】
　？　　　済州島・加波島における家族と祭儀
　？　　　トゥングースの世界観

　1984　「韓国のシャーマン」崔吉城・著『宗教研究』58(2), p246-p250

　1990　日常性の中の差別と排除―中国人留学生差別事件を通して―,『解放社会学研究4』日本解放社会学会, p159-p171

　1991　韓国のシャーマニズムと治療儀礼（なぜ今，医療人類学か〈特集〉),『教育と医学』39(4), p353-p359

　1997　軍隊慰安婦と公娼制度??韓国人・元軍隊慰安婦の証言をもとに??,『部落解放研究』VOL.3　p96-p119　広島部落解放研究所

　2005a　戦後補償問題における運動と記憶Ⅰ：壱岐芦辺町朝鮮人海難事故をめぐって（共著者・亘　明志),『長崎ウエスレヤン大学地域総合研究所紀要』3(1), p33-p39

　2005b　「強制動員真相究明ネットワークの設立にあたって（特集　戦後60年),『戦争責任研究』(49), p38-p46

　2005c　強制動員真相究明をめぐる日韓の動き（特集　もうひとつの〈韓流〉),『インパクション』(149), p26-p37

　2006a　戦後補償問題における運動と記憶Ⅱ：強制動員被害者の遺骨調査をめぐって（共著者・亘　明志),『長崎ウエスレヤン大学地域総合研究所紀要』4(1), p17-p25

　2006b　朝鮮人強制動員犠牲者の遺族の声を聴く―韓国・朝鮮の遺族とともに―遺骨問題の解決へ　2006　夏,『戦争責任研究』(54), p59-p63

　2006c　朝鮮人強制動員の真相究明と和解

に向けて―福岡県（特集　地域としてのアジア）―（地域の中のアジア),『月刊自治研』48(565), p55-p60

　2006d　韓国の強制動員被害者の真相究明（人権キーワード2006）―（1-12月),『部落解放』(567), p156-p159

　2008a　戦後補償問題における運動と記憶Ⅲ：強制動員被害者の遺骨返還,『長崎ウエスレヤン大学地域総合研究所紀要』6(1), p17-p23

　2008b　韓国の「強制動員犠牲者支援法」について,『戦争責任研究』(60), p84-p89

　2009a　非徴用者の遺骨の処遇も課題に―朝鮮人強制動員犠牲者の遺骨について,『部落解放』(611), p96-p101

　2009b　韓国における過去清算の推進と抵抗―強制動員問題を中心に―,『長崎ウエスレヤン大学地域総合研究所紀要』7(1), p29-p34

　2009c　日帝強占下強制動員被害真相究明委員会主催ワークショップ　日本に残された朝鮮人労働者の遺骨（上),『統一評論』(526), p56-p65

　2009d　日帝強占下強制動員被害真相究明委員会主催ワークショップ　日本に残された朝鮮人労働者の遺骨（下),『統一評論』(527), p56-p61

　2010　韓国における過去清算の推進と抵抗Ⅱ―韓国マスコミの報道を通して―,『長崎ウエスレヤン大学地域総合研究所紀要』8(1), p11-p18

●在韓被爆者と強制動員真相糾明の接点

市場淳子（韓国の原爆被害者を救援する市民の会）

広島・長崎へのアメリカ軍による原爆投下で被害を受けた朝鮮半島出身者は約7万人と推定されている。総被爆者数69万人の1割を越える数である。これほどまでに多くの朝鮮人が異国の地で原爆被害に遭わなければならなかった原因は日本の朝鮮植民地支配にある。人類史上初の核兵器使用の標的にされた広島・長崎は、無辜の平和な都市ではなかった。広島には日清・日露・日中戦争へと兵を送り出した陸軍第5師団が置かれ、東洋工業・三菱重工業を始めとする軍需工場が多数稼働していたし、長崎でも三菱造船所などの軍需工場や炭鉱が数多く稼働しており、それらの施設には多くの朝鮮人が強制動員されていた。また、軍需都市ゆえに働き口の多い両市には、強制動員者の何倍もの人々が、生きる糧を求めて朝鮮半島から移り住んでいたのである。

被爆後、九死に一生を得て祖国に帰還した人は約2万3千人にのぼるが、1965年の日韓基本条約では何の補償もなかった。在韓被爆者は1967年に「韓国原爆被害者協会」を結成し、対日補償請求を開始した。その主要メンバーは広島三菱に強制動員され被爆した元徴用工たちで、在韓被爆者の闘いは、日本政府に原爆被害補償を求めると同時に、三菱に未払い賃金や帰国遭難徴用工の遺骨返還を求める闘いとして展開しくこととなる。

●

以来、40年以上、在韓被爆者は日本政府を相手に被爆者援護を求める裁判を何件も何件も提訴し、勝訴に勝訴を重ね、数年前からようやく日本の被爆者が受けている援護の8割方を韓国でも受けられるようになった。ただし、日本政府は「人道的立場からの援護である」ことを強調し、植民地支配の責任を認めてはいないし、朝鮮人に強制労働を強い、被爆後も放置した三菱等の強制連行企業にいたっては、何の対応も示していない。

いっぽう、韓国政府は2007年から「国外強制動員犠牲者等支援法」に基づいて、日本による強制動員被害者とその遺族への支援を開始し、祖国帰国途上で遭難した元広島三菱徴用工被爆者の遺族たちにも支援金が支払われた。だが、生きて祖国に戻れた強制動員被爆者には、「日本政府の被爆者援護法による援護策を受けているから」との理由で、上記法律に基づく支援金は支給されていない。また、2009年11月には、韓国政府機関の「日帝強占下強制動員被害真相糾明委員会」が、「日本の厚生省と外務省が1983年と1984年に壱岐・対馬で発掘し、埼玉県の金乗院に安置されている45柱の遺骨は、広島三菱徴用工被爆者帰国遭難者のものである可能性が高い」という調査結果を発表した。

在韓被爆者問題も、強制動員問題も、今日なお解決のための努力が続いているが、生存被害者はみな90歳近い高齢者である。早期解決のために更なる努力が求められている。

●遺族を招いての一連の活動を省みて　　　小林久公

1，はじめに

5月4日夕刻のことでした、旧陸軍浅茅野飛行場建設工事犠牲者の遺骨発掘で私は猿払村にいました。そこに福留さんから電話があり、韓国から戻ったこと、食あたりで体調が良くないこと、遺族招へい企画のための全国連絡会会議を5月中頃に開くことなどを話し合いました。その翌日に、花房さんから訃報を受取ったのでした。

2. 集会の概要

8 強制動員真相究明ネットワークニューNo.4（2011.5.4）

福留さんの遺志を継ぐかたちで、私たちは、韓国の「太平洋戦争被害者補償推進協議会」とともに10月7日に衆議院議員会館で「韓国・朝鮮の遺族とともに一遺骨問題の解決を!第三回証言集会」を開くことができました。

集会には、韓国の遺族8人と韓国太平洋戦争被害者補償推進協議会のスタッフ3名、日本側は国会議員5名、秘書15名と市民80名が集まりました。韓国の政府機関であるの「強制動員被害調査・支援委員会」から集会の成功を願うメッセージも送られてきました。集会は、「国は責任を認め、国の責任において遺骨問題を解決することを政府に求める」決議文を採択して終わりました。

翌8日は、採択された「決議文」と「要望書」、「遺族の証言資料集」を持って民主党幹事長室、外務省、厚生労働省、内閣府を訪れ遺族とともに政府折衝を行いました。

その後、遺族は、札幌、東京二ヶ所、神戸、大阪、京都、福岡の全国七箇所で開催された証言集会に参加され、市民の交流を深めました。そこでは強制動員が過去の事実に留まらず、現在の問題であること。強制動員によって父を失った遺族の体験、貧困、家族の崩壊などで、充分な教育を受けられず、多くの苦労に遇って、現在も恨(ハン)を抱いて生きていることが語られ、強制動員の悲惨さが二世の生活に及んでいる事実が知らされました。

3. 全国連絡会発足の経緯

「韓国・朝鮮の遺族とともに一遺骨問題の解決へ一全国連絡会」は、2006年2月22日、韓国真相糾明委員会が来日したさいの懇親会で、強制動員真相究明ネットワークから遺族を招聘して集会を開くことを提案し、出席者の賛同を得たので、その場に居た民団の李鐘太・朴容正、調査団の洪祥進・空野佳弘、真相究明ネットの上杉・福留が相談を持ち、実行委員会をつくること、事務局を真相究明ネットが担当することが了解されました。

結成された「韓国・朝鮮の遺族とともに 一遺骨問題の解決へ2006夏－全国実行委員会」は、その年に全国28か所で、23名(うち同伴者5名)の遺族をお招きして企画を実現しました。

その年の秋に、この2006年の総括を踏まえて、「韓国・朝鮮の遺族とともに―遺骨問題の解決へ―」の運動を継続、発展させることを確認し「全国連絡会」が誕生しました。

全国連絡会は、翌2007年7月に高山・神岡、名古屋で全国集会を開催し、以降福留事務局長のもとで祐天寺問題、死亡者調査の実施、国の責任での遺骨奉還など政府折衝を繰返してきました。

4. 今回の企画の総括に関連して

(1) 企画目的との整合性について

福留さん亡き後、関係者の間で全国連絡会の会議を誰がどのような手続きで招集するのかなどのやり取りに時間を費やし、当初予定から三ヵ月遅れて8月5日にやっと第11回会議が開催され企画案がまとまりました。

会議で企画の目的として三点を確認しました。

① 政府として次の課題となっている民間企業関連の遺骨返還を本格化させる

② 強制労働者関係文書の政府による情報開示をすすめる

③ 強制労働に関する補償法制定の検討

しかし、企画目的にむけた取組の中で、全国連絡会に意見の不一致がありました。それは、遺骨問題とは何か、何が解決されなければならないかとの認識の相違でした。

それは、未だ一体の遺骨も帰せない状況にある日韓両国政府が進めている遺骨調査と返還問題を主に解決すべき遺骨問題と考えるか、記録の無い遺族、遺骨の無い遺族の問題も包含して解決の必要な遺骨問題と考えるかの相違でした。

もう一つは、企画の軸を「韓国・朝鮮の遺族とともに」に置くか、「遺骨問題の解決へ」に置くかの相違でした。

この意見の相違で自己の主張を固執して譲らない状況が生まれ、事業実施は暗礁に乗り上げかけましたが、多くの人の大人の配慮と協力で何とか無事に着地することができました。

しかし、結果的には企画目的の①番は要望書にまとめられましたが、②番、③番の課題については十分な取組ができませんでした。

その結果、全国連絡会の主張と韓国の遺族団体「太平洋戦争被害者補償推進協議会」が求める記録の調査と開示を求める主張と、全国連絡会の取組に温度差が生まれました。実際的に、来日した遺族たちは、現在政府が進めている遺骨調査の対象には含まれない人たちでした。

福留さんの企画案は、「強制動員が過去の事実に留まらず、現在の問題であることを日本の市民に理解してもらうために、強制動員被害者の遺族の中で、強制動員によって父を失った遺族の体験を聞く集会を開きます。強制動員被害者の遺家族、特に父親を失った遺族たちは、貧困、家族の崩壊などで、充分な教育を受けられず、多くの苦労に遇って、現在も恨（ハン）を抱いて生きています。

日本の市民に、証言集会や交流会で彼らの生の声を聞いてもらい、強制動員の悲惨さが二世の生活に及んでいる事実を知らせ、強制動員の事実により目をむけさせることが行事の主要な目的です。また、日本人に自らの体験を語り、交流会などで接することによって、遺族の恨を少しでも解くことも目的の一つです。」と述べていました。この企画目的は、全国七箇所で開催された地方集会が果たしてくれました。

厚生労働省で

(2) 私たちが、この取組をとおして政府に要望した内容は、次のようなものでした。

① 国は、強制動員の責任を認め、国の責任において遺骨問題を解決すること。
② 政府が強制動員被害者の死亡調査を全般的に実施すること、強制動員・強制労働関係資料を調査し全面開示をすること。
③ 韓国で既に遺族が見つかっている４２体について、日本政府の責任において、早急な奉還を実現すること。
④ 朝鮮民主主義人民共和国を本籍とする遺骨についても、人道的立場で赤十字などを介して、共和国政府に遺族調査をお願いし、遺骨奉還に着手すること。
⑤ 旧日本兵の遺骨収集にあたり、その中に朝鮮人、台湾人、現地人などが含まれていることに留意した遺骨収集を行うこと。また、千鳥が淵墓苑に納骨されている戦没者遺骨に、朝鮮人、台湾人の遺骨が含まれて安置されていることを銘記すること。
⑥ 日本に残されている遺骨の状況は多種多様であり、その遺骨の状況に応じた解決策が必要なので、その遺骨がおかれている状況に応じて、関係する宗教界、市民団体、企業、自治体など、関係者と協議して政府は問題解決を行うこと。

(3) この要望に対する政府の答弁は以下のものでした。

① 民主党幹事長室　本多平直副幹事長
「遠くから来ていただき申し訳ない。政権が変わって１年。菅内閣の下で本格的に政策をすすめていく。今日、きかせていただいた内容についても受止めていく。長い間解決していないことは申し訳ないと思います。しっかりと岡田幹事長に伝えたいと思います。岡田幹事長も納得するとことです。岡田幹事長から政府にしっか

り言うことになると思います。時間を、いつまでも先延ばししていて良い問題ではありません。しっかり伝えますので」

② 外務省 菊田真紀子 政務官
「お話しは前原大臣にも報告したい。今野東議員や民主党から、皆さんにお会いするようにお話が来た。今年は、100年の年で節目の年で。菅総理談話に示されている通り、日本政府としては、歴史に目をそらすことなく、日韓関係を築いていく。ご遺族の方々が、長い間苦労され、こういう活動に取組まれていることに敬意を表します。これまでの施策が、必ずしもみなさんのお気持ちにかなうものではなかった。皆様のお話は、私の胸に深くつきささりました。」

③ 厚生労働省 岡本充功 政務官
「要望書のうち厚生労働省に関係する項目について回答します。　担当の役所の方から聞きましたが、朝鮮人の動員は二つに分類される。一つは、徴兵で軍人などの動員、もう一つは徴用で労働者の動員。その調査がどうなっているかを聞いたところです。
海外での遺骨収集については、日本人以外の遺骨が収集されたという記録は無いが、朝鮮人など外国人と判明したものについては、関係国政府に通報するなどの扱いをしている。千鳥が淵については、身元不明の戦没者の遺骨と表示しており、日本人とは言っていない。
遺骨返還は、これまでも返還してきている。遺骨に関する情報、強制動員の名簿類は全て韓国政府に渡している。」
④ 内閣府 大臣政務官秘書官 菅　豪（阿久津議員担当秘書官）
硫黄島出張で政務官不在のため秘書官に、硫黄島の遺骨収集にあたり、朝鮮人の遺骨も含まれていることを特に留意するように要請するにとどめました。

(4)　わたしの総括

政府折衝を通して、見えてきたものは政権交替があり、菅総理談話が出されているにもかかわらず過去問題に関して政府に大きな変化は無いということでした。言葉では、幹事長室、外務省が、これまでと違う心のこもった良い言葉を述べてくれました。しかし、実際に遺骨問題の事務を担当している厚生労働省は、役人の言葉を鵜呑みにして答弁でした。
私たちが、2006年に政府に要望したのは次のようなものでした。
① 朝鮮人の労務動員は、１９３９年７月４日の閣議決定以来、日本政府の責任において実行されたものであり、その結果戦後６０年以上にわたり遺骨の返還はおろか死亡通知さえない遺族が、韓国・朝鮮に多数生じている。政府はその責任を自覚するとともに、遺族の悲痛な思いに応え、一体でも多くの遺骨の所在とともに、死亡にいたる経過、また遺骨が日本に残留した経緯などの調査を、人道上の見地から誠意をもって真剣に進めることを表明していただきたい。
② 遺骨の返還方法については、日本政府と韓国・朝鮮政府の仲介によって、遺骨の保管者の手から遺族へ直接お返しすることを原則とし、その際、遺族への経過説明（わかる限りの死亡理由・経過と遺骨の保管経緯）とともに、遺族の思いを思いとし、日本政府よりのお詫びの表明を願いたい。
③ 遺骨奉還に際して遺族が日本へ渡航を希望する場合、また帰国後故郷で遺族が葬祭をとり行うことについては、日本政府から人道上、誠意ある負担をお願いしたい。

私たちは、４年を経てまた同じ内容の要望を繰り返していたのです。すなわち、私たちは、４年間の努力はありますが成果をあげていないことが明らかです。いま私たちは何をしてきたかの反省が必要です。
遺骨問題が解決しない根本原因は、わが国政府が強制動員の責任を認め、国の責任において解決する立場に立っていないところにあります。菅

総理談話が出された今日も政府の姿勢は変わっていません。考えてみれば、この4年間の国会で強制動員の国の責任を明確にさせる質疑はありませんでした。私たちは、そのような質疑を政治家にきちんと求めていなかったのではないでしょうか。

遺骨問題について「一体でも多く、一日でも早く」との政府答弁は得ていましたが、国の責任については、あまりにも明確なことであり問う必要の無いものとして安易に考えていた面があります。

もう一つの面は、2006年の時から「遺骨の返還はおろか死亡通知さえない遺族が、韓国・朝鮮に多数生じている。政府はその責任を自覚するとともに、遺族の悲痛な思いに応え、一体でも多くの遺骨の所在とともに、死亡にいたる経過、また遺骨が日本に残留した経緯などの調査を、人道上の見地から誠意をもって真剣に進めること」を求めていましたが、そのことの過少評価がありました。

この4年間で、仏教界などの努力により遺族にたどり着ける遺骨は少ないことなど遺骨の実態も明らかになりつつありますが、その解決方法は一つも見えていません。遺族が見つかっている遺骨の奉還の目途も立っていません。

この4年の間に祐天寺の軍人軍属遺骨奉還問題が浮上し、その対応に時間を取られた面もありますが、遺骨問題と真相究明と責任の所在を明らかにする事業が十分な成果をあげていないことは明らかです。私たちは今後、政府に対し、強制動員の責任を明確にし、強制動員の真相究明と死亡者調査などの実態調査を実施することに全力をあげて求めなければなりません。それなしに、わが国社会が良くなるはずがありません。

5. 日本政府の遺骨問題の取扱いの現状

(1) 祐天寺の朝鮮人軍人軍属の遺骨

これまで祐天寺に1,135体の朝鮮人軍人軍属の遺骨が保管されていました。そのうち韓国籍の遺骨は、2008年1月以来四回にわたっ

て合計423体(うち195体が身元不明遺骨)が奉還され、現在祐天寺に残されているのは、浮島丸関係の遺骨280体と北朝鮮籍の431体です。

(2) 厚生労働省人道調査室の民間労働者の遺骨

強制動員労働者の遺骨問題を担当している厚生労働省人道調査室が集めた遺骨情報は、現在2,662件の情報があり、そのうち遺骨の無いものが約300件、合葬などされ個別性のないものが約千件もあり身元が確認できる件数はきわめて少ない。奉還可能な遺骨のうち韓国で42体の遺族が見つかっているが、日本政府の責任が曖昧で奉還のめどが立っていない。

(3) 厚生労働省が所管している朝鮮人労働者の遺骨131体分が、埼玉県所沢市の金乗院に仮安置されている。それは、戦後に船で朝鮮半島に帰ろうとして遭難した朝鮮人徴用者の遺骨とされており、合葬状態で16個の箱に収められている。

(4) 政府は、朝鮮人の「埋葬・火葬認許証」5,600人分を82の地方自治体から収集し、韓国政府に提供しているが、政府は、その死亡者の遺骨調査を行っていない。

(5) 日本政府は、終戦直後までは朝鮮人戦没者の遺族に死亡通知を行ってきたが、GHQ指令で個別通知が困難となり、今日まで個別の遺族への死亡通知を行っていない。

6. おわりに

10月8日に各省訪問も終わり一息ついたところで、来日遺族の政府折衝の感想を聞く場ができました。「外務省がとても良かったので、次の厚生労働省にも大きな期待をしたが、さみしい思いをした」「私たちが望んでいる回答を得られなかった、それが悔しく心が痛い」「日本には、生死を探す義務がある。一日も早く記録が戻るようにして欲しい」「日本に真相究明機関ができることを望んでいる」「私たちの証言資料集を渡せたことはよかった」「福留は私たちの仲間だった。福留が残した偉業をつないでくれている」などなど、

そして皆が福留さんの名を口にし回想する場になりました。

　今回の遺族を招いての企画は、日本の歴史問題を解決するために福留さんが考えぬいたうえでの企画でした。彼は、歴史問題の解決に被害の当事者である体験者、遺族を抜きにしてはならないこと繰返し強調していました。

　私は、この事業をそれなりに終えて、彼が遺族とともに何をなそうとしていたのかが改めて分かりかけています。それは朝鮮の風土、風習、文化を理解し、遺族とともに心を通わせてきた福留氏ならではの発想と企画だったと思います。

　この企画の実現のために多くの方々が協力さ

れ尽力くださいました。予算を上回る賛同金も寄せられ赤字になることも無く終わることができました。この場を借りて御礼申し上げます。しかし、私たちはこの四年間をかけてもまだ政府に強制労務動員の責任を認めさせられないでいます。遺族の心は満たされないままです。それは全国連絡会に残され大きな課題と言えます。

（2010/11/21）

2010. 8. 22 日韓市民共同宣言大会報告

「韓国強制併合 100 年共同行動」日本実行委員会　事務局　矢野秀喜

　8月22日、東京・豊島公会堂で「日韓市民共同宣言大会」が開催され、「植民地主義の清算と平和実現のための日韓市民共同宣言」が採択されました。この日、会場の外では集会に反対する右翼が街宣車などで妨害活動を行いましたが、会場には 1000 人もの市民が集い、講演や被害当事者等の証言に耳を傾け、植民地主義清算に向けての決意を新たにしました。

《日韓両実行委員会代表のあいさつ》

　大会の冒頭、日韓両実行委員会の各代表が挨拶をしました。日本実行委員会の伊藤成彦共同代表は、8月10日に出された菅首相談話について「併合条約強制の非を認めければ、どのように反省・謝罪しても、それは空言に過ぎない」と批判し、『日韓市民共同宣言』は私たちの今後の活動の出発点であり、指針」と訴えました。韓国の李離和（イ・イファ）共同代表は、「植民地主義を清算することは、東アジアの平和共同体をつくる近道」と言い、そのために「宣言と行動計画を具体化させ、地域間の市民運動の連帯を強化する道」を模索していくべき、と応

えられました。

《基調講演》

　基調講演は、宋連玉（ソン・ヨノク）さん（青山学院大学教員）と庵逧由香さん（立命館大学教員）のお二人。宋さんは、「韓国併合 100 年に当たり、1945 年で歴史が真逆に変わったのではなく、連続した 100 年として視ることが重要であり、国民国家を超える視点が必要」と言われ、「朝鮮半島の平和と民主主義は日本の平和と民主主義に深く関係していることを認識しないと、植民地主義の克服はおろか、真の連帯も実現しない」と結論づけられました。続いて庵逧さんは、「自分の加害性だけを見つめていくのは本当に苦しい作業」であることを確認しつつ、『責任論』に押しつぶされず、これと向き合うためには、あたりまえのことだが、韓国や朝鮮民主主義人民共和国に住む人々や在日朝鮮人と顔と顔の見える関係をつくっていくしかない」と報告されました。そして、併合 100 年に当たって、日韓の市民が共同して「市民宣言大会」を開催することの意義を強調され

強制動員真相究明ネットワークニュース No. 4 (2011. 5. 4)　13

ました。

《青年・学生宣言》

お二人の基調講演の後、青年・学生が、「植民地主義は現代を生きる私自身の問題である」との宣言を読み上げました。「植民地主義や民族差別の根強い社会を構成し、存続させているのは現在の私たちにほかならない」、「いま、私たちが植民地主義に対して『NO！』を突きつけなければ、植民地主義は再生産されつづけていく」との認識に立って、植民地主義を清算していく課題が「私自身」に課せられており、それを引き受けていくとの決意を力強く表明したのです。

《被害当事者等の証言》

続いて、植民地犯罪の被害当事者等の証言。元日本軍「慰安婦」の朴順姫（パク・スニ）さん、麻生鉱業（赤坂炭鉱）に強制動員された孔在洙（コン・ジェス）さん、金浦市サハリン同胞会の朴魯栄（パク・ノヨン）さん、在日の崔善愛（チェ・ソンエ）さん（ピアニスト）、高英載（コ・ヨンジェ）さん（東京朝鮮中高級学校生徒）がそれぞれの被害体験等を語られ、西澤清さん（東京朝鮮人強制連行真相調査団）、高橋伸子さん（関東大震災時の朝鮮人虐殺の真相を解明し名誉回復を求める市民の会）、北川広和さん（日朝国交正常化連絡会）は、東京大空襲時の朝鮮人被害、関東大震災時朝鮮人虐殺の真相について報告し、日朝国交正常化を急ぐべきと提起されました。集会参加者は、「日本政府の謝罪と賠償がなければ目を瞑ることはできない」（朴順姫さん）、「逃亡して捕まると殴打され、拷問にあった」（孔在洙さん）、「日本政府は未払い賃金、貯金・債券をもとにサハリン韓人同胞特別支援基金を設立すべき」等の証言に耳を傾け、深く心に刻みました。また、「同じ権利を持った人間として学びたい。そんな普通のことが、いつか朝鮮学校に通う学生たちにとっても当たり前のことになるように、青春の一秒一秒の全てを注ぎ、今回の高校無償化

問題を解決し、希望に満ちた未来を掴みとってみせます」との朝鮮高校生・高英載さんの訴え・決意表明は多くの参加者の心を動かしました。

《沢知恵コンサート》

被害当事者等の証言のあとは、沢知恵さんのコンサート。沢さんは、「アメイジンググレイス」「こころ」「死んだ男の残したものは」「朝霧」などを歌いました。その歌声は、植民地主義の清算のために闘おうという市民を励まし、その心に深くしみとおるものでした。

《日韓市民共同宣言の採択》

そして、沢知恵さんのコンサートの後、集会はクライマックスを迎え、学生、青年らによって「植民地主義清算と平和実現のための日韓市民共同宣言」が読み上げられました。「宣言」は長文で、全てを読み上げることができないため、「前文」、「五　東アジアの平和な未来を築くために」と「行動計画」が読み上げられ、満場の拍手で確認・採択されました。行動計画には、日本軍「慰安婦」、強制動員被害者等への補償、高校無償化の朝鮮学校への適用など20項目にのぼる日本政府への要求を明記するとともに、「宣言」に対する賛同を広げていくこと、補償立法実現に向けて行動していくこと、日韓市民の連帯活動を強化していくこと等の行動計画を打ち出しました。

以上のように、8.22日韓市民共同宣言大会は大きく成功しました。その意義を再確認すると以下の3点にまとめられます。第1は、強制併合100年に当たって日韓の市民が、「植民地主義の清算」と「平和実現」を目標に掲げ、共同行動を推進するとともに、議論を重ねて、一つの「日韓市民共同宣言」をまとめあげ、今後の共同行動計画をも確認しあったことです。時間的制約がある中で、歴史認識、南北分断についての評価、植民地主義清算の課題等をめぐる相違などを乗りこえ、「宣言」を一本化し、日韓双方の大会で採択するところまでこぎつけた

14 強制動員真相究明ネットワークニュー No.4（2011.5.4）

ことは大きな意味がありました。

　第2は、1000人の市民に参加していただき、大きな盛り上がりの中で大会を開催できたことです。戦後補償実現のための運動、政治犯救援、民主化闘争支援などの闘いを担われ、また日韓・日朝連帯の運動を続けてこられた方がたなど本当に多くの市民が大会に参加され、植民地主義の清算のために引き続き運動を進めていくことを確認されました。

　第3は、多くの青年・学生が大会に参加し、『映像で観る「韓国強制併合」100年』(スライド)制作、「青年・学生宣言」の作成・発表、そして「日韓市民共同宣言」の朗読など積極的に役割を担ってくれたことです。「現在まで積み残されてきた課題を解決できるのは、今を生きる私たち以外には存在しない」との決意の披瀝は、私たちの運動の未来を指し示すものとなりました。

　今後は、日韓市民が共同で作成し、採択した「共同宣言」を実行していかなければなりません。1年近い時間をかけて、日韓の多くの市民団体・個人が共同して準備・組織して市民宣言大会を開催・成功させる中で、連帯感は深まりました。これを礎とし、今後は植民地主義清算の運動をいっそう強化していくことが問われています。

強制動員真相究明ネットワーク関連　年表

年月日	事項
1999.08.10	「国立国会図書館法の一部を改正する法律案」を衆議院に上程（賛成議員118名）
2000.11.29	「朝鮮人労務者等の未払金供託に関する質問主意書」福島瑞穂議員提出
2001.10.12	韓国「日帝強占下強制動員被害真相糾明等に関する特別法案」を韓国国会に発議
2002.11.29	「朝鮮人強制連行・強制労働に関する質問主意書」近藤昭一議員提出
2004.02.13	韓国、特別法案が韓国国会本会議で可決
11.10	韓国「日帝強占下強制動員被害真相究明委員会」設立
12.02	「朝鮮人労務者等に対する未払金その他の取扱いに関する質問主意書」福島瑞穂議員提出
12.17	日韓首脳会談で、盧武鉉大統領が小泉首相に強制動員労働者の遺骨返還に協力を求める
2005.02.01	韓国　強制動員被害申告受付開始
02.17	真相糾明委員会代表団　日本の国会訪問
03.15	「朝鮮人の未払い金問題について」福島瑞穂議員　参議院厚生労働委員会　質疑
04.20	真相糾明委員会　調査班初めての日本実地調査（筑豊・宇部、筑豊・ウトロなど）
.4月	日本政府108の企業へ遺骨情報提供依頼
05.03	強制動員真相究明ネットワーク設立準備会　於:神戸学生青年センター

強制動員真相究明

ネットワークニュース No.5　2012年7月20日

編集・発行：強制動員真相究明ネットワーク
　（共同代表／上杉聰、内海愛子、飛田雄一、事務局長／小林久公）
　〒657-0064 神戸市灘区山田町3-1-1 (財)神戸学生青年センター内
　ホームページ：http://www.ksyc.jp/sinsou-net/　E-mail：q-ko@sea.plala.or.jp（小林）
　TEL 078-851-2760 FAX 078-821-5878（飛田）
　郵便振替＜00930－9－297182　真相究明ネット＞

第5回強制動員真相究明全国研究集会（2012.4.7）

閉会の挨拶より

強制動員真相究明ネットワーク共同代表　内海愛子

「強制動員真相究明全国研究集会」は今年で第5回目になります。今年は「朝鮮人強制連行と国・企業の責任」のテーマを設定しました。今日の報告にもあったように、まだまだ基礎資料を公開させ、私たちの手で明らかにさせなければならない問題が多くあります。

研究、調査、情報を、被害者がかかえている問題を解決するために結集し、問題解決に動こう、こうしたスタンスで私たちはネットワークを作り、活動してきました。

「戦後」という言葉を使うこともはばかれるほど、今、私たちはアジア太平洋戦争から遠い地点にたっています。朝鮮植民地支配からは100年が経過しました。しかし、何年経とうとも被害者の被害が回復されないかぎり、この歳月は「過去」にはなりません。これを「過去」として語れるために、私たちは何をすべきなのか、何ができるでしょうか。被害を与えた側が被害の回復に尽力するのは当然のことでしょう。

日本は敗戦後、東京裁判など戦争裁判をうけ、サンフランシスコ講和条約で「賠償」を支払い、国際社会に復帰しました。これらの戦後処理で何が裁かれ、何が解決したのか。私たちに残された課題は何か。なぜ、アジアの被害者が謝罪を要求するのか。補償や賠償を要求するのか。このように考えると、連合国を中心にした日本の戦後処理から抜け落ちた問題、私たちに残された課題が見えてきます。日本が支配し占領した地域の人々の被害への賠償、謝罪どころか調査さえもきちんと行われてこなかった日本の戦後史です。

これまでは資料が公開されていないこともあって調査が困難でした。日本軍に動員された朝鮮人軍人軍属の名簿も長い間、私たちは見ることもできませんでした。しかし、日韓会談や条約の締結後に韓国側に引き渡されていた資料を韓国側が公開しました。名簿などの資料の公開、被害へのねばり強い聞き取りが、1990年からの戦後補償裁判を可能にしてきました。判決は「受忍義務論」

強制動員真相究明ネットワークニュース No.5（2012.7.20）　1

など、多くの問題があり、時には被害者と共に支援者が怒りにふるえたこともありました。日本の司法に絶望した人も多いでしょう。しかし、その過程で培われてきた被害者と日本人の市民の連帯、今はやりの言葉でいうと「絆」ですが、わたしたちの「ネットワーク」もそうした長年の戦後補償運動の上で初めて可能になりました。今はなき福留事務局長の情熱がこのネットワークを作りました。被害者からの問い合わせ、質問にわれわれの情報と知識を総動員してこたえるためのネットワークの立ち上げです。

　今、日本でも情報公開制度を利用すれば、政府が秘匿してきた資料も多少は見られるようになりました。厚生労働省が保管していた資料の国立公文書館への移管も遅々としてではありますが、移管作業が始まっています。村山元首相の時に提案された資料の公開は「アジア歴史資料センター」というデジタルアルカイブとなりました。世界中どこからでも日本の防衛省防衛研究所・外交史料館・国立公文書館の資料がパソコンで検索ができるシステムです。ご自宅で検索してみてください。

　今日の報告にもあったように「ネットワーク」はこうしたシステムを利用し、情報を収集できる人たちが問い合わせに応えて動くだけでなく、私たちの問題意識から残された戦後処理、植民地責任の問題にも取り組んできました。みなさんもご存じのように冷戦構造の中の講和条約は日米安保条約と抱き合わせで締結されました。冷戦構造の中の戦後処理が生み出した戦後補償の問題は、沖縄の基地反対闘争と一体化した問題です。戦争責任は戦後責任へと引き継がれ、戦後補償運動となってきました。そしていま植民地責任があらためて問い直されるときに来ています。

　２０１１年１２月９日オランダ政府は、インドネシアの西ジャワのラグワデ村での住民虐殺に正式に謝罪し賠償を支払っています。戦後、インドネシアに再侵略したオランダによる警察行動による独立運動家をかくまった疑いで村民４３１人を虐殺した事件です。被害者の数には別な数字もありますが、いずれにしても独立運動を弾圧する過程でおこったこのような虐殺をオランダが認めて、初めての謝罪した判決です。オランダ政府がこうした行動を起こした背景には、裁判を支えたオランダの調査がありました。オランダ戦争文書研究所（ＮＩＯＤ）は、オランダの再植民地化の過程での虐殺などを調査し、報告書をまとめています。そこには７６件の戦争犯罪、植民地犯罪に言及したといいます。有名なのは１９４６年１２月の南スラウェシでおきたウエスターリング事件です。これはウエスターリング将軍が率いる蘭印軍による数千人の民間人虐殺です。こうした事件をふくめてオランダでも再侵略、植民地責任の究明と謝罪と賠償はまだ始まったばかりです。

　わたしたちは市民の自主的な調査研究のグループです。政府からの資金援助も何もありませんがそれでも被害者の訴えに応えようと、それぞれの運動体や市民グループが力を合わせて活動を続けてきました。まだまだ力は足りませんが、これからも被害者の訴えを支えることができるように努力していきたいと思います。想い半ばで一人旅だってしまった福留さんにも「旅先」で協力してもらえるように、次々と出てくる課題に応えて活動を続けていきましょう。当分は「これで終わりです」と言えないのが、この「ネットワーク」です。来年もまた、情報と研究とをもちよって集まりましょう。今日はありがとうございました。

（写真：by 金淑美（「イオ」））

（報告集が発行されています。別項をごらんください。）

参加の感想①

千地健太（青年・学生実行委員会＜なあがら＞）

　感想を書く機会をいただいたので、全国研究集会に参加して印象に残っていることをいくつか述べてみたい。外村大さんの基調講演では、動員を人集めの段階と徴用された後の法制度の変化に分けて考察されていたのが印象に残った。募集、官斡旋、徴用などの「人集め」において、特に戦況に余裕があった時期には、企業側の関与が強かったのではないかという視点が示されたように思う。これは、企業の責任を考えるときに重要ではないかと思った。また、軍需会社などの従業員が現員徴用されていくことによって、一部の例外を除き、「募集や官斡旋によって日本内地に配置された朝鮮人も概ね１９４５年７月までには徴用扱いになっていた」ことが論じられた。募集や官斡旋は朝鮮人が自発的に応じたもので強制ではないという議論に対して、事実関係の次元で強制性を示すものではないだろうか。一方で、市民による調査結果や外村さんの新著のような新たな知見を得ることによって、「朝鮮人に対する強制動員」の全体像を改めて描き直す必要が生じているように感じた。

　小林報告や竹内報告では、地道な資料発掘が報告され、感銘を受けた。多くの成果が報告されたが、小林報告における郵便貯金についての調査、竹内報告における朝鮮人軍人軍属の動員数を３６万７千人とする新資料が印象に残った。今後、それぞれの資料について、多角的な検討や史料批判を加え、活用していくことが必要だろう。

　また、竹内報告では、そもそも供託というものが朝鮮人連盟による未払い給与支払いの要求に対抗して行われたこと、日本政府が朝鮮人連盟を解散させて資産を没収した際に、奪還された未払金も没収されたと考えられることが指摘され、興味深かった。戦後の日本政府の責任を考える新たな視角ではないだろうか。小林報告では、情報公開法や公文書館理法といった新たな武器を使って政府の持つ記録に切り込んでいく可能性とその困難が示された。今回の全国研究集会では、多くの調査の成果や調査手法が共有化された。今後、それぞれの立場で取り組みを進めていく必要があり、私もなにがしかの貢献をしたいと思う。

参加の感想②

社団法人和歌山人権研究所　小笠原正仁

　真相究明の活動の情報を当初よりいただきながら、幽霊会員を続けてきた私には今回の集会への参加は非常に新鮮なものであった。

　人の集まりはもちろん、報告の重厚さ、さらにはかつて資料がなくて四苦八苦していた状況からすれば考えられないような、堰を切ったように集まったデータの数々、すべてが驚くべきものであった。

　私自身は和歌山人権研究所で、和歌山の部落史の編纂事業に携わり、資料調査を通じて、資料がいかに集めにくいものであるかはよくわかっているつもりであるが、今回示された収集活動の到達点はすばらしいものである。

　もちろん、これだけではまだまだ不十分であると報告者たちは述べていた。それは、現実に傷ついた人々、犠牲になった人々の補償や権利回復、あるいは、我々との信頼の回復につなが

っていかなければならないのである。

　これらは、データの収集と分析だけでできるわけではなく、最終的には政治的な判断を引き出さなければならない。法的な手続きを経て、なお政治的な判断を必要としていることなのであるが、その判断はそれほど難しいものではない。抑圧され、被害をこうむった人々に補償するというそれだけのことなのである。

　しかし、国の政策は硬直している。被害者の救済と信頼関係の構築というわかりやすい政策要求に今こそ人々が結集すべきであると強く感じた集会だった。

基調講演の外村大さん

参加の感想③

40年間－変わったこと・変わらないこと
　　　　　　　　　　　　　　堀江節子

　最近、40年前から同じようなことをやっていると若い人に言ったら、分析が必要だと言われた。日本と朝鮮半島の歴史問題に取り組んできたことは確かだが、そう思わざるを得ないのは、関わり方に問題があるのかもしれない。

　自分史的には、戦後25年の20代には、「在日」の方から直接戦争や植民地時代の体験を聞くことができた。20年前には、訪韓できるようになり、取材に行って『黒部・底方の声－黒3ダムと朝鮮人』を書いた。その頃から地元企業の戦後補償裁判にも関わりだした。原告と交流し、知識は増えたが、解決をめざして主体的に取り組むことはなかった。言われるままに動き、植民地問題に現代日本を映してわかった気になり、好奇心を満たしてきた。

　今回研究集会に参加したのは、供託金についてもう詳しく知りたいと思ったからだった。昨年秋に最高裁で棄却となった不二越勤労挺身隊訴訟では、供託金名簿に一部の原告の名前しかない。当時の金額で支払われることへの怒りは当然としても、名前がないとなれば怒りのやり場がないし、その理由や経緯は解明されていない。そもそも、原告にこのことを伝える機会があるのかどうかも怪しい。

　真相究明ネットができて、日本語に直された韓国のニュースが日々写真付きで配信され、最新の研究成果が公表され、運動へのお誘いがある。課題や活動が目に見えるようになった。だが、そうなっても、植民地問題や戦後補償に取り組もうという人たちは相変わらず少数派だ。そして、裁判では、たとえ事実認定されても、謝罪も補償もしなくてよいとされる。日本の植民地支配の歴史観や倫理観を問うには、まずはあいまいな自分に決別しなくてはならないと思う昨今である。

石田勇治さん（開会のあいさつ）

参加の感想④

金優綺（在日朝鮮人ジェンダー史）

本集会に初めて参加したが、予想以上に密度の濃い内容で大変学ぶところが多かった。何よりも、未だ不明な部分の多い朝鮮人強制連行に関する歴史的事実と、その責任主体である国と企業の責任を必ずや明らかにするという、主催者たちの強い思いがひしひしと伝わってくる熱気あふれた集会であった。

私は個人的に北海道での朝鮮人強制連行・強制労働に関連することがらについて関心をもって研究している。具体的には、北海道に多数の朝鮮人が強制連行される 1939 年以降、当時「売春宿」として機能していたとされる「朝鮮料理屋」が、朝鮮人強制連行労働者が働かされている各地の炭鉱や鉱山に新設されたことについてである。こうした「朝鮮料理屋」に関する当時の企業の報告書をみると、企業自らが設備を提供したり、利用にあたっての切符制度を設けたり、避妊具を備え付けたりしているところ

もある。この「朝鮮料理屋」に従事していたのは朝鮮人女性であったことは当時の新聞報道などから確認できる。まだまだ研究不足のため、こうした「朝鮮料理屋」の設置目的や、実際に誰がどの程度利用したかなどを実証するのに資料が不足しているが、私見では、朝鮮人強制連行の責任主体である企業の「慰安所」として使用されたのではないかと考えている。そして、当時の「朝鮮料理屋」の設置許可を警察が出していたことや、政府文書においても関連する文言が確認できるところをみると、国もまったく無関係ではなかったと考えられる。

本集会に参加しながら、今後より研究が進められる中で、以上に書いたような、朝鮮人強制連行と関連する朝鮮人女性の性被害を生じさせた責任主体が企業ないし国と実証された場合、こうした性被害も、本集会のテーマであった「朝鮮人強制連行と国・企業の責任」として問われていかねばならないだろうという思いを強くした集会であった。本集会を主催した方々の情熱を見習い、自身も実態解明に尽力していきたいと思う。

第5回強制動員真相究明ネット全国研究集会（2012.4.7）報告集

■テーマ「朝鮮人強制連行と国・企業の責任」／2012 年 4 月 7 日(土)　13:00～17:30／東京大学駒場キャンパス　18 号館ホール

●目次●開会挨拶　石田勇治（東京大学教授）　4／基調講演　「政策と法から見た朝鮮人被動員者」　外村　大（東京大学准教授）6／報告　「韓国からの報告」　張完翼弁護士　25／報告「強制労働という過去への取り組み — ドイツの経験から」／増田好純（早稲田大学助手）　33／報告　「韓国憲法裁判所決定と日韓請求権協定の意味」小林久公（真相究明ネット）　46／報告　「問題解決にむけての提言」矢野秀喜（強制連行裁判全国ネット）　60／報告　「明らかになった未払金・供託金の内訳」竹内康人（真相究明ネット）　66／報告　「強制動員資料について」（真相究明ネット事務局）　72／会場討論／報告：朝鮮人の遺骨の現状について　曹洞宗　工藤英勝　81／報告：請求権協定について　吉澤文寿　83／閉会挨拶　内海愛子　（共同代表）　84／研究集会・写真帳　86

■2012.5.11、強制動員真相究明ネットワーク発行、A4,88 頁、700 円

■購入希望の方は、下記郵便振替で定価７００円＋送料８０円、合計７８０円をご送金ください。郵便振替＜００９３０－９－２９７１８２　真相究明ネット＞

韓国大法院(最高裁判所)判決について

小林久公

1. 5月24日に日本の野最高裁判所にあたる韓国の大法院が、韓国人強制動員被害者の損害賠償訴訟に対する画期的な判決をくだした。判決は二件あって、日本の三菱重工業株式会社を相手とした裁判と新日本製鐵株式会社を相手とし裁判の判決です。(判決全文をご希望の方は、q-ko@sea.plala.or.jp 小林まで)
判決文は、ほぼ同内容のものですが、韓国の一、二審が日本の裁判所(最高裁)判決を追認して、原告敗訴の判決を下していた原判決を破棄して、釜山(三菱)とソウル(新日鉄)の高等裁判所に差し戻したものです。

2. 差し戻された高等裁判所の審理は、大法院判決を踏まえて原告被害者に対する賠償額の決定について行われることとなります。

3. 判決の要点は、原告らの被害を認定したうえで次のように述べています。

   (1) 韓国に裁判権があるかどうかについて、「大韓民国は本件当事者および紛争になった事案と実質的な関連性があると言えるし、従って大韓民国の法院は本件に対し国際裁判管轄権を有する」とした。

   (2) 相手企業の法的同一性について、「(旧会社)の営業財産、役員、従業員を実質的に承継し、会社の人的・物的構成には基本的な変化がなかったにもかかわらず、戦後処理および賠償債務解決のための日本国内の特別な目的の下に制定された、技術的立法に過ぎない会社経理応急措置法と企業再建整備法等日本の国内法を理由に、旧三菱の大韓民国国民に対する債務が免れる結果になることは、大韓民国の公序良俗に照らして容認することはできない。」として同一性を認めた。

   (3) 原告被害者の請求権の有無と日韓請求権協定について、

「請求権協定は日本の植民地支配の賠償を請求するための交渉ではなく、サンフランシスコ条約第 4 条に基づいて韓日両国間の財政的・民事的債権・債務関係を政治的合意によって解決するためのもので、請求権協定第 1 条によって日本政府が大韓民国政府に支給した経済協力資金は第 2 条による権利問題の解決と法的対価関係があるとみられない点、請求権協定の交渉過程で日本政府は植民地支配の不法性を認めないまま、強制動員被害の法的賠償を原則的に否認したし、このために韓日両国の政府は日帝の朝鮮半島支配の性格に関して合意に至らなかったが、このような状況で日本の国家権力が関与した反人道的不法行為や植民地支配に直結した不法行為に因る損害賠償請求権が、請求権協定の適用対象に含まれたと見るのは難しい点等に照らしてみれば、原告らの損害賠償請求権に対しては請求権協定で個人請求権が消滅しなかったのは勿論のこと、大韓民国の外交保護権も放棄されなかったとみるのが相当である。」と強制動員被害者の損害賠償請求権も国の外交保護権も認めた。

   (4) 日本での裁判の判決を認めるかどうかについて
「日本判決の理由には、日本の朝鮮半島と朝鮮人に対する植民地支配が合法であるという規範的認識を前提にして、日帝の国家総動員法と国民徴用令を朝鮮半島と原告らに適用することが有効だと評価した部分が含まれている。(中略)日帝強制占領期の強制動員自体を不法と見ている大韓民国憲法の核心的価値と正面から衝突するものなので、このよ

うな判決理由が込められた日本判決をそのまま承認する結果は、それ自体で大韓民国の善良な風俗やその他の社会秩序に違反するものであることが明らかである。したがって我が国で日本判決を承認し、その効力を認定することはできない。」としている。

(5) 消滅時効について

「少なくとも原告らが本件の訴訟を起こした時点である 2005 年 5 月 1 日までは、原告らが大韓民国で客観的に権利を事実上行使できない障害事由があったとみるのが相当である。

(中略)、(原審が) 被告が消滅時効の完成を主張することが信義則違反に依る権利濫用に該当しないと判断したのは、消滅時効の信義則違反に依る制限の法理を誤解して判決結果に影響を及ぼす違法をおかしたものである」と消滅時効の完成を認めなかった。

4. このように韓国大法院の判決は明解であり、日本政府と日本の裁判所の主張と真っ向から対立するものであり、日本がこれまで曖昧にしてきた過去清算を根底から問い直すものとなっています。

5. この判決は、日韓会談で未解決として残されているのは「慰安婦」、「原爆被爆者」、「サハリン」の三つであるとしてきた韓国政府の見解とも異なり、韓国政府も一時的には苦慮することがあるかもしれませんが、韓国政府に日本の過去清算きちんと話合う立場と論理を提供するものです。

最大の問題は、過去清算を行う立場の日本政府も国民も過去清算を行う歴史認識も決意も無いことです。それを成させる為に日本の市民運動が、この判決を生かして実現可能でかつ過去清算がきちんとおこない得る施策を提言し実施できるかにかかっていると思われます。

6. これまでの日本での関係裁判の経緯
<新日鉄関係><日本製鉄元徴用工裁判を支援

する会>

(1) 1995 年 9 月、釜石製鉄所の元徴用工の遺族 11 名が、新日鉄と日本政府を被告として、遺骨返還、未払賃金の支払い、謝罪と補償を求めて東京地方裁判所に裁判を提起した。

1997 年 9 月、新日本製鉄株式会社との自主交渉で和解が成立した。日本政府との裁判は継続し、2007 年 1 月に最高裁が請求を棄却した。

(2) 1997 年 12 月、ソウル在住の当時の日鉄大阪工場に強制連行された元徴用工生存者 2 名が新日鉄と日本政府を被告として大阪地方裁判所に未払賃金の返還、謝罪と補償を求めて訴えた。

2003 年 10 月、最高裁は請求を棄却した。

(3) 2005 年 2 月、日本における裁判の敗訴を受けて、韓国の司法に「法の正義」を問うということで、被害者のうち消息がつかめた約 180 名を代表する形で、ソウル地方法院に生存者・遺族 5 名が新日鉄を被告としてソウル地裁に提訴した。

<三菱重工関係>

(1) 三菱広島・元徴用工被爆者裁判を支援する会

1995 年 12 月、原告 朴昌煥 他 5 名が三菱重工業株式会社と国を相手に広島地方裁判所に提訴した。この訴訟は、１９４４年に韓国から強制的に被告らにより広島三菱重工に強制連行され、そして、１９４５年 8 月 6 日原子爆弾により被災し、それぞれ自らの力で帰郷せざるを得なかった、現在韓国に在住する原告ら 6 名による損害賠償請求訴訟として始まった。その後原告が追加され合計 46 名となったが最高裁判決時点での生存者は 19 名であった。

2007 年 11 月、最高裁において、国家賠償法 1 条 1 項により、原告らが被った損害を賠償すべき責任があるとして、法的保護に値する内心の静穏な感情を侵害され精神的損害を

被ったものとして各原告につき１００万円の慰謝料を認めた。しかし、強制連行・強制労働の責任は問わないものでした。

(2) 名古屋三菱・朝鮮女子勤労挺身隊訴訟を支援する会
１９９９年３月提訴（１次）
２００８年１１月、最高裁判決、原判決（名古屋高等裁判所２００７年５月３１日判決）が判決内容も含めて確定した。原判決は、国及び三菱重工業株式会社による上告人らに対する強制連行・強制労働の事実を認め、両者の不法行為責任の成立を認めたものである。原判決が上告人らの請求を排斥したのは、日韓基本条約とともに締結された日韓請求権協定によって、訴権を失ったとする一点にある。

2010 年 11 月から、日韓の支援団体と三菱重工の間で問題解決のための交渉が続いている。

※韓国大法院判決は、広島三菱関連の判決です。
2012/05/31

<図書案内>

●守屋敬彦ほか『朝鮮人強制労務動員実態調査報告書―北海道住友鴻之舞鉱山、韓国聞き取り
　　　調査 2010.10―』（強制動員真相究明ネットワーク、2012.3.30 、A4、78 頁、560 円）
●竹内康人編著『戦時朝鮮人強制労働調査資料集―連行先一覧・全国地図・死亡者名簿―』
　　　　　　　　　　　　　　（神戸学生青年センター出版部、2007.8、B5、234 頁、1575 円）
●竹内康人編著『朝鮮人強制労働企業 現在名一覧』
　　　　　　　　（神戸学生青年センター出版部、2012 年 2 月、A4、24 頁、240 円、送料 80 円）
●竹内康人編著『戦時朝鮮人強制労働調査資料集２―名簿・未払い金・動員数・遺骨・過去清算―』
　　　　　　　　　　　　　　（神戸学生青年センター出版部、2012.4、B5、212 頁、1995 円）
●『強制動員真相究明全国研究集会―日本の朝鮮植民地支配と強制連行 2011.5.28～29』報告集
　　　　　　　　　　　　　　（強制動員真相究明ネットワーク、2011.6、A4、88 頁、560 円）
●『強制動員真相究明全国研究集会―朝鮮人強制連行と国・企業の責任 2012.4.7』報告集
　　　　　　　　　　　　（2012.5.11、強制動員真相究明ネットワーク発行、A4、88 頁、700 円）
●金光烈『風よ、伝えよ―筑豊朝鮮人鉱夫の記録』
　　　　　　　　　　　　　（2007.7、三一書房、菊版、212 頁、1980 円、特価 1200 円、）
●徐根植『鉄路に響く鉄道工夫アリラン―山陰線工事と朝鮮人労働者―』
　　　　　　　　　　　　　（2012.5、明石書店、B5、185 頁、2310 円、特価 1500 円）
■購入方法：書名を明記して、郵便振替＜00930－9－297182　真相究明ネット＞で本代＋送料（1 冊
80 円）をご送金ください。入金確認後お送りします。

8 強制動員真相究明ネットワークニューNo.5（2012.7.20）

● 書評／外村　大『朝鮮人強制連行』
幅広い視点で朝鮮人強制連行を捉え直す
堀内　稔（むくげの会）

近年、朝鮮人強制連行の実態解明は各地の研究者によって精力的に進められてきた。どの地方のどういった現場にどれくらいの朝鮮人がいたのかについて、地域の古老への聞き取りや資料の発掘などによって、新たに明らかになった事実もかなりあった。また、韓国でも体験者の聞き取り調査などが組織的に行われ、成果をあげている。

こうした特定の地域、あるいは特定の炭坑なら炭坑を中心とした個別研究は、まだまだ必要であるし、今後も継続していかなければならない。ただ、個別的研究にのみのめり込みすぎると、逆に見えなくなってしまう部分が生じるかもしれない。要するに木を見て森をみないというきらいである。

こうした従来研究の弱点を補い、いわば森の部分への視点、すなわちより広い視野に立った観点から朝鮮人強制連行を捉え直そうとしたのが本書である。朝鮮人強制連行を日本の戦時動員システムの一環としてとらえることはもちろんのこと、そこから植民地支配を含む日本と朝鮮との関係の全体像にも迫ろうとしてしたともいえる。

朝鮮人強制連行は、ほとんどが日本政府の労務動員計画・国民動員計画に基づいて行われた。つまり、朝鮮人の労務動員も日本帝国の政策として行われていたわけであるが、なぜ同じ法令による動員なのに、日本人の場合は暴力性をともなった例が希であるのに対し、朝鮮人の多くの場合は暴力性をともなったのか。こうした疑問を解くべく本書は、日本の労務動員の過程と朝鮮のそれとを比較し、その違いを植民地支配と被支配の関係、植民地下朝鮮の社会状況、ひいては朝鮮総督府の植民地施策などによるものとした。

労働力が不足する戦時下の日本内地に、「募集」や「官斡旋」ではなく自由意志で渡航しようとした朝鮮人がなぜ制限されたのか。より過酷な立場に置かれたとされる朝鮮人のほうが、むしろ日本人より徴用が遅く適用され、その数も少なかったのはなぜか。やはり植民地施策との関係を抜きにしては語れないであろう。

本書は言う。「民主主義を欠いた社会において、十分な調査と準備をもたない組織が、無謀な目標を掲げて進めることが、もっとも弱い人びとを犠牲にしていくことを示す事例として、奴隷的な労働を担う人びとを設定することでそれ以外の人びともまた人間らしい労働から遠ざけられるようになっていった歴史」として、朝鮮人強制連行は記憶されるべきであろうと。

朝鮮人強制連行の研究者のみならず、幅広い日本人に読まれなければならない書である。

なお、本書の書名でもある「朝鮮人強制連行」の用語について本書は、概念規定が厳密でないため使用すべきでないという議論もあるが、すべての歴史用語が厳密な概念規定を持っているわけではなく、一定の了解事項をもちつつバリエーションのある用語はいくらでもあるから、「朝鮮人強制連行」もそうした用語だと見ればよいとしている。また、広いバリエーションでは強制連行に含まれる兵士・軍属、従軍慰安婦は、本書ではカバーされず、あくまで労務動員が中心となっている。

■新赤版　1358
■体裁＝新書判・並製・270頁
■定価　861円（本体　820円　＋　税5％）
■2012年3月22日
■ISBN978-4-00-431358-8 C0221

2011年度強制動員真相究明ネットワーク活動報告

　強制動員真相究明ネットワークニュース No4 の発行から一年が経過した。この間の到達点と残された課題をジャンル別に整理して活動報告としたい。

1. 強制動員被害体験生存者の聞取り調査について
　　強制動員の実態解明に文献調査とともに体験者の聞き取り調査が重要であるが、体験者が高齢であることを考えると、韓国の委員会や遺族団体の協力をお願いして、生存者の聞取り調査を実施することが急がれている。
　(1) 2010 年 9 月に実施した鴻之舞鉱山関係者の聞取り調査報告書を、2012 年 3 月に『朝鮮人強制労務動員実態調査報告書』として発行した。守屋敬彦氏の手によるものであるが、会社資料と体験者の実体験を詳細につけ合わせ、強制動員の実態解明に新たな一頁を成したものとして高く評価できる。特に、募集段階から賃金などの労働条件について本人たちに説明はなく、まさに強制であった実態を明らかにしている。
　(2) 2011 年 5 月に、太平洋戦争被害者補償推進協議会の金鎮英氏の協力を得て、江華島在住の強制動員被害生存者 5 人の聞取り調査を実施したが、まだ調査報告書の作成がされていない。
　(3) その他にも、松本強制労働調査団が松代大本営関係の体験生存者の聞取りを韓国の委員会の協力を得て実施されている。

2. 被害者遺族との交流と調査、及び遺骨問題について
　　大阪と北海道で遺族をお招きして交流し、関係先の現地訪問や郵便貯金の調査などが実施され一定の成果があった。「遺族とともに全国連絡会」の取組みにならなかったので、次回は全国連絡会が取組まれるよう期待したい。
　　遺骨問題は大きな前進がなかった。日本政府が強制動員に対する責任を曖昧にしており、その結果強制動員犠牲者の遺骨返還が一体も行われない状況が続いている。
　　また、硫黄島など国内外の戦没者の遺骨収集において、朝鮮人、台湾人などの遺骨情報が関係遺族に提供することを求めているが実現していない。
　　千鳥が淵墓苑の身元不明遺骨について、朝鮮人、台湾人などの遺骨が含まれていることを銘記することを求めているが実現していない。

3. 未払い金調査について
　　この間の調査活動で、供託金や郵便貯金など朝鮮人に対する未払い金の所在が明らかになりつつあるが、それらの個人財産に対する解決方向のあり方の研究が課題の一つとしてある。そのためには法律関係者の参加が望まれる。法律的解明が必要とされる課題は次のものである。
　　① 個人に通知されずある財産について、二国間の取り決めで個人財産を消滅させることが出来るか否か
　　② 供託通知のない供託を法律的に成立した供託として認められるか否か
　　③ 個人に返却されずに預けられた外国人の郵便貯金を法律第 144 号でその財産権を剥奪することの適法性の可否
　　④ 厚生年金の脱退手当金の払戻請求権について、請求があつた時点で請求権が発生するので、日韓請求権協定と国内法で消滅した請求権に当たらないとして政府は支払いに応じているが、この解釈が供託金や郵便貯金にも該当させることが可能か否か

　(1) 供託金について
　　韓国政府に供託副本などが渡され、未払い金を供託した企業と供託していない企業が明確になったに。また、2010 年に日本政府が行った供託金調査で明らかになった供託は、戦後に各企業が供託したと労働省に報告した供託の五割程度しかない。このことの調査が引続きの課題である。

　(2) 郵便貯金について
　　朝鮮人の郵便貯金の調査は緒についたところであり、郵便貯金に関する情報は、日本政府から韓国政府にまだ提供されていない。遺族の依頼で郵便貯金の現存照会をこれまでに 38 名提出しているが、半年かかってやっとその一部 18 名分の回答を得た。

10 強制動員真相究明ネットワークニュ―No.5（2012.7.20）

韓国政府は約5万人の調査要請を日本政府に行うよていである。韓国政府は、軍事郵便貯金については、1円を2000ウオンに換算して支援金を支払っているが、その申請受付けは6月30日とのことである。日本国内に動員された労働者の郵便貯金の支援金の支払いがまだ行われていない。

朝鮮人に関係する郵便貯金は次の三種類と簡易生命保険、郵便年金である。

① 日本国内に強制動員された労働者の郵便貯金は、国内郵便貯金として原簿は日本国内の郵便貯金事務センターに保管されている。企業が保管していた貯金通帳は、現在福岡事務センターに集められており、その数は数万冊である。

② 朝鮮人軍人軍属の郵便貯金は、軍事郵便貯金として原簿が熊本貯金局から福岡事務センターに移され、データベース化されている。

③ サハリン、中国、南洋などに残された朝鮮人の郵便貯金は、外地郵便貯金として郵便貯金管理機構が管理しているが、原簿があるのは、千島、南洋、沖縄である。

簡易生命保険の管理は、旧満州、関東州、台湾、朝鮮などは、福岡簡易生命保険事務センター、サハリンは、仙台簡易保生命険事務センター、南洋は、東京簡易生命保険事務センターで、保険加入申込書などの書類は全て保管されているものと思われる。郵便年金については、まだその書類の所在も確認されていない。これらの調査が急がれる。

(3) 厚生年金について

厚生年金の事務手続きで三種類の名簿が作成されるが、事業主別に作成されている「厚生年金被保険者台帳」の提供を求めていくことが重要である。

① 事業主が提出する「厚生年金資格取得届」(資格喪失届も)は、二部作成され一部が保険事務所に提出されるが文書保存期間が短く政府に残されていないが企業には残されていると思われる。

② 企業から提出される「厚生年金資格取得届」に基づき、保険事務所は事業主別に「厚生年金被保険者台帳」を作成する。現在は全てマイクロフイルムに記録されて各社会保険事務センターが保管している。「厚生年金資格取得届」は保険庁に送る。

③ 保険庁は、「厚生年金資格取得届」に基づき、「厚生年金被保険者名簿」を作成する。

4. サハリン関係の調査について

2010年8月の菅総理大臣談話で「在サハリン韓国人支援」を述べており、また、日韓会談でも除外されている問題として、サハリンの朝鮮人問題が課題の一つとなっている。

樺太に置き去りにされた朝鮮人の人数として知られている4万3000人については、見直しがすすめられており、2万5000人程度が定着しつつある。

また、サハリンに強制動員された人数については、日本国内同様まだ確定されていない。

サハリンに残された朝鮮人の郵便貯金については、郵便貯金原簿が、サハリンの公文書館に所蔵されていたことまでは判明したが、その後「焼却した」、「水害で水没した」などの説がありその行方が不明のままである。

5. 日本政府の歴史認識について

日本の戦後補償問題の解決において、二つの事項が解決を妨げている。一つは、サンフランシスコ条約と二国間条約で「法的に解決済み」との日本政府の見解であり、他の一つは、強制動員を政府の責任と認めない政府の歴史認識である。根底には、日本の植民地支配を反省し、過去を清算する意思が無いことが主要な原因となっている。

(1) 法的に解決済み論については、日韓請求権協定の分析が行われ、法的に解決されたのは外交保護権のみであり、個人の財産権、損害賠償請求権は国内法で処理されることとなったが、損害賠償権の処理については国内法を制定していないので「法律的に解決済み」とは言えないことが解明された。(この主張は、十数年前から弁護士などが主張していたことである、また、日韓会談文書の全面公開を求める会の李洋秀氏が2009年に論文を同会のホームページに掲載されている)

(2) 強制動員に対する政府の責任については、「旧国家総動員法により、朝鮮半島出身者が徴用されたことは承知している」と答弁しつつも、「一九三九年七月四日の閣議において「昭和十四年度労務動員実施計画綱領」を決定したことや「帝国議会説明資料」などは国立公文書館に資料が在りますが、それがどのように実施されたかということについて詳細な資料が無く、どういう風に国が政策として関与したかについて確定できる状況ではない。」(厚生労働省)として、国の責任を政府は明確には認めておらず曖昧な態度に終始している。外務省は、「菅総理大臣の談話で「意に反して」と述べているが、個別具体的な労務動員が、強制性があったかどうか確定できない。意に反して行われたかどうか知るのはなかなか難しい。」と

強制動員真相究明ネットワークニュースNo.5 (2012.7.20) 11

「否定も肯定もしない」との立場をとり続けている。

(3) 植民地支配の責任を認め清算することが引続き求められている。取り分け、日韓国交正常化50周年となる2015年にむけて取組みが必要と思われる。

6. 文書公開の取組み

　　文書公開については情報公開の不服申立てによって、厚生労働省の「朝鮮人の在日資産綴」の法人名や東京法務局の「供託金受払簿」での法人名が保護されるべき個人情報ではないとして開示させた成果があった。一つ一つ公開を勝ち取っていくことが求められている。

　　公文書管理法が施行され、一定の前進はあるものの法施行前に作成された過去の文書について取扱が曖昧であり、引続き監視と文書発掘が必要である。

7. 収集資料について

(1) 金英達収集文書
　　再評価し、読み込みと解析を再度行うことが必要である。神戸中央図書館青丘文庫に所蔵されている。

(2) 台湾確定債務関係文書
　　独立行政法人　郵便貯金・簡易生命保険管理機構が保有している
　　情報公開で、台湾の確定債務支払いのために推計した数値があることが判明した。
　　台湾出身軍人軍属の未支給給与　約61,000件　　　約8,200万円
　　軍事郵便貯金(推計)　　　　　　約60,000件　　約2億4千7百万円
　　外地郵便貯金(推計・日本人も含む)　約242万件　　約12,200万円
　　簡易生命保険　　　　　　　　　約190万件　　　1,500万円

(3) 郵便貯金の「原簿」と「預入申込書」の見本を入手しMLで紹介した。

(4) 『日年韓請求権問題参考資料』(大蔵省作成　1963年)四分冊分が国立公文書館に所蔵されている。その内の第三分冊を現在使用申請中である。

(5) 冊子『生産増強に関する意見　生産障害事項の排除と積極的増産方策』(昭和17年12月　日本経済聯盟会)「半島同胞、支那労働者並びに俘虜の移入増加を図ること」を政府に求めた文書、国立公文書館の閉鎖機関日本建設工業会にある。
　　読売新聞　1939.5.22(昭和14)「日満支に一元的な産業統制確立策　経済聯盟・近く建議せん」に関連記事がある。神戸大学附属図書館　デジタルアーカイブ　【新聞記事文庫】
　　http://www.lib.kobe-u.ac.jp/sinbun/index.html

(6) 石炭統制会福岡支部編「支部管内炭礦現況調査表」
　　https://qir.kyushu-u.ac.jp/dspace/bitstream/2324/13791/1/p203.pdf
　　又は、https://qir.kyushu-u.ac.jp/dspace/handle/2324/13791
　　九州大学石炭研究資料センター　発行の『エネルギー史研究：石炭を中心として』第18号に収録されているもので、資料の原本は、福岡県立筑豊工業高等学校に所蔵されている。

(7) 「日本土木建築統制組合事業一覧表」(1944年8月1日現在)(建設産業図書館所蔵の伊藤憲太郎旧蔵資料)を複写、データベースを作成した。

(8) 外交資料館　これまで一部の史料が非公開になっていた引揚関係「K'部門」も全て公開されているようだが未確認である。

(9) 『応召及労務動員関係綴』(一橋大学付属図書館所蔵)、厚生省職業局が実施した朝鮮人に対する強制動員に関する通達、規則、各種書式などがある。
　　一橋大学社会科学統計情報研究センターに、「第一種工場事業場名簿」、「鉱山監督年報」(1939〜1940)、「常時使用労働者百人以上ヲ有スル工場鉱山等調」(1940年)、「職業紹介法中改正法律案資料」、「労務動態調査結果報告」(1939〜1943)、「昭和十八年度に於ケル国民動員実施計画充足実績調」などが所蔵されている。

(10) 「昭和十八年度国民動員実施計画策定ニ関スル件」国立公文書館のホームページからインターネット閲覧・複写が可能である。この動員計画実施で在日朝鮮人に対する強制動員が計画導入された。

8. 今後の研究課題として特に留意したい点

(1) 日本国内での朝鮮人に対する強制動員の調査研究

　　私たちは朝鮮人に対する強制動員について、朝鮮半島からの動員に目を向けていたが、出稼ぎ渡航として日本に渡り居住していた朝鮮人に対する強制動員の研究が始まっている。

　　日本在住の朝鮮人に対する徴用は、1942年2月の官斡旋方式の強制連行の閣議決定である「半島人労務者活用ニ関スル方策」の「六、本方策ノ実施ニ伴ヒ現ニ内地ニ在住スル朝鮮人ニ対シ徴用又ハ国民勤労報国隊ヘノ参加等労務動員ノ強化ヲ図ルモノトス」とされたことにより、1942年10

月から実施された。直前の9月23日に、厚生省生活局長、内務省警保局長より県知事に、また、内務省警保局保安課長から各府県警察部長に「内地在住朝鮮人徴用ニ伴フ協和会ノ指導ニ関スル件」が出され、初期は主に海軍省直轄事業所の軍属や土木建築関係労務者として使用された。そして、「昭和十八年度国民動員実施計画策定ニ関スル件」で50,000人の朝鮮人の日本国内での強制動員を計画化された。(真相ネットMLでの塚崎昌之氏の説明)

更に、外村大氏の著書『朝鮮人強制連行』(2012年3月刊、岩波新書)によると現員徴用による日本国内での朝鮮人強制動員がある。軍需会社徴用規則(1943年12月)により、1944年1月に重化学工業の工場が、同年4月には鉱山が現員徴用された。そこに働いていた日本人も朝鮮人も全員が徴用されたのである。工場、鉱山で働いていたいわゆる出稼ぎ渡航の朝鮮人も徴用されていたのである。

(2) 動員の暴力性、強制性の研究

外村大氏が前記の著書で解明しているが、枯渇した朝鮮半島の動員は勢い強制が伴うものであり、また、聞取り調査で明らかなように賃金などの説明は無く、植民地下で拒否することは出来なかった動員の強制性の実態解明が引続き重要である。

(3) 日本帝国の総動員体制の実態把握

2011年の全国研究集会の論議の一つであった日本帝国の総動員体制の実態把握と、帝国総動員体制の中での朝鮮人に対する動員を考える視点での調査研究を深めることが、強制動員の実態解明に必要である。

9. おわりに

強制動員真相究明ネットワークの取組みを整理してみたが、振り返ってみると福留事務局長亡き後、必要に迫られて何とか今日までやってきた感が強い。そのようにやってこられたのも会員諸氏の協力と奮闘によるものであり感謝申し上げるとともに、引続きご協力とご奮闘をお願い申し上げる。

また、今野東議員、石毛鍈子議員、近藤昭一議員、工藤仁美議員、福島みずほ議員、服部良一議員など多くの国会議員とその秘書の方々が、郵便貯金問題や国の責任などについて政府に質問したり、関係各省と折衝して下さった結果得られた成果であり、ここにあらためて感謝申し上げたい。

(文責、事務局　小林久公)

強制動員真相究明ネットワーク関連　年表（その2）

(主に2010年11月以降分を収録、それ以前の年表は、ニュースNo.4に収録)

年　月　日	事　項
2004.02.13	韓国、強制動員真相糾明特別法案が韓国国会本会議で可決
11.10	韓国政府が総理直属の「日帝強占下強制動員被害真相糾明委員会」設立
12.17	日韓首脳会談で、盧武鉉大統領が小泉首相に強制動員労働者の遺骨返還に協力を求める
2005.02,01	韓国　強制動員被害申告受付開始
05.03	強制動員真相究明ネットワーク設立準備会　於:神戸学生青年センター
07,18	強制動員真相究明ネットワーク結成総会　　於:在日韓国YMCA(東京)
09.24	「強制動員真相究明福岡県ネットワーク」設立
2006年1月	厚労省に人道調査室設置
02.12	強制動員真相究明ネットワークニュース　No.1　発行
07.29	「韓国・朝鮮の遺族とともに　遺骨問題の解決へ」東京集会　開催
11.03	真相究明ネット全国研究集会（福岡）
2007.07.03	強制動員真相究明ネットワークニュース　No.2　発行
07.28・29	「韓国・朝鮮の遺族とともに」全国連絡会　　岐阜県飛騨フィールドワーク
	(07.29)「遺族とともに」名古屋全国集会
11.24～25	真相究明ネット第2回全国研究集会（東京）
12.21	日本政府、朝鮮人軍人軍属の供託金名簿を韓国政府に提供
2008.01.22	祐天寺で朝鮮人軍人軍属遺骨奉還の追悼式(第一回)

06.25	**強制動員真相究明ネットワークニュース No.3 発行**	
7月25、27日	**第3回強制動員真相究明全国研究集会 名簿・供託金問題を中心として （神戸）**	
09.16	民主党鳩山由紀夫内閣 誕生	
12.30	日本政府, 戦時強制動員朝鮮人4727人の厚生年金記録を韓国政府に提供	
2010 2月	韓国で厚生年金脱退手当金99円問題が社会問題となる	
03.22	「対日抗争期強制動員被害調査及び国外強制動員犠牲者等支援に関する特別法」成立	
03.26	**日本政府が朝鮮人の供託名簿を韓国政府に提供**	
04.15	小林千代美議員 二つの郵便貯金関係文書入手、「昭和26年12月14日付 郵二業第2890号 郵政省貯金局発 労働省労働基準局宛」件名「韓国人の在日資産の調査について」の文書 「昭和27年1月12日付 基発第13号 労働省労働基準局長発 各都道府県労働基準局長宛」件名「韓国人の在日貯金通帳の処理について」の文書	
05.05	**強制動員真相究明ネットワーク事務局長福留範昭氏が逝去**	
06.20	真相究明ネット第14回事務局会議 新事務局長に小林久公氏就任	
08.03	郵便貯金管理機構から回答「朝鮮人名義の郵便貯金はすべて通常貯金として(株)ゆうちょ銀行が承継していることが判明いたしました」	
08.10	菅直人内閣総理大臣談話	
08.22	「韓国強制併合100年日韓市民共同宣言大会」東京・豊島公会堂	
08.26	日本政府が朝鮮人5600人あまりの「埋葬・火葬認許証」を韓国政府に提供	
09.06〜11	**韓国へ強制動員被害体験者(鴻之舞鉱山関係)聞取り調査団派遣**	
10月7-11、18日	**韓国・朝鮮の遺族とともに―遺骨問題の解決を―全国連絡会 東京集会 （衆議院第2議員会館 多目的会議室、ほか全国7箇所**	
11月	韓国委員会の要請で、サハリンの郵便貯金原簿の所在について調査するも不明、 サハリンへの朝鮮人強制動員人数を通説の4万3000人を修正して検討をはじめる	
2010. 11月	朝鮮人の厚生年金に関する名簿が二種類あることが判明した。 「厚生年金被保険者台帳」は、各地方事務所で作成し、事業主毎に作成されている。 「厚生年金被保険者名簿」は、本部事務センターで作成し、個人ごとに作成されている。	
11.29	服部良一議員「朝鮮人強制動員への国の関与と責任に関する質問主意書」を提出	
11.30	遺族とともに全国連絡会の小林事務局長が辞任を表明	
12.04	「朝鮮人の未払い金について」(小林久公)発表	
12.08	厚生労働省『朝鮮人の在日資産綴』の一部不開示決定異議申立の審査会答申書受領、(張界満弁護士) 未払い金の企業名開示を認める。	
12.08	韓国委員会が、強制徴用された朝鮮半島出身者6万4000人余りの未払い金を日本から提供された供託金名簿で確認され, 当事者が未払い賃金を受け取る道が開かれたと発表。このうち, 3万5088人の記録が初めて確認された。	
12.11	日韓弁護士会共同シンポジウム 共同声明発表 慰安婦立法案を発表	
12月12、13日	2010 日本の過去の清算を求める東京集会 主催 日本の過去の清算を求める国際連帯協議会	
12.14	日本土本建設統制会の全国の土木建設工事一覧(1944年8月1日現在)(建設産業図書館所蔵の伊藤憲太郎旧蔵資料)を複写	
12.23	硫黄島の遺骨収集について厚生労働省社会援護局外事室からの説明で、硫黄島で亡くなった韓国・朝鮮の遺族に情報提供をしていないことが判明した。	
12.24	李洋秀氏が「日韓請求権協定が個人請求権に影響を与えるものではない」ことを日韓会談文書・全面公開を求める会のホームページで2009年の末から公開していることを指摘。	
12.27〜29	軍人軍属名簿及び供託金調査のため韓国委員会を訪問 （竹内康人）	
2011.01.08	「朝鮮人軍人軍属関係名簿からみた朝鮮人動員の状況」 竹内康人作成	
01.16	**真相究明ネット第15回事務局会議 神戸学生青年センター**	
01.21	全日仏が「朝鮮半島出身の旧民間徴用者等の遺骨の早期返還を求める要望書」を政府に提出	
01.26	1942年12月に日本経済聯盟会が「半島同胞、支那労働者並びに俘虜の移入増加を図ること」を政府求めている文書を発見。 『生産増強に関する意見 生産障害事項の排除と積極的増産方策 昭和17年12月 日本経済聯盟会』(国立公文書館つくば分館館閉鎖機関日本建設工業会文書)	
02.08	服部良一議員、外務省、厚労省から「朝鮮人強制動員への国の関与と責任」についてヒアリング	

02.09	「遺族とともに全国連絡会」第17回会議　事務局長を小林久公から上杉聰に交代
02.12	＜なあがらフォーラム＞過去事清算」の現状とわたしたちの課題　主催　青年学生実行委員会
02.20	東京法務局の情報公開行政不服審査申請の補充意見書提出
02.21	厚労省、軍医学校跡地の発掘調査を開始
02.27	「朝鮮人労働者の未払金供託先一覧表」を竹内康人作成
3月1～20	「韓国併合」100年特別展　＜巨大な監獄、植民地朝鮮に生きる＞　立命館大学
03.02	＜第14回公開フォーラム＞「戦後補償裁判の現況と今後の課題2011」
03.16	東京法務局の供託元帳の情報公開で供託法人、企業名を墨塗して公開したことの行政不服審査請求の内閣府情報公開審査室から答申書受領。 「特定法人の商号又は名称については，これを公にしても当該法人が何らかの金銭債務を負っていた事実やその債務につき供託手続を採った事実を知られるだけであって，これにより，その社会的地位や信用の低下を招くおそれがあるとは認められず，当該法人の権利，競争上の地位その他正当な利益を害するとまでは認められないので，法5条2号イに該当せず，開示すべきである。」と答申。
03.17	政府が遺骨返還の基準としている「第3回日韓定期閣僚会議の了解事項」について調査
05.04	**強制動員真相究明ネットワークニュース No.4 発行**
05.08	日帝下強制動員犠牲者合同追慕祭　韓国望郷の丘　小林事務局長参列
2011. 05.10	事務局長、韓国委員会訪問、協議
05,11	事務局長、韓国民族問題研究所、太平洋戦争被害者補償推進協議会を訪問、協議
.5月	「日本土木建築統制組合請負工事一覧」データ^ベース作成　打込みボランティアによる
05.07	遺族とともに全国連絡会　於　総評会館(お茶の水)
05.25	遺族とともに全国連絡会　議連と政府からのヒアリング、終了後には全国連絡会の会議開催
5月28.29日	**第4回強制動員真相究明全国研究集会　日本の植民地支配と強制連行　（神戸）**
06.10	今野東事務所の福田さんに金融庁から「ゆうちょ銀行が保管している朝鮮人の郵便貯金通帳は数万冊」と回答
06.17	『朝鮮人強制労働現場一覧』を竹内康人作成
06.20	服部良一議員、外務省、厚労省「朝鮮人強制動員への国の関与と責任」の二回目ヒアリング
06.21	厚生労働省人道調査室で確認している強制動員史料リストを受領
06.23	大韓弁護士協会の日帝被害者人権特別委員会と小林事務局長懇談(第一回)
06.23	韓国国会　調査・支援法一部改正、基金・財団設立を可能にする条項を入れる
6月24～26	江華島在住の強制動員被害生存者の聞取り調査　協力　太平洋戦争被害者補償推進協議会
7月	強制動員関係史料の所在調査をはじめる
07.06	遺族とともに全国連絡会会議　衆議院第二議員会館
07.31	国立公文書館「朝鮮人の在日資産調査報告書綴」公開
8月	『解放直後、帰還途上における朝鮮人の遭難と埋葬遺骨に関する調査について』(韓国真相究明委員会報告書「解放直後壱岐・対馬地域の帰国朝鮮人海難事故および犠牲者遺骨問題真相調査」を中心に)(編集　青柳敦子)発行
08.05	シベリア抑留者特別措置法の実態調査の基本方針を閣議決定
08.22	ソウルで歴史教育国際シンポ「2011年度韓日過去清算市民運動分科会」で遺骨問題を報告
08.22	韓国国会の経済財政小委員会と企画財政省は太平洋戦争時に韓国人労働者を徴用し、戦後補償が済んでいない日本企業を、公共機関の入札から排除する行政措置を取ることで合意した。(自由先進党の李明洙議員)
08.23	大韓弁護士協会の日帝被害者人権特別委員会と未払い金、請求権について懇談(第二回)
08.??	日本政府が、韓国要請の約五万人分の厚生年金調査が終わり、その結果、韓国人のものとして明確になった旧年金番号別に作成された個人別の被保険者台帳 5,713 枚を送った。複数の年金番号のものもあり、人数実数は、5,501人分である。
08.30	**韓国憲法裁判所が「慰安婦」問題、被爆者問題が未解決であり、日韓請求権協定に基づく協議を日本政府求めない韓国政府の不作為は韓国憲法に違反するとの決定を出した**
09.14	オランダ・ハーグの裁判所は14日、オランダ軍が1947年にインドネシアの村で起こした虐殺事件について、オランダの非を認め、犠牲者の遺族に賠償金を支払うよう政府に命じる判決を言い渡した
09.15	韓国政府が日本政府に日韓請求権協定に基づく協議を公式に要請
09.16	日本の戦犯企業136社(第一次)に、一部政府機関の入札を制限する措置を部令したと発表
10.14	郵便貯金現存照会を提出　大阪2名

強制動員真相究明ネットワークニュース No.5（2012.7.20)　15

10.16	韓国・朝鮮人元 BC 級戦犯問題・早期立法解決を！韓国・遺族会代表を迎えて 「特定連合国裁判被拘禁者特別給付金法」の早期制定を求める 10・17 懇談会
11 月 4.～5 日	韓国遺族　北海道現地訪問　三笠、赤平　遺族とともに北海道実行委員会
11.06	国際シンポジウム「強制連行犠牲者と遺骨奉還」於　北海道札幌別院
11.07	郵便貯金現存照会を提出　札幌 2 名
11.11	10.14 大阪で照会の 2 名の郵便貯金現存照会の口頭で該当なしと回答、新たに 6 人申請
11.11	「明らかになった朝鮮人供託金」竹内康人論文作成
11 月 11～14	韓国遺族の証言集会・大阪　太平洋戦争被害者補償推進協議会
11.18	服部良一議員、外務省、厚労省「朝鮮人強制動員への国の関与と責任」の三回目ヒアリング
11.20	**第 17 回事務局会議　神戸学生青年センター**
11.28	簡易生命保険の管理は、旧満州、関東州、台湾、朝鮮などは、福岡簡易生命保険事務センター、サハリンは、仙台簡易保生命険事務センター、南洋は、東京簡易生命保険事務センターであると管理機構が回答
12 月.01～04	松代大本営被害者の韓国で聞き取り調査、松本強制労働調査団近藤泉さんら 3 人
12.07	日本政府が朝鮮王室儀軌を韓国へ返還(引渡し)
12.10	韓国委員会一行来日
12.22	郵便貯金現存照会を提出　大阪 10 名
12.24	研究会「朝鮮人軍人軍属名簿の分析からあきらかになったこと」　（主宰　内海愛子）
2012.01.26	国立公文書館に『日年韓請求権問題参考資料第三分冊』(大蔵省　1963 年)の使用請求提出
01.29	**第 18 回事務局会議　神戸学生青年センター**
02.08	『朝鮮人強制労働企業　現在名一覧』(竹内康人編著、神戸学生青年センター出版部）発行
02.20	**今野東事務所福田秘書　郵便貯金に関するヒアリング　総務省、金融庁、管理機構** 李煕子さん、金敏喆さん同席　、同日、管理機構、ゆうちょ銀行に要請書提出
02.20	石毛えい子事務所海老原秘書に金英達資料の在日朝鮮人統計関係文書の調査を依頼
03.01	広島県在留朝鮮人関係新聞　1910～1945 年全記事収録　4941 件の記事データーベース完成 広島の強制連行を調査する会
03.01	強制動員被害真相報告書翻訳委員会発足
03.04	**第 19 回事務局会議　於　東京**
03.06	近藤昭一議員を通して金融庁大串政務官に朝鮮人の郵便貯金調査に関する要望書を提出
03.26	2 月 20 日に独立行政法人郵便貯金・簡易生命保険管理機構に提出した朝鮮人の便貯金に関する要請書の回答文書受領
03.30	『朝鮮人強制労務動員実態調査報告書』(鴻之舞鉱山への強制動員被害体験生存者聞取り調査報告書)発行
03.30	独立行政法人　郵便貯金・簡易生命保険管理機構の台湾確定債務関係文書の一部が情報公開で公開された。 台湾出身軍人軍属の未支給給与　約 61,000 件　　約 8,200 万円 軍事郵便貯金(推計)　　　　　　約 60,000 件　　約 2 億 4 千 7 百万円 外地郵便貯金(推計・日本人も含む)　約 242 万件　　約 12,200 万円 簡易生命保険　　　　　　　　　約 190 万件　　1,500 万円
04.07	**第五回強制動員真相究明全国研究集会　強制連行と国・企業の責任　於　東大駒場**
04.08	**第 20 回事務局会議　於　東京**
04.10	『戦時朝鮮人強制労働調査資料集2　—名簿・未払い金・動員数・遺骨・過去清算—』 (竹内康人編著　神戸学生青年センター出版部) 発行
04.18	来日中の韓国委員会朴仁煥委員長から海外諸問団体の委嘱状を受領。 「日本語翻訳に関する協約書」が調印された。
05.02	郵便貯金現存照会の回答をゆうちょ銀行より 18 名(大阪 16、札幌 2)分受取る。

（作成　2012 年 5 月 9 日　文責小林久公）

【 会 費 振 込 の お 願 い 】
2012 年度(2012 年 4 月～2013 年 3 月)の会費の振り込みをお願いいたします。
個人一口 3000 円、団体一口 5000 円
（本ニュース紙を郵送で受け取られた方は、同封の振込用紙をご使用ください。）
送金先：[郵便振替口座] 00930－9－297182　真相究明ネット

強制動員真相究明
ネットワークニュース No.6　2014年3月15日

編集・発行：強制動員真相究明ネットワーク
（共同代表／上杉聰、内海愛子、飛田雄一、事務局長／小林久公）
〒657-0064 神戸市灘区山田町 3-1-1 (財)神戸学生青年センター内
ホームページ：http://www.ksyc.jp/sinsou-net/　　E-mail：q-ko@sea.plala.or.jp（小林）
TEL 078-851-2760　FAX 078-821-5878（飛田）
郵便振替＜00930－9－297182　真相究明ネット＞

＜目次＞
- 第6回強制動員真相究明全国研究集会（2013.3.30、東京大学）報告
- 報告・10・14（2013）「反日判決なのか？
　　　　　　　　　　7・10 ソウル－7・30 釜山判決を考えるシンポジウム」
- 報告・『強制連行と過去責任―記憶・責任・未来―』2013.1.25
- 強制動員真相究明ネットワーク関連年表（その3）
- 図書案内／会費振込のお願い／編集後記

第6回強制動員真相究明全国研究集会 2013.3.30 報告

東京大学駒場キャンパス／金廣烈さん

　2013年3月30日、東京で第6回強制動員真相究明全国研究集会が「強制動員真相究明の到達点と今後の課題」をテーマに開催され、100人が参加した。

強制動員真相究明ネットワークニュース No.6（2014.3.15）　1

集会では、韓国と日本での研究の現状と課題、日韓会談での研究の現状と課題についての報告がなされた。各地の活動としては、奈良、滋賀、長野、強制動員被害者補償立法、浮島丸、「慰安婦」、海軍軍人軍属資料、山口の長生炭鉱、北海道などからの報告があり、浅川地下壕をテーマに旧日本軍地下壕についての案内もなされた。

　韓国からは金廣烈さんが「韓国における戦時期朝鮮人強制動員の研究動向と課題」の題で報告した。金廣烈さんは１９８０年代から現在に至る韓国での労務動員、兵力動員、補償・残留遺骨問題、女性性搾取の順に強制動員関係の論文や著作を紹介し、韓国で強制動員被害真相糾明委員会が発足した後に、資料を活用しての研究が活発になされるようになったとした。そして、今後の課題としては、名簿研究から動員主体別、産業別の特徴を押さえること、強制動員を日本帝国による植民地支配のなかに位置付けて批判すること、朝鮮駐屯軍による動員の実態解明、戦争の無謀さを暴く視点での研究、企業別の動員の特徴の把握、戦後補償をめぐる日韓の交流史への注目などをあげた。

　日本の現状と課題については研究史、強制連行者数、課題などが示された。

　日韓条約については太田修さんが「日韓会談研究の現状と課題―『請求権』問題を中心に」の題で、日韓請求権協定での「請求権」が、支配を適法とみたうえで、日韓間での領土分離の際に国の財産及び債務の継承関係から生じた「請求権」として捉えられていたとし（「分離論」）、植民地支配の責任や罪を問うものではなかったことを指摘した。また、その「分離論」により、韓国側が被徴用者の未収金や被徴用者の被害に対する補償について求めた際に、日本側が、法律関係では植民地支配に対する被害補償を認めず、事実関係については韓国側に被害の提出を求めるという対応であったことを示した。そして、植民地支配を反省・謝罪するとした村山談話以後も続く「日韓条約で解決済み論」の矛盾を指摘し、強制動員への補償は未解決であるとし、真相究明と責任追及、記憶の継承などを提起した。

集会翌日の　浅川地下壕フィールドワーク

　各地の報告では、韓国の委員会との交流によって得た資料を使っての滋賀、北海道、長野、奈良、山口など現地調査の報告が目立った。また、韓国からの海軍軍属史料の分析紹介も今後が期待されるものだった。今後とも、市民間のいっそうの共同作業が必要である。

翌日には、八王子の浅川地下壕のフィールドワークがもたれた。浅川地下壕は地下倉庫として建設が始まり、中島飛行機武蔵野工場の疎開工場となったものであり、建設を佐藤工業と大倉土木が請け負った。朝鮮人飯場の跡地や巨大な地下壕の一部のなかを歩き、発破やトロッコの跡などをみた。当時の労働の現場に立ち、その歴史を考えることができる企画だった。（竹内康人）

●

報告・10・14(2013)「反日判決なのか？7・10 ソウルー7・30 釜山判決を考えるシンポジウム」

【日時】　１０月１４日（月・休）　午後１時半～４時半（１時開場）
【会場】　中央区立日本橋公会堂３・４号洋室
【パネリスト】　吉澤文寿さん（新潟国際情報大学教員）
　　　　　　　五味洋治さん（東京新聞記者・編集委員）
　　　　　　　川上詩朗さん（弁護士）
　　　　　　　張完翼（チャン・ワニク）さん（韓国・弁護士）

　２０１３年１０月１４日、東京で強制労働被害補償立法をめざす日韓共同行動の主催による「反日判決なのか？7・10 ソウルー7・30 釜山判決を考えるシンポジウム」がもたれ、110 人が参加した。7月に韓国での強制労働判決で原告側が勝訴し、それに対して日本のマスコミは日韓合意に反する不当判決、反日判決などと批判する記事を書いた。今回のシンポはそのような動きに抗して、この判決の歴史的意義、判決の本質を明らかにするために開催された。

　集会では新聞記者の五味洋治さんが、日韓のすれ違いの原因、「上から目線の」の安倍政権による対韓国認識の問題点、トップが会えないために課題がたまるばかりという日韓外交現場での焦りなどについてふれ、今回の判決の誤解を解いていく必要性を話した。五味さんは誤解の例として、司法が世論に流されている、憲法裁判所は左派が判事である、判決は日本の戦後処理を否定するもの、個人の請求権は消滅している、歴史認識というがその内容があいまいといったものをあげ、その克服を語った。

　この発言を受け、弁護士の張完翼さんが、大法院判事のうち、左派とされる判事は５人であるが他の７人は進歩的ではないこと、2012 年５月の大法院判決を書いた金能煥主審判事は左派ではなかったことを示し、判決は関連する資料を十分集めて記されたものであるとした。また、「反日」と決めつけることで個別の事件の歴史的な真実が見逃される危険性や日本日本政府による法的義務はないとする主張が、請求権の消滅を印象付けるものであると指摘した。そして、問題解決のためには韓日両政府と連行被害者、日本企業などの当事者が集まって真摯に議論して合意案を作るべきとした。

　日韓会談文書を研究している吉澤文寿さんは、問題の背景に朝鮮人の戦争被害の問題が東京裁判や日韓会談で十分議論されなかったこと、韓国政府による補償措置も不十分であったことあるとした。また、大法院判決は、日本企業による強制動員など植民地支配に直結した不法行為への賠償を、

強制動員真相究明ネットワークニュース No. 6（2014. 3. 15）　3

請求権協定の対象外とするものであり、7月の判決はそれを受けて出された。これらの動きは日韓請求権協定の見直しにつながるものとした。そして、日本が請求権関係の文書を全面公開し、強制労働問題の解決に向けて活動することが有益な結果をもたらすと指摘した。

弁護士としてこの問題に取り組む川上詩朗さんは、大法院判決や7月の判決は、戦争などに起因する重大な人権侵害に対して個人の尊厳を重視し、その救済を図るべきとする国際人権法・国際人道法の発展の方向性に合致するものであり、重大な人権侵害による個人の損害賠償請求権は国家間の合意によって消滅されることはできないとした。そのうえで、日本政府は請求権が消滅したとは明言せずに、法的義務が存在しないと述べていると指摘した。そして、「法的解決済み論」の欺瞞を暴露し、被害と加害の事実を確認し、日韓両政府が問題解決に向けて協議のテーブルにつくべきとした。

このような問題提起とともに、10月4日に光州で開かれた名古屋三菱裁判の原告の法廷証言などの様子なども報告された。

日韓請求権協定での5億ドルは、日本政府による経済協力での生産物や役務であり、被害の救済に充てるものではなかった。加害企業は請求権協定による経済協力でも利益をあげ、被害者の尊厳回復は放置されたまま、現在に至る。

2012年大法院判決、13年7月の判決は、そのような過去の清算のはじまりである。重大な人権侵害に対して、個人の尊厳を重視してその救済を図るという国際的な人権の動きのなかで、強制労働の歴史的事実をふまえて、その強制労働の被害の救済に向けて包括的な解決をめざすときである。被害者による不屈の闘いが、被害救済・尊厳回復の扉を開けようとしている。両政府の決断と多くの市民の理解と協力が求められる。　　　　　　　（竹内康人）

報告・「強制連行と過去責任 －記憶・責任・未来－」2014.1.25

1月25日、龍谷大学の安重根東洋平和研究センターの主催(協力「韓国併合」100年市民ネットワーク)で『強制連行と過去責任－記憶・責任・未来－』と題して、公開の研究会が約80名の参加で開催されました。

まず、法政大学の牧野 英二さんの『「近くて遠い国」の間の対話に向けて－日本人の安重根像をめぐって－』と題する基調講演は「琉球の住民が済州島の漂流民に対価を求めず、故郷に帰還するための船舶や飲料水、食糧等を与えて、無事に帰還させていたという歴史的事実から一種の「東アジアの相互救護システムの働き」がすでに15世紀に機能していたが、このシステ

4 強制動員真相究明ネットワークニュース No. 6（2014. 3.15）

ムを破壊したのが近代国民国家の成立であり、国境の壁であり、これらが領土問題や他国侵略の条件になり「近くて遠い国」をつくりだした」と言う視点から、菅官房長官の安重根を「テロリスト」として一言で切り捨ててしまうような「皮相」な理解でなく、東アジアの安定と平和に向けたシステム作り」＝「東洋平和論」を提唱した安重根と日本人がどのように接し、彼を理解したのかを具体的な人物を例に挙げて、日韓の「相互理解」のためには「異質の他者」と議論・対話・活動を始め、公共的空間を拓いていくことが必要であるとの示唆に富む講演内容でした。

　続いて、「日韓条約は強制連行被害者の請求権まで奪ったのか」と題して日本政府やマスコミが口をそろえて日韓条約解決論を唱える中、韓国の裁判所の判決が果たして本当に非常識で「不法」なことかを検証する企画がシンポジウムとして持たれました。初めに、日本製鉄元徴用工裁判を支援する会の事務局の中田さんから「韓国の強制連行被害者を巡る判決の状況について」報告がなされ、続いて中国人強制連行西松裁判弁護団の足立修一さんから法的側面から「改めて問われる西松建設最高裁判決の意義」と題してサンフランシスコ平和条約の「枠組み」のもとに締結された日韓請求権協定の解釈として、個人請求権は残っており、西松判決は韓国大法院判決と共通するものであるとの報告をうけました。そして、「マスコミは日韓条約問題を正しく伝えたか？」と言うテーマで毎日新聞の湯谷茂樹さんから、1965 年の日韓条約締結とその後の冷戦期（韓国は軍事政権）の報道を担っていたのが戦前・戦中世代であり、当時は個人請求権は全く問題にならず、1990 年代に戦後補償訴訟が相次ぐ時期（冷戦終結期、韓国は民主化）になって個人請求権が問題になり、慰安婦、サハリン、原爆被爆者の問題が出て来たこと、それを担ったのが戦後世代（学生運動世代）であり、そして、2012 年の個人請求権を韓国の大法院が認めた現在（国家主義、排外主義の台頭期）の担い手が戦無世代（学生運動を知らない）となり、マスコミ報道においても「世代交代」により「歴史認識」に変遷が生じていることが背景にあるとの興味深い指摘も為され、多様な側面から「日韓条約」問題を捉えかえす企画となりました。（ 中田光信）

●

強制動員真相究明ネットワーク関連　年表（その 3）

（主に 2012 年 5 月以降分を収録、それ以前の年表は、ニュース No.4 に収録）

年　月　日	事　項
2005.05.03	強制動員真相究明ネットワーク設立準備会　於:神戸学生青年センター
2005.07,18	強制動員真相究明ネットワーク結成総会　　於:在日韓国 YMCA(東京)
2006.11.03	真相究明ネット全国研究集会（福岡）
2007.11.2,25	真相究明ネット第 2 回全国研究集会（東京）
2009.7.25 ～ 27	第 3 回強制動員真相究明全国研究集会　名簿・供託金問題を中心として（神戸）
2010.05.05	強制動員真相究明ネットワーク事務局長福留範昭氏が逝去
2011.5.28.29	第 4 回強制動員真相究明全国研究集会　日本の植民地支配と強制連行　　（神戸）
2012.04.07	第 5 回強制動員真相究明全国研究集会　強制連行と国・企業の責任　　（東大

強制動員真相究明ネットワークニュース No.6（2014.3.15）　5

	駒場)
2012.05.24	韓国大法院　判決　三菱重工広島、新日鉄関係　原審に差し戻し
07.19	第21回事務局会議（東京）
07.20	強制動員真相究明ネットワークニュース　No5　発行
09.20	韓国委員会の「事業存続要望書」を韓国大統領府、韓国韓国大使館、外交通商部、韓国国会などへ送付　（38団体連名）
10.07	第22回事務局会議（大阪ドーンセンター）
10.28	「朝鮮人強制動員Q&A」をホームページに掲載 http://ksyc.jp/sinsou-net/201210renko-QandA.pdf
2012.12..06	国立公文書館の内務省関係文書「種村氏警察参考資料」の第１８３集までと別冊2冊の合計185冊のうち70冊が欠落していることについて移管元の警察大学校図書室調査要請
2013.01.06	第23回事務局会議　（神戸）
02.02	日韓共同戦略会議に参加　（江華島）
02.28	内閣官房副長官補室の日本政府が収集した「慰安婦」問題調査資料を情報公開で入手
03.04	「日韓会談文書全面公開を求める会」に外務省が情報公開の変更決定、新た1,000頁が開示された
03.16	情報公開で日本政府の「慰安婦」問題調査資料の中の聞き取り調査の記録を不開示としたことに対し行政不服審査法にもとづく審査請求を安倍内閣総理大臣宛に提出した
03.30	**第6回強制動員真相究明全国研究集会　強制動員真相究明の到達点と今後の課題　（東大駒場）**
04.22	対日抗争期強制動員被害調査及び国外強制動員犠牲者等支援委員会に「情報提供のお願い」を公式に提出
06.14	情報公開審査会に、「内閣官房が保有する「慰安婦」調査関係文書の一部開示決定に関する件」についての「意見書」を提出
06.22～25	第五回歴史と平和国際NGO会議がソウルの慶熙大学で開催され、その一部として24日に「2013日韓過去清算市民運動報告大会」が行われた
07.10	韓国ソウル高等法院が新日本製鉄の元徴用工被害者損害賠償事件差し戻し審判決
07.30	韓国釜山高等法院が広島三菱の元徴用工被害者損害賠償事件差し戻し審判決
08.12	韓国人被爆者79人が、韓国政府を相手に、日本政府と「個人請求権」の有無について協議しないのは、韓国政府の不作為として慰謝料を求める訴訟をソウル地裁に起こした
08.12	李玉善ハルモニ、姜日出ハルモニら12人の「慰安婦」被害者か、日本政府を相手に慰謝料支払いを求める民事調停をソウル地裁に申請した
09.08	共同通信が「貯金通帳数万冊を無断保管」と配信
09.23	第25回事務局会議　（神戸）
11.06	「河野談話」が強制認めた根拠の一つである文書の「戦時中、旧日本軍がインドネシアの捕虜収容所からオランダ人女性約３５人を強制連行し、慰安婦とした

	との記載がある公的な資料が６日までに、国立公文書館（東京）で市民団体に開示された」共同通信が配信
11.01	韓国光州地方裁判所、三菱重工名古屋の女子勤労挺身隊損害賠償事件で原告５人勝利判決
11.06	経団連など経済四団体が「良好な日韓経済関係の維持発展に向けて」声明を発表
11.10	警察大学校図書室に残されていた『種村一男編　警察参考資料』の情報公開決定通知受領
12.06	張鉉柱さんの郵便貯金の照会を本日提出
12.19	「対日抗争期強制動員被害調査および国外強制動員犠牲者ら支援委員会」の活動期間を ２０１５年６月３０日まで延長する法改正案を韓国国会が可決
12.25	西宮　甲陽園地下壕　最後の見学会
2013.12.28	外務省に保存期間の切れる７件の文書について情報公開請求書を提出
2014.01.07	国立公文書館が『日韓請求権問題参考資料(第三分冊)』の75箇所を不開示としていることに対し公文書管理委員会に補充意見書を提出
01.13	浅川地下壕が存亡の危機に直面と保存をすすめる会が署名を呼びかけ
01.15	「対日抗争期強制動員被害調査および国外強制動員犠牲者ら支援委員会」を事務局長が訪問
01.19	第26回事務局会議を開催　（神戸）
01.19	強制動員被害者支援の公益財団が公益財団が早ければ３月に正式に発足と韓国で報道
01.23	簡易生命保険について、郵便貯金管理機構が保有している文書のリストを入手（ML.2.21）
01.23	ゆうちょ銀行の福岡事務センターの朝鮮人の郵便貯金についてヒアリング（赤嶺事務所）
01.31	2005、8、26 の「韓日会談文書公開後続対策関連民官共同委員会」の決定と日本語訳を入手
02.19	国立公文書館のBC級裁判関係資料、2,196点のうち1,218点が要審査扱いであることが判明
02.16	「日韓つながり直しキャンペーン2015」スタート集会開催　（東京）
02.25	1939年から43年までの各都道府県別の動員数一覧を発見　（竹内康人氏）
2014.3.15,16	第７回強制動員真相究明全国研究集会　強制動員問題解決への道　（京都、立命館大学）　予定

（作成　2014年2月28日　文責小林久公）

＜図書案内＞

● 守屋敬彦ほか『朝鮮人強制労務動員実態調査報告書―北海道住友鴻之舞鉱山、韓国聞き取り
　　　　調査 2010.10―』（強制動員真相究明ネットワーク、2012.3.30 、A4、78 頁、560 円）
● 竹内康人編著『戦時朝鮮人強制労働調査資料集―連行先一覧・全国地図・死亡者名簿―』
　　　　　　　（神戸学生青年センター出版部、2007.8、B5、234 頁、1575 円、品切れ）
● 竹内康人編著『朝鮮人強制労働企業　現在名一覧』
　　　　　　　（神戸学生青年センター出版部、2012 年 2 月、A4、24 頁、240 円、送料 80 円）
● 竹内康人編著『戦時朝鮮人強制労働調査資料集 2 ―名簿・未払い金・動員数・遺骨・過去清算―』
　　　　　　　（神戸学生青年センター出版部、2012.4、B5、212 頁、1995 円）
● 『強制動員真相究明全国研究集会―日本の朝鮮植民地支配と強制連行 2011.5.28～29』報告集
　　　　　　　（強制動員真相究明ネットワーク、2011.6、A4、88 頁、560 円）
● 『強制動員真相究明全国研究集会―朝鮮人強制連行と国・企業の責任 2012.4.7』報告集
　　　　　　　（2012.5.11、強制動員真相究明ネットワーク発行、A4、88 頁、700 円）
● 金光烈『風よ、伝えよ―筑豊朝鮮人鉱夫の記録』
　　　　　　　　　（2007.7、三一書房、菊版、212 頁、1980 円、特価 1200 円、）
● 徐根植『鉄路に響く鉄道工夫アリラン―山陰線工事と朝鮮人労働者―』
　　　　　　　　　（2012.5、明石書店、B5、185 頁、2310 円、特価 1500 円）
● 第 6 回強制動員真相究明全国研究集会（2013.3.30、東京大学）
　「強制動員真相究明の到達点と今後の課題」＜報告集＞（A4、119 頁、定価８００円）

■購入方法：書名を明記して、郵便振替＜00930－9－297182　真相究明ネット＞で本代＋送料（1 冊
80 円）をご送金ください。入金確認後お送りします。

【 会 費 振 込 の お 願 い 】
2014 年度(2014 年 4 月～2015 年 3 月)の会費の振り込みをお願いいたします。
個人一口 3000 円、団体一口 5000 円
（本ニュース紙を郵送で受け取られた方は、同封の振込用紙をご使用ください。）
送金先：[郵便振替口座] 00930－9－297182　真相究明ネット

＜編集後記＞

　久しぶりのニュースを第7回研究集会の案内をかねて発行の予定でしたが、当日の発行となってしまいました。真相究明ネットは、メーリングリストで情報交換を行っていますが、メールを使用しない会員の方には集会案内が届かなかったのではないかと思い、恐縮しています。／第7回研究集会の資料集（A4、132 頁、800 円）ができあがります。購入希望者は、上記郵便振替口座に、800 円+送料 80 円＝880 円をお送りください。／真相究明ネットは、不定期に事務局会議を開いています。会場は、神戸学生青年センターまたは研究集会会場などです。広く、参加をつのっています。参加可能な方はご連絡ください。／真相究明ネットは、今回の集会のテーマでもあります「強制動員問題解決」のために努力を続けたいと思います。今後ともよろしくお願いします。（飛田雄一 hida@ksyc.jp）

強制動員真相究明ネットワークニュース No.7　2015年10月12日

編集・発行：強制動員真相究明ネットワーク
（共同代表／飛田雄一、庵逧由香　事務局長／中田光信　事務局次長／小林久公）
〒657-0064 神戸市灘区山田町3-1-1 (公財)神戸学生青年センター内
ホームページ：http://www.ksyc.jp/sinsou-net/　E-mail：（中田）
TEL 078-851-2760　FAX 078-821-5878（飛田）
郵便振替＜00930－9－297182　真相究明ネット＞

　真相究明ネットは２００５年７月の設立以降、上杉聡、内海愛子、飛田雄一３名の共同代表で運営してまいりました。本年５月に体制を変更することになりました。上杉、内海が退任し、留任の飛田と新しく選任した庵逧由香の２名が共同代表となりました。事務局長には新しく中田光信が就任し、前事務局長の小林久公は事務局次長となりました。事務局会議は神戸学生青年センターで不定期に開催していますが、開かれた事務局会議です。会員メーリングリストなどで開催のご案内をいたしますので、ぜひ積極的にご参加ください。（飛田雄一）

＜目次＞
・真相究明ネット体制変更のご挨拶　　　　　　　　　　　　　　　　　　　　-1-
・第８回研究集会＆フィールドワーク報告　　　　　　　　　　　　　　　　　-3-
・「明治日本の産業革命遺産」の世界遺産登録問題についての声明　　　　　　-5-
・「強制労働」の事実を認知し「明治日本の産業革命遺産」への記載を求める声明　-8-
・「追悼碑」問題について　　　　　　　　　　　　　　　　　　　　　　　　-12-
・福留遺稿集「福留範昭さんの全軌跡」の紹介　　　　　　　　　　　　　　　-23-
・本の紹介／会費納入のお願い　　　　　　　　　　　　　　　　　　　　　　-24-

強制動員真相究明ネットワーク共同代表就任にあたって

強制動員真相究明ネットワーク共同代表　庵逧由香
　強制動員真相究明ネットワークの新共同代表となりました、庵逧由香です。前任者の内海愛子さんや上杉聡さんに比べて知識も経験も若輩者ですが、強制動員問題の解決にすこしでも寄与できるよう、がんばりたいと思います。
　私は現在、立命館大学文学部で朝鮮近現代史や韓国社会について教えています。2003年以降の韓流を経て、「韓流２世」「K-POP世代」と呼ばれる20代の若者たちの朝鮮半島認識は、だいぶ変わってきたと思います。私のゼミには、韓国朝鮮をテーマに卒業論文を書こうとしている学生22人が集まっていて、別のゼミを合わせると韓国朝鮮に関心のある学生は60人以上になります。学生の関心対象は様々

ですが、それでもこれだけたくさんの若い人たちが朝鮮半島に関心を持ってくれていること自体、ここ10年間の急激な変化だと思います。が一方で、安保法制ごり押しや官僚・議員の発言を見ていると、再び日本軍国主義の復活を彷彿とさせるようで、結局根っこのところで日本は戦前と変わらないかと暗澹とした気持ちになります。

今年は日韓条約締結50周年、日本の植民地支配からの朝鮮「解放」70周年の年です。すでに様々な所で行事が開催され、新聞・テレビでも特集が組まれるなど、日韓関係に注目が集まっています。真相究明ネットワークでも、「明治日本の産業革命遺産」の世界遺産登録に対して、強制連行・強制労働の事実をきちんと盛り込みこの問題に対処するよう求める声明を出しました。飛田共同代表や経験豊かな事務局のみなさんとともに、今後も地道な活動を続けていければと思います。

強制動員真相究明ネットワーク事務局長就任にあたって

強制動員真相究明ネットワーク事務局長　中田光信

このたび、小林さんから事務局長を交代しました「日本製鉄元徴用工裁判を支援する会」の中田光信と申します。これからどうぞよろしくお願いします。事務局長の交代にあたって一言。

今年の7月、「明治日本の産業革命遺産　製鉄・製鋼、造船、石炭産業」がユネスコの世界遺産に登録されました。そしてこの間、真相究明ネットワークとしても6月と9月、2回の声明をだしました。ぜひ一読ください。

明治日本の産業革命というのは「富国強兵」「殖産興業」「脱亜入欧」のスローガンのもと、民衆の収奪を図りながら急速な産業発展をバネに朝鮮半島の植民地化と中国大陸への利権拡大をめざして行われたことは、どの歴史の教科書にも書かれている事実です。つまり、後進国日本が、西欧帝国主義諸国に遅れを取るまいと必死に産業化を図ったその「遺産」が今回の登録された遺産です。

遺産登録に至る経過に問題点ははっきりと現れています。安倍首相が「君がやろうとしていることは『坂の上の雲』だな。これは、俺がやらせてあげる」と加藤康子（加藤六月の子　加藤勝信「一億総活躍担当大臣」の義姉　産業遺産国民会議専務理事）に述べたとおり、他の世界遺産候補を押し退けて、官邸主導で遺産登録にまで強引に持込んだものです。「美しい国日本」を妄想する安倍首相の歴史修正主義（もはや歴史捏造主義というべきでしょうか？）がここにも顕著に現れています。

登録に至る韓国との交渉経過で思い起こすのは、1965年の日韓条約の締結時に、1910年の韓国併合条約以降の35年間の日本の植民地支配が合法なものとして認めるかどうかについて最終的に合意がならず無効（null and void）という言葉に「もはや」（already）という言葉を付け加えることにより、韓国は1910年に遡って無効、日本は1965年以降無効と双方が「勝手」に解釈した「歴史」です。この曖昧な決着が日韓条約締結50年を迎える今日までいまだに尾を引きづっているのは周知の事実です。今回も、法律や条約違反を想起させる「強制労働」（forced labor）という表現を書き換えるように日本政府が韓国政府に執拗に迫った結果、「強いられた労働」（forced to work）（とでも訳すのでしょうか？）という表現に落ち着いたのですが、小手先の文言で、歴史的事実は誤魔化されるものではありません。今回の「明治日本の産業革命遺産」に設置される「インフォメーションセンター」がどれだけ歴史の事実を正確に伝えていくものとなるのか、安倍首相が捏造しようとする「歴史」を後世に遺させないためにも、これからも監視の目を光らせていかなければならないと思っています。

- 2 -

第8回強制動員真相究明全国研究集会&フィールドワークを終えて
―遺骨等収集の取り組みのちからに―

長生炭鉱の水非常を歴史に刻む会　共同代表　内岡貞雄

●はじめに

　地元報告は、「刻む会」の取り組みの経緯、「殉難者之碑」建立委員会との話し合い、宇部市当局とのかかわり等を振り返る機会となった。「刻む会」の立ち位置を共有しながら、地元関係者との話し合いや宇部市当局と問題解決のための協議を進めたいと思う。「強制連行問題をどう終わらせるか」＜報告集＞で、事務局の竹内康人さんがすでに集会内容を報告されているので、重複を避けて報告する。

●ＤＮＡ検体採取と本坑道調査

　長生炭鉱水没事故73周年犠牲者追悼集会（2015年1月31日）第二部で、ＮＰＯ法人「戦没者追悼と平和の会」理事長の塩川正隆さんの講演会を持った。塩川さんは、国策で朝鮮半島から連行され犠牲となり、今も西岐波海岸に放置されている183名の犠牲者の方々も、「戦没者を遺族の元へ返す」という観点から、当然、日本政府が責任を持って遺族の元へ返すべきと言われた。懸念していた海底坑道の遺骨保存状況も、「心配ない」と答えた。翌日（2/1）、「刻む会」は来日遺族7人のＤＮＡ検体採取を行った。今後、韓国遺族会と連携しながら、ＤＮＡ検体採取を広げてゆきたい。他方、日本人遺族の調査・組織化が急務である。

　1942年2月3日の水没事故から10日後、犠牲者の金四郎（キム・サラン、22歳）の兄嫁は、大阪から長生海岸の坑口に来た。周防灘に向かって開いた坑口は崩れ落ち、海水が流れ込んでいた。（朝日新聞　1990年8月25日）　時期は不詳だが、「刻む会」の元代表山口武信さんと現顧問の島敞史さんは、坑口とそれに続く斜坑を見たことがあると言う。1980年代に着手された海岸道路の建設により、坑口は土砂の下に埋もれてしまった。坑口調査は塩川さんご紹介の業者さんにより、年度内には明らかになるはずである。直系遺族がいよいよ高齢にむかい、残された時間は多くない。多くの皆さんの助言をいただきながら、日本政府（厚労省）との交渉の場が持てるように努めたい。

●フィールドワーク（ＦＷ）実施

　3月22日（日）のＦＷは50名近い参加があった。長生炭鉱の坑口が確定していないという状況下、韓国遺族会の全錫虎（チョン・ソッコ　大邱在住）さんに来日していただいた。彼は1993年から本年（2015年）まで一度も欠かさず追悼式に参加してきた。「通訳の堤さんが一緒だったらいいですよ」と快諾してくれたが、83歳を過ぎたソッコさんには今回の役目はしんどい部分もあったようだ。しかし、ソッコさんの証言の機会を得たことで、ＦＷは充実したものとなった。彼が参加者に語った場所は新浦会館（宇部市床波一丁目27-20）で、会館床下には水没事故後（1942年6月）に再開坑した長生炭鉱二坑の坑口があった場所である。

　ソッコさんの証言は聞く人たちに響いた。アボジの全聖道（チョン・ソンド　42歳）さんの死後、オモニは苦労の連続で、ソッコさんはオモニと一緒に「山口タクワン」を下関まで行商したり、どぶろくを売り歩くのを手伝ったりした。

　「当時、オモニは末っ子の妹をお腹に抱え、妊娠3か月でした。会社は補償金も払わず、わずかな弔

慰金10円と引っ越し代5円で、私たちを社宅から追い出しました。友だちの家の馬小屋を改修し、馬糞が充満するところで生活が始まりました。すぐ近くに火葬場がありました。オモニの弟さんからお米をもらったことは生活の支えになりました。

　アボジの仕事場は、笹部屋（坑内事務所　坑口から約1,000mの地点）から西南西の電車坑道の一番奥で、そこは坑口から約2,000mの切羽に当たり、歩いて40分はかかりました。つまり、海底坑道で一番危険な場所だったのです。ここで石炭を掘っているのは朝鮮人ばかりでした。

集会翌日のフィールドワーク
（2013.2.2 に除幕した追悼碑の前

　オモニは、事故前も6人家族の家計の足しにと300キロ前後もあるトロッコを石炭運搬船まで運ぶ仕事をしていました。一番の思い出は、会社から外出許可をもらって、家族みんなでときわ公園へ行ったことです。社宅からときわ公園まで、歩いて20～30分ぐらいだったでしょうか。

　事故の当日、西岐波小学校の担任の先生から『すぐ帰りなさい』と言われ、長生炭鉱の坑口に走って行きました。坑口周辺にはすでに人だかりができており、『アイゴ！アイゴ！』の大声があがっていました。坑内に入って水を引く作業をしていた人が、『入れるところまで行ったら、もう水がここまで・・・』と首の下を示しました。当時、私は何か大変なことが起きたということしか分かりませんでした。やがて、会社の人間が、怒号飛び交う中、松の坑木で坑口を塞いでしまいました」。

　『アボジ！アボジ！本当に悔しかったのは、アボジニム、あなただったことが今、よくわかります』ソッコさんは毎年、海岸に跪き沖のピーヤに向かってこう叫ばれます。

　ソッコさんは、最後に言われました。
『私の望みは、今はただただアボジの遺骨・遺品をコヒャン（故郷）に連れて帰りたい思いです。どうか、私の思い、遺族会のみんなの思いを実現させていただきますよう、心から念じている次第です』

二つのピーヤ（この海底坑道に遺骨や遺品が放置されたままとなっている）

　ＦＷ一行は、旧長生駅、解体された石炭巻揚げ機の台座、炭鉱の神の祠、本坑口跡と推測される場所を回り、ピーヤの見える海岸にやって来た。全錫虎さんや韓国遺族会等の願いが叶うようにと、参加者全員で献花した。

「明治日本の産業革命遺産」の世界遺産登録問題についての声明

強制動員真相究明ネットワーク
朝鮮人強制労働被害者補償立法をめざす日韓共同行動

日本政府が推薦している「明治日本の産業革命遺産」23資産の世界遺産への登録について、6月28日からユネスコ世界遺産委員会での審議が行われる予定である。報道で伝えられているように韓国、中国政府からは、そのなかに戦時期に日本政府が植民地・占領地から連行した人びとの強制連行・強制労働の現場を含むことから、登録反対、あるいは、その事実を明示すべきことの意見表明がなされている。

朝鮮人強制連行・強制労働の真相究明に取り組んできた立場から、以下の見解を明らかにする。

1、日本政府は過去に誠実に向き合い、戦時期の強制連行・強制労働についての認識を明確にすべきである。

日本政府が登録を目指している資産のなかには、侵略戦争のための軍需生産維持のために朝鮮人・中国人・連合軍俘虜が労働した施設が含まれている。そこでの朝鮮人・中国人・連合軍俘虜の労働は、日本政府の決定に基づいて進められたものであり、その実態は強制動員・強制労働としか呼びようのないものである。

韓国や中国からの指摘に正面から答えようとしない態度は、日本のなかでの歴史修正主義の蔓延という国際社会の疑念を呼び起こしかねない。これまでも、日本帝国の加害の歴史を否定、ないし軽視する認識は、日本社会の各種メディアで流布されているだけでなく、安倍内閣の閣僚、安倍首相と親しいとされる文化人、安倍首相自身も行ってきた。

このことを考えるならば、日本政府はこれを機会に戦時期の強制連行・強制労働についての認識を明確にすべきである。また、この問題の解決に向けての契機とすべきである。

なお、事実認定をめぐっては、韓国政府の発表や韓国のマスコミ報道で伝えられている、世界遺産申請施設で労働していた朝鮮人の人数、そのうちの死亡者数は、事実誤認に基づく点がある。無用な混乱を避けるためにも、史料にあたり正確な理解をもとに、議論し情報を発信するべきである。

2、日本政府は、時期区分、登録対象を見直し、強制連行・強制労働の歴史をふまえて申請すべきである。

日本政府や登録を推進している関係団体は、今回の世界遺産登録は1910年までの急速な産業化をめぐるものであり、戦時期の朝鮮人・中国人などの強制連行・強制労働は無関係としているが、この説明は通用しない。1910年という区切り自体がなぜ設定されたのか疑問である。それ以降にそこで起きた歴史事象を「なかったこと」にはできない。

端島炭坑（軍艦島）の建物の多くが1910年代以降の建物であり、明治期のものはほとんどない。端島炭坑を登録対象とするならば、1910年は共通した区切りの根拠にはなりえない。

松下村塾は吉田松陰の私塾であり、吉田は対外膨張の構想を説いていた。門下生には軍拡や植民地獲得の政策を主導する政治家や軍人となった人物がいる。それが世界遺産にふさわしいかどうか疑問である。

この産業遺産登録に向けて、明治期の産業革命の遺産を観光資源として利用し、利益を上げることがねらわれている。三池以外の福岡の炭鉱の産業遺産は排除され、鹿児島と山口を中心に遺産群をつくり、

長崎や釜石、韮山を加えて明治産業革命遺産の物語をつくりあげた。産業革命にともなう民衆の苦難や強制労働など加害の歴史への視点はない。歴史を重視するのではなく、観光利益のために、官邸主導で登録をすすめてきたのである。

　申請については、時期区分、登録対象を見直し、強制連行・強制労働などの歴史も入れるべきである。

３．世界遺産の登録ではユネスコの理念である平和や人権をふまえるべきである。

　各種遺産の保存と活用は、国家主義的な歴史観の宣伝や観光利益の目的をもって行うべきものであってはならず、とりわけ、平和と人権尊重を理念として尊重しているユネスコが管轄し、人類の普遍的価値についての評価をもとにしている世界遺産の登録にあたっては、平和や人権を脅かしてきた思想や歴史との関係を考慮する必要がある。

　今回の日本政府が登録を目指している資産中に含まれる炭鉱等の労働現場では、朝鮮人・中国人・連合軍俘虜の強制労働に加えて、受刑者や国内の被差別民衆などが奴隷のように使役された歴史を持つ。

　これらの事実に触れずに、産業化の成功物語として世界遺産に登録しようとすることは、世界遺産条約やユネスコの理念にそぐわない。ユネスコは、国家主義的な歴史観の宣伝や観光利益のためではなく、人権と平和の理念を踏まえて歴史遺産の登録をおこなうべきである。

　今回の明治産業革命遺産の登録申請問題には、以上のような問題点がある。「1910年以前の日本の産業化」のみが評価され、被害国の指摘に耳を閉ざしたままで登録がなされてはならない。ユネスコの世界遺産登録においては、このような問題点を克服すべきである。

　以下に参考資料として、明治産業革命遺産に関する現場での、朝鮮人・中国人・連合軍俘虜の強制労働の実態に関する表をあげる。このような強制連行・強制労働の歴史をふまえて遺産として登録することが普遍性を示すものになるだろう。

２０１５年６月１１日

資料　登録申請産業遺産と強制労働

強制労働企業名 （産業遺産申請箇所）	朝鮮人		中国人	連合軍俘虜
	連行状況・名簿	連行数・死者数		
三菱重工業長崎造船所 （第3船渠・ジャイアントカンチレバークレーン・旧木型場）	1944年3474人、45年2501人、計5975人の連行統計(2) 長崎造船福田寮などの被爆朝鮮人名簿(12) 関連工場の三菱長崎兵器、三菱長崎製鋼、三菱長崎電機、地下工場建設へも連行 三菱長崎製鋼143人の名簿(2) 川南工業深堀造船所496人の名簿（川南工業香焼島造船所は戦後、三菱長崎造船所が吸収)(2)	三菱長崎造船所への連行者数は約6000人、関連工場への連行も含めればさらに増加。 長崎造船所での死亡判明数は63人、長崎兵器4人(13)、他にも原爆死多数		1943年4月福岡俘虜収容所第14分所開設、長崎造船で労働、43年4月300人、44年6月212人の約500人の連行、他への転出あり、敗戦時収容195人（蘭152、豪24、英19)、収容中死亡113人（うち原爆死8人)(8) 川南工業香焼造船所でも労働、1942年10月1000人、42年12月300人、44年9月200人ほか、1500人以上連行、転出あり、敗戦時収容497人（蘭324、英160、米5ほか8)、収容中死亡72人(8)
三菱鉱業高島炭鉱高島坑・端島坑 （高島炭坑・端島炭坑）	1942年6月までに1110人連行(1) 43年に600人連行(3・4) 44年に1100人以上連行(4) 戦後の解雇者1299人の名簿(2) 朝鮮女性の連行も（性的奴隷）	高島炭鉱（高島・端島）への連行数は約4000人（推定） 死亡判明数は端島48人、高島2人(6・13)、高島でも50人ほどの死亡と推定	1944年6月端島に204人、7月に高島に205人連行、死亡は高島15人、端島15人(7)	－
三井鉱山三池炭鉱 （三池炭鉱・三池港）	1940年93人、41年96人、42年1834人、43年2889人、44年2466人、45年1886人の計9264人の連行表(2) 三池万田坑1650人の名簿(2) 三池炭鉱約3000人の名簿(10) 関連の電気化学工業、三井染料などに連行、電気化学工業大牟田工場には1944年1月までに572人連行(9)、三池染料への連行者も130人以上(11)	三井三池炭鉱への連行者数は9300人、 関連工場への連行を入れれば、1万人を超える連行 三池炭鉱での死亡判明数は50人、電気化学4人、三井染料8人(13)	万田坑に1944年5月412人、45年2月595人、3月593人、3月307人の計1907人連行（うち四山坑へと2〜3月に694人転送）、宮浦坑に44年5月231人、10月343人の計574人連行、死亡は万田294人、四山158人、宮浦41人(7)、 追悼碑文では計635人の死亡	1943年8月福岡俘虜収容所第17分所開設、三池炭鉱で労働、敗戦時収容1737人（米730、豪420、英250ほか5）、収容中死亡138人（うち1人は営倉内餓死、1人は逃亡・刺殺)(8) 三池関連では44年9月第25分所開設、電気化学工業大牟田で労働、敗戦時収容390人（英388、米2）、収容中死亡4人(8)
日本製鉄八幡製鉄所 （官営八幡製鉄所）	1942年6月までに、八幡製鉄所に394人、八幡製鉄所運搬請負業共済組合に2785人の連行(1) 1944年1月までに1471人連行、逃亡760人(9) 供託資料に3042人の名簿(5)	八幡製鉄所に3000人以上、八幡製鉄所運搬請負業共済組合に3000人以上、計6000人以上の連行 八幡製鉄所の死亡で氏名判明者は3人(13)	1944年9月に日鉄八幡港運に201人連行、死亡20人(7)	1942年9月八幡に俘虜収容所（43年福岡捕虜収容所第3分所）、敗戦時収容1195人（米616、蘭211、英193、インド132、中国22ほか21）、収容中死亡158人(8)
日鉄鉱業釜石鉱山 日本製鉄釜石製鉄所 （橋野鉄鉱山・高炉跡）	1942年6月までに釜石鉱山に470人、釜石製鉄所に498人連行(1) 供託資料に釜石製鉄690人の名簿(5)	釜石鉱山と釜石製鉄所で計1500人（推定） 死亡数は釜石鉱山関連で18人、釜石製鉄所関連で39人、釜石関連で13人が判明(5・13)	釜石鉱山に1944年11月に197人連行、45年2月に91人の計288人連行、死亡123人(7)	1943年11月函館捕虜収容所第3分所（のち東京俘虜収容所第7分所から仙台俘虜収容所第5分所）、釜石製鉄所で労働、敗戦時収容351人（蘭168、英86、ほか19）、死亡50人（うち米軍艦砲射撃死34)(8)

典拠
(1) 中央協和会「移入朝鮮人労務者状況調」1942年
(2) 厚生省勤労局「朝鮮人労務者に関する調査」（長崎県分、福岡県分）1946年
(3) 石炭統制会労務部京城事務所「半島人労務者供出状況調」1944年
(4) 石炭統制会「労務状況速報」「雇入解雇及就業率調」「主要炭砿給源別現在員表」「給源別労務者月末現在数調」ほか
(5) 日本製鉄総務部勤労課「朝鮮人労務者関係」1946年
(6) 高浜村「火葬認許証下附申請」
(7) 外務省「華人労務者就労事情調査報告書」1946年、表での連行月は受入月。
(8) POW研究会「研究報告」 http://www.powresearch.jp/jp/archive/index.html
(9) 福岡県「労務動員計画ニ拠ル移入労務者事業場別調査表」1944年
(10) GHQ・LS（法務局）文書「三井鉱山大牟田労働者名簿」(List of Employees at Mitui Mining Company at Omuta)
(11) 三井染料・朝鮮人名簿
(12) 長崎市「長崎朝鮮人被爆者一覧表」
(13)「戦時朝鮮人強制労働調査資料集　増補改訂版」

註　韓国外務省は高島炭鉱での強制動員数を4万人としているが、4千人の誤りである（2015年5月末現在）。

- 7 -

「強制労働」の事実を認知し「明治日本の産業革命遺産」への記載を求める声明

2015年9月9日

強制動員真相究明ネットワーク

＜共同代表＞　飛田　雄一　神戸学生青年センター

庵逧　由香　立命館大学

URL　http://www.ksyc.jp/sinsou-net/

はじめに

日本政府による「明治日本の産業革命遺産」のユネスコの世界遺産登録推進に対し、韓国政府は三菱長崎造船所、三井三池炭鉱、三菱高島炭鉱（高島・端島(軍艦島)）、八幡製鉄所などでの強制労働の事実の記載を求めました。これに対し、日本政府は「今回の世界遺産登録は1910年までの急速な産業化をめぐるものであり、戦時期の朝鮮人・中国人などの強制労働は無関係」と主張しました。

2015年6月末からのユネスコ世界遺産委員会で、日本は、「1940年代にいくつかの施設で、その意思に反して連れてこられ、厳しい環境の下で働かされた多くの朝鮮半島出身者などがいたこと、第二次世界大戦中に日本政府としても徴用政策を実施していたことを理解できる措置を講じる」と発言し、情報センターの設立を計画していることを明らかにしました。これに対し、韓国側は「日本が全ての措置を履行することを期待する」と述べて、日本への支持を表明しました。

その結果、7月5日、「明治日本の産業革命遺産　製鉄・製鋼、造船、石炭産業」の世界遺産への登録が決まりました。

日本政府の 「強制労働」 についての見解

登録後、岸田外務大臣は記者会見で「当時国民徴用令によって朝鮮半島の方々も徴用されていた，こういったことを述べたものであり，なんら新しいことを述べたものではありません。」「強制労働に関する条約があります。この条約において強制労働というものが禁止されているわけですが，戦時中の徴用などは含まれない、こうした規定が存在いたします。よって、国民徴用令に基づく対応を述べた日本側のこの声明文中の文言につきましては、強制労働には当たらないと考えます」と述べました（7月5日）。

また、菅官房長官は「1944年9月から1945年8月の終戦までの間に、国民徴用令に基づいて、朝鮮半島出身者の徴用が行われた。これはいわゆる強制労働を意味するものでは全くないというのが、政府の従来どおりの見解だ」、「当時の日本のこの徴用は、ＩＬＯの強制労働条約、これで禁じられた強制労働に当たらないと理解している」（7月6日）と記者会見で述べました。

日本政府の見解は、朝鮮半島出身者が「意に反して連れてこられ、働かされた」時期があったが、それは1944年9月の朝鮮半島での国民徴用令適用後のことであり、それ以前の戦時の朝鮮からの労務動員は該当しない、また、その徴用はＩＬＯ29号条約での「強制労働」には該当しないというものです。

「強制労働」 の歴史的事実の認知を

ここで、日本政府は1944年9月からの徴用適用のみを対象としていますが、朝鮮人の強制連行・強制労働は、1939年7月に朝鮮半島から85,000人（1939年度分）の労務動員を閣議決定したことからはじまります。この動員の決定により「朝鮮人労働者内地移住に関する方針」などが定められ、「募集」形式による日本の炭鉱や工場などへの動員がはじまりました。1942年2月には「朝鮮人内地移入斡旋要綱」が定められ、以後、「官斡旋」方式による動員がなされ、1944年9月からは朝鮮半島での国民徴

- 8 -

用令の適用を大幅に拡大し、動員がすすめられたのです。その数は70万人を超えるものでした。

　日本政府は、「意に反して連れてこられ、働かされた」という事実を、強制連行・強制労働として認知すべきです。また、時期については1939年から1945年までの労務動員計画での動員を「強制労働」の対象とすべきです。さらに、朝鮮人を軍人軍属として日本の侵略戦争に強制動員したことや朝鮮半島内での労務への強制動員にも留意すべきです。

　1944年以降の徴用令施行以後のみを「強制労働」の対象とすることは、朝鮮人強制労働の歴史的事実を歪曲するものです。

　三菱長崎造船所、八幡製鉄所などでの強制労働被害者は、企業を相手に日本で提訴しましたが、敗訴しました。しかし、強制労働の事実は裁判所で認定されています。八幡製鉄所に強制連行された元徴用工被害者はいまも韓国の裁判所で係争中です。韓国では被害者の勝訴がつづいています。日本政府と関係企業は強制労働被害者を無視できない状況になっています。施設が稼働してる八幡製鉄所や三菱長崎造船所の強制労働の企業責任は、現在も問われているのです。

朝鮮人強制労働はＩＬＯ２９号条約違反

　ILO29号条約による「強制労働」の定義は、「或者ガ処罰ノ脅威ノ下ニ強要セラレ且右ノ者ガ自ラ任意ニ申出デタルニ非ザル一切ノ労務ヲ謂フ」というものです。ILO専門家委員会の見解は、「国内法」による戦時の「徴用」であったとしても、日本政府と朝鮮総督府が行った朝鮮半島からの労務動員は、条約の適用除外には当たらず、「慰安婦」や朝鮮人・中国人の強制連行ともに、ILO29号条約に違反するものとして認定されているのです。

　ILO29号条約と「強制労働」問題については、1996年3月にILO専門家委員会が年次報告のなかで、「慰安婦」問題を取りあげました。その後1999年3月には、中国人・朝鮮人強制連行問題について専門家委員会報告が初めて出されました。専門家委員会はその後も2000年、2001年、2002年、2003年、2004年、2006年、2007年、2008年、2010年、2012年と繰り返して、「慰安婦」問題と強制連行問題の解決を促す年次報告を出しています。しかし、日本政府はそれに応じてこなかったのです。

中国人・連合軍捕虜も強制労働

　強制労働を強いられたのは、朝鮮人だけではありません。中国人については1942年に閣議決定された「華人労務者内地移入ニ関スル件」により、日本へ約3万9000人が強制連行され、135か所の作業場で強制労働させられ、約6800人が死亡しました。

　連合軍捕虜についても、1942年に日本への労務動員を決定し、42年末から日本国内へと約3万6000人を連行し、労働を強制しました。戦争中に開設された収容所は派遣所を含めると約130か所、連行後の死者も約3500人にのぼります。

正しい歴史の記載なくして普遍的価値なし

　ユネスコは、第二次世界大戦の惨禍を繰り返さないために「人の心の中に平和の砦」を築き、国際平和と人類の共通の福祉のために創設された国際機関です。世界文化遺産はこのユネスコが定める世界遺産条約に基づいて「歴史上、学術上、芸術上、顕著な普遍的価値を有するもの」を文化遺産として登録し、保護するものです。

　日本は、明治維新を機に「富国強兵」「殖産興業」のスローガンのもと、「脱亜入欧」を掲げ、資本主義形成とアジア侵略をおこないました。日本は帝国主義政策をとり、日清・日露戦争を経て、朝鮮半島を植民地化し、中国への侵略をすすめました。「明治産業革命」を契機に第一次世界大戦からアジア太平洋戦争へと侵略の歴史を歩んだのです。登録遺産の一つとされる松下村塾の吉田松陰はそのようなアジ

- 9 -

ア侵略を肯定する思想を持った人物でした。

　「明治産業革命遺産」について「日本は非西洋諸国で初めて産業革命の波を受容し、僅か50年余り
で植民地にならずして自らの手で産業化を成就した。明治日本の産業革命遺産は世界史における類い稀
な局面を証言する遺産群である」と称しています。これはナショナルな視点に偏り、近代化・産業化を
過度に美化し、侵略の歴史を反省することない「物語」です。それは歴史を正しく伝えるものではあり
ません。

　高島炭鉱を例にみれば、落盤や爆発事故により多くの犠牲者を生み、劣悪な労働条件に対してストラ
イキが起きています。そこは、受刑者や納屋での強制労働、連行された朝鮮人や中国人の強制労働など、
労働者の苦難の現場です。戦後の閉山に至るまで、労働者や民衆の苦闘の歴史が刻み込まれている場所
なのです。

　労働の歴史を語り伝えることが普遍的な価値を示すことになります。

おわりに

　「明治日本の産業革命遺産」の主要な遺産が、日本の朝鮮植民地支配とアジア侵略に密接な関係が
あります。日本政府が、朝鮮人・中国人・連合軍捕虜などへの強制労働の事実を認め、その歴史を対
象時期を含め、正確に記すことで、日本の明治以降の産業革命と近代化、その後の戦争と植民地支配
の歴史を語り伝えることができます。そのような歴史の表現が、「顕著な普遍的価値を有するもの」と
いうユネスコの世界文化遺産の趣旨に合致するのです。

強制連行追悼碑の調査結果から

須磨 明

追悼碑調査の動機

昨年、群馬の森公園にある追悼碑の更新拒否、奈良県柳本飛行場の説明板撤去、長野市松代地下壕説明文の修正などが続発し、特に、群馬の森追悼碑の更新拒否の理由は「政治的な行事をしない条件に反した」「碑の存在が論争の対象になり、憩いの場にふさわしくなくなった」からだという。

このような「条件」は在日朝鮮人から同胞の苦難を偲ぶよすがとしての追悼碑を奪い、嘆くことさえ許さず、他方では日本人に憩いの場を保障しようという排外主義の極致ではないでしょうか。朝鮮を植民地支配し、民族抹殺のために言葉を奪ったのと同様に感じます。

1月から日本全国に設置されている朝鮮人・中国人の強制連行被害者追悼碑・遺跡説明板の調査を始めました。強制連行真相究明ネットの皆さんによる先行調査とインターネット調査によって、4月末までには、少なくとも283基の追悼碑・説明板、約130基の碑文・説明文が把握され、そのうち72基に「強制連行」「強制労働」「徴用」「労務動員」「獄中死」などと、強制連行・強制労働を明示してありました。

建立のピークと背景

追悼碑・説明板を建立時期別に見ると、戦前は18基、戦後は218基で年平均3基が建立されており、現在も各地で建立の努力が続いています(建立時期不明の碑もあり)。

戦後の1945年以降を5年ごとに、14(A〜N)のグループに分けると、A(1945〜49)=17基、B(1950〜54)=7基、C(1955〜59)=8基、D(1960〜64)=14基、E(1965〜69)=10基、F(1970〜74)=24基、G(1975〜79)=21基、H(1980〜84)=14基、I(1985〜89)=9基、J(1990〜94)=18基、K(1995〜99)=33基、L(2000〜04)=17基、M(2005〜09)=17基、N(2010〜14)=9基です。建立のピークはA(1945〜49)=17基、F(1970〜74)=24基、K(1995〜99)=33基です。

A(1945〜49)の時期は敗戦直後の5年間であり、強制連行・強制労働による死者の記憶が鮮明な時期で、F(1970〜74)の時期は1965年に『朝鮮人強制連行の記録』(朴慶植著)が発行され、革新自治体が多く成立し、1972年に日中国交が回復し、戦時期の強制連行・強制労働を加害者責任として対象化されてきた時期でした。

K(1995〜99)の時期は1991年金学順さんの提訴、1993年河野談話、1995年村山談話の影響を受け、国際連帯の質が高まってきた時期です。

強制連行性明示について

建立時期がわかる追悼碑・説明板218基の中で、強制連行、連行、強制労働、徴用、労務動員、獄中死など強制連行性を明示している追悼碑・説明板は約3分の1の69基にのぼります。これを上記同様14のグループに分けると、A=4/17、B=1/7、C=0/8、D=1/14、E=2/10、F=5/24、G=11/21、H=2/14、I=3/9、J=7/18、K=18/33、L=6/17、M=2/17、N=7/9(分子=強制連行性明示、分母=建立数)となり、14の時期の平均は4.9基で、1970年を境にして強制連行性を明示する傾向が高まってきました(F、G、J、K、L、N)。

すなわち、初期においては追悼碑の碑文に強制連行性を明示することはあまり対象化されず、後半になるにしたがって対象化され、碑文の内容が豊かになってきたことがうかがえます。これは、戦後補償問題に係わる関係者の加害者責任意識が強固になり、それを支える国民全体の意識の変化

- 12 -

を示しているのではないでしょうか。

追悼碑にたいする憎悪

　政府や極右が日本の戦争責任を曖昧化して、なし崩しにしてしまいたいという願望とは裏腹に、時を経るごとに戦争責任が対象化されてきたのですが、戦争国家化をめざす安倍政権と極右勢力は強制連行・強制労働を告発する追悼碑に憎悪をあらわにし、追悼碑を傷つけたり、設置を妨害したりしています。2013年までには10件程度だったものが、2014年に至っては1年間で7件に急増しています。

　調査資料(283件)のなかで、追悼碑が最初に破壊されたのは、戦時中の1944年のことで、関東大震災時に虐殺された中国人を追悼する「吉林義士王希天記念碑」であり、中国侵略戦争と軌を一にした暴挙でした。すなわち、強制連行・強制労働・震災虐殺被害者を追悼する記念碑にたいする破壊(否定)は侵略戦争と密接に結びついており、2014年を画期として始まった極右による「追悼碑撤去運動」こそ、侵略戦争に突進していく兆候と見なければならないと思います。

胸を張って立つ追悼碑

　当初、追悼碑・説明板の調査、一覧表の公表は極右にターゲットを提供することになるのではないかと不安を感じていました。しかし群馬の森追悼碑などへの不当な扱いは全国的な問題なので、各地の追悼碑・説明板に関する情報が必要だと思いました。

　強制連行真相究明ネットの皆さんの協力を得て、徐々に一覧表が埋まり、追悼碑の写真が集まり、いろいろな顔をした追悼碑と碑文を見ていて、ひっそりと誰にも知られずに立っているのではなく、胸を張って立つ必要があるとの確信を抱くようになりました。「寝た子を起こすな」という格言はたたかいを回避するための言い訳であり、私たちのとるべき生き方ではないと思います。

憲法を超える思想

　安保法制の国会上程(解釈改憲)から本格的な改憲の行程が始まっており、安倍政権は近隣諸国(イスラム国とも)と対立・対抗し、政治的緊張を高め、民間には祖国防衛を煽る民族主義があふれています。

　追悼碑は、不当な殉難を受けた人々(時代)と現在を生きる私たちの交差点です。そこには、侵略戦争にたいする心からの反省があり、反戦平和運動を支える思想的軸があると思います。

　極右が「碑の撤去」を求め、「文言を変えよ」と迫ってくるのは、戦争をしない国(憲法9条)をめざす国民運動を解体するためです。反戦平和運動は正念場を迎えており、戦争を止める事が出来なければ、国際連帯(自国の敗北)をかけて、命がけの抵抗(レジスタンス)の時代が待っています。

　日本政府は戦争責任・戦後責任を曖昧にし、戦後70年間再軍備の道を邁進してきました。このような戦争責任・戦後責任を否定する極右路線に対峙して立つ「強制連行追悼碑」は憲法を超える思想を内包し、真の「戦後」をやり直すための根拠地のような存在であり、正面から光をあて、くりかえし訪問し、守りぬこうではありませんか。(2015年7月)

- 13 -

強制連行等追悼碑・慰霊碑・記念碑・説明板リスト（編集中）　2015年5月5日

2015年3月27日時点で北海道(37)、東北(21)、関東(54)、北信越(20)、東海(35)、関西(36)、中国・四国(23)、九州(48)、沖縄(9)、合計283です。

誤記ミス、筆耕ミス、重複などが予想されます。誤りを見つけられたら、ご指摘おねがいします。

「渡日形態」は碑文・説明板に書かれている「強制性」を記載しました（碑文に書かれているか否かをチェック）。「対象」は追悼碑対象として、朝鮮人、中国人、両者、不明（空白）に分けました。

インターネットで収集した碑、碑文などの写真はPDFで写真帳にしましたが、重すぎて(10MB)、メーリングリストには添付できません。

yamneko2rh@opal.plala.or.jp にご連絡いただければ、転送します。（須路　明）

No	地方	碑所在地	碑名称	設置	渡日形態	対象	碑文	写真	備考
001	北海道	宗谷郡猿払村　浅茅野台地	韓国人強制動員犠牲者の追悼碑	2013		朝		○	(注001)
002	北海道	浜頓別町緑ヶ丘	浜頓別浅茅野飛行場建設工事殉難者慰霊碑	1994		朝		○2	藻岩発電
003	北海道	札幌市南区　石山通り×川沿川	藻岩犠牲者の碑	1960		朝		○2	藻岩発電
004	北海道	札幌市西区　平和の滝	韓国人殉難者慰霊碑			朝			北海道炭鉱
005	北海道	札幌市中央区　聖恩寺	北海道炭鉱慰霊堂		強制労働	朝			
006	北海道	釧路市紫雲台　紫雲台霊園	太平洋戦争強制労働犠牲者追悼慰霊碑	2006		朝	○		
007	北海道	釧路市紫雲台　紫雲台霊園	徴用韓国人を悼む碑文（石碑）	1973		朝			
008	北海道	釧路市紫雲台　紫雲台霊園	慰霊碑・説明の鉄板	1980		朝	○	○	雄別炭鉱
009	北海道	釧路市阿寒町　雄別炭鉱跡地	雄別炭鉱記念碑	1966		朝	○	○	
010	北海道	赤平市美園町　赤平公園	黎明の像　赤平地区炭鉱・外国人労働者追悼碑	2013		朝	○	○2	
011	北海道	芦別市本町　秀岳寺	三井芦別炭鉱朝鮮人労働者慰霊碑「和」（1976年移設）	1964	強制連行	朝	○	○2	
012	北海道	芦別市旭町　旭ヶ丘公園	中国人殉難追悼碑	1965	強制連行	中	○		
013	北海道	三笠市清住町　清住台盛地	中国人同胞追悼碑	1956		中	○	○2	幾春別坑
014	北海道	室蘭市東町　イタンキ岬	中国人殉難烈士慰霊碑（65年再建、74年再再建）			中	○		(注015)
015	北海道	室蘭市知利別町　浄光寺	中国人殉難烈士慰霊之碑			中		○	(注015)
016	北海道	幌加内町朱鞠内　笹の墓標展示館	願いの像	1991	強制連行	朝	○	○	雨竜発電
017	北海道	幌加内町	朝鮮人追悼碑			朝		○	雨竜発電
018	北海道	幌加内町朱鞠内　雨竜ダム	殉職者慰霊塔			朝		○	雨竜発電
019	北海道	夕張市末広　末広共同盛地	神霊之盛　夕張炭鉱宿舎朝鮮人有志一同	1930		朝		○	北炭夕張
020	北海道	夕張市真谷地　真谷地共同墓地	中国人労務者之墓	1948		中		○	
021	北海道	松前町唐津　専念寺	松前漁工事殉難者慰霊碑	1985		両	○	○	松前藩
022	北海道	歌志内市中村本町　安楽寺	住友上歌志内朝鮮人殉職者の碑	1980		朝		○	(注022)
023	北海道	岩見沢市栗沢町万字　万字墓地	鮮人共同墓之碑	1926		朝		○	万字炭鉱

番号	都道府県	市町村	所在地	設置	碑名称	国	渡日形態	文	写	備考
024	北海道	匿戸町仲里	中里共同墓地	1976	匿戸飯山中国人朝鮮人殉難慰霊碑（納骨堂）	朝			○	鉄道工事（注024）
025	北海道	函館市船見町	立待岬（墓地の高台）	1990	函館朝鮮人慰霊塔	朝			○	
026	北海道	名寄市風連町緑町	風連中央公園		やすらぎの碑	朝			○	
027	北海道	稚内市	稚内市	2004	サハリン残留韓国・朝鮮人慰霊碑	朝			○	
028	北海道	仁木町南町	中国烈士園	1966	中国人殉難者折念碑「日中不再戦友好」	中		○	○	大江鉱山（注028）
029	北海道	栗山町日出	二瓶共同墓地	1948	中国人労務者之墓（2008 中国人殉難者之墓）	中		○	○2	
030	北海道	当別町字上当別	若葉公園	2002	劉連仁生還記念碑	中	連行	○	○	
031	北海道	京極町字川西	町宮川西墓地	1970	朝鮮の人々故者一同之墓	朝		○	○	倶知安鉱山
032	北海道	東川町	大雪湖水公園	2000	望郷の像	中	強制連行	○	○	（注032）
033	北海道	東川町	東川町共同墓地	1954	中国人強制労働事件殉難者慰霊碑（1972 建塔）	中	強制連行	○	○3	江卸発電所（注033）
034	北海道	東川町東6号	用水槽畔溝	1999	中国人強制連行伝言館（跡地の標札＋説明板）	中		○	○	
035	北海道	東川町東6号	用水槽畔溝	1999	石碑「魂」	中		○	○	
036	北海道	美唄市美唄町	旧炭鉱厚生館隣接	1978	慰霊「魂」の碑					
037	北海道	紋別市鴻之舞元町		1989	鴻之舞飯山慰霊碑			○	○2	住友金属鉱山

1 東北地方

番号	都道府県	市町村	碑所在地	設置	碑名称	国	渡日形態	文	写	備考
101	秋田県	大館市花岡町	滝ノ沢沢殿池	1966	日中不再戦友好碑	中	不法連行	○	○	
102	秋田県	大館市花岡町七ツ館	信正寺	1949	華人死没者追善供養塔→中国人殉難者供養塔	中	連行	○	○	
103	秋田県	大館市花岡町七ツ館	信正寺	1966	七ツ舘弔魂碑					
104	秋田県	大館市花岡町字長森	十瀬野墓地	1963	中国殉難烈士慰霊之碑	中		○	○	神代発電
105	秋田県	大館市花岡町堵沢	花岡野球場	1980	共楽殉難跡碑	朝		○	○	神代発電
106	秋田県	仙北市田沢湖田沢寺下	円沢寺	1990	朝鮮人無縁仏慰霊碑	朝	強制連行	○	○	
107	秋田県	仙北市田沢湖田沢寺下	円沢寺	1999	朝鮮人無縁仏慰霊碑銘板	朝	強制連行	○		上吉乃鉱山
108	秋田県	横手市増田町上吉野	上吉野共同墓地	1963	無縁供養塔	朝	強制連行	○	○3	上吉乃鉱山
109	秋田県	横手市増田町上吉野	上吉野共同墓地	2012	吉乃鉱山中国人朝鮮人犠牲者追悼碑	朝		○	○	日鉄釜石鉱山
110	岩手県	滝沢市滝沢砂込	蓮業文化センター	1996	追悼之碑	中	強制連行	○	○2	日鉄釜石鉱山
111	岩手県	釜石市大平町	太平公園	1973	日本中国永遠和平の像「飛翔」	朝		○	○	日鉄釜石鉱山
112	岩手県	釜石市大只越町	石応禅寺		無縁多宝塔	朝		○		
113	宮城県	栗原市若柳大林町	大林寺	1981	安重根と千葉十七の追悼碑	朝		○	○	
114	福島県	いわき市常磐本町傾城	妙覚寺	1995	無縁供養塔	朝	強制連行	○	○	常磐炭砿
115	福島県	いわき市常磐本町字長橋町	性源寺	1947	常磐炭田 朝鮮人強制連行犠牲者追悼之碑	朝	徴用	○	○	
116	福島県	いわき市常磐湯本町向田	石坂化石館	1984	慰霊塔	朝			○	
117	福島県	猪苗代町	導水貯水池	1947	朝鮮人殉難者慰霊碑	朝		○	○2	日発沼倉発電
118	福島県	猪苗代町	元建設工事飯場	1971	中国人殉難烈士慰霊碑	中		○	○2	日発沼倉発電
119	福島県	北塩原村	沼ノ倉発電所	1947	中華民国殉職者慰霊碑	中		○	○	日発沼倉発電
120	福島県	三島町宮下	宮下発電所	1950	慰霊塔	両		○	○3	（注120）
121	福島県	郡山市田村町小川	東山霊園		福島県朝鮮人強制連行犠牲者追悼之碑	朝				

2	関東地方	碑所在地	設置	碑名称	朝/中	渡日形態 労務動員	文	号	備考
201	群馬県	高崎市錦貫町	2004	朝鮮人追悼碑	朝		○	○	(注201)
202	群馬県	高崎市倉賀野		奉公地蔵珠為冥光道居	朝				関東大震災
203	群馬県	太田市金山町		朝鮮人犠牲者慰霊碑	朝				中島飛行機
204	群馬県	太田市西尾岡町	1977	日中不再戦 中国人烈士慰霊之碑(中国人俘虜墓碑)	中	漁制連行	○	○3	中島飛行機
205	群馬県	藤岡市藤岡	1924	関東大震災朝鮮人犠牲者慰霊之碑	朝		○		(注205)
206	群馬県	みなかみ町上津	1970	中国人殉難者慰霊之碑	中				
207	栃木県	日光市足尾町 銀山平	1973	中国人殉難烈士慰霊塔十碑	中	強制連行	○	○3	
208	栃木県	日光市足尾町 銀山平		中国人殉難烈士慰霊塔 案内板	中	強制連行	○		
209	栃木県	日光市足尾町		朝鮮人強制連行犠牲者木碑・名板・看板	朝	強制連行	○	○3	
210	栃木県	日光市 竜之寺跡	1964	碑「ここに小滝の里ありき」(1986 再建)	朝		○	○	日光飯山
211	栃木県	塩谷町		朝鮮人漁制連行犠牲者追悼碑	朝			○	日光飯山
212	埼玉県	本庄市東台 長嶺共同墓地	1959	関東大震災朝鮮人慰霊碑	朝		○	○	(注212)
213	埼玉県	熊谷市仲町 熊谷寺大原墓地	1938	供養塔	朝			○	関東大震災
214	埼玉県	寄居町寄居 正樹院		具学永の墓「罰 日本 罪無」(感天慈雨信士)	朝		○	○	関東大震災
215	埼玉県	本庄市児玉町八幡山 浄眼寺		薜覚悟信士	朝				関東大震災
216	埼玉県	さいたま市見沼区染谷 常泉寺	2001	朝鮮人妻大興墓と慰霊碑	朝		○	○	関東大震災
217	埼玉県	日高市新堀 聖天院	2000	在日韓民族無縁の霊塔	朝		○		関東大震災
218	埼玉県	上里町神保原 安盛寺		関東大震災朝鮮人犠牲者慰霊碑	朝		○	○	関東大震災
219	茨城県	日立市諏訪町 半和台霊闡	1979	茨城県朝鮮人納骨塔(2006 納骨堂修復)	朝	強制連行	○	○	日立飯山
220	茨城県	日立市諏訪町 半和台霊闡	1994	日中友好之碑	中	漁制連行	○		日立飯山
221	茨城県	日立市宮田町 大雄院	1917	震災異国人犠牲者玉心供養塔	朝			○	日立飯山
222	茨城県	日立市宮田町上 本山寺	1995	朝鮮人殉難者の墓諸精霊	朝				日立飯山
223	茨城県	日立市宮田町 本山寺	1924	中華民国殉難病没者諸精霊	中		○		日立飯山
224	茨城県	水戸市 千波湖畔 重慶ひろば	2002	日中不再戦之碑	中		○	○	
225									
226	千葉県	八千代市高津 高津観音寺	1999	関東大震災朝鮮人犠牲者慰霊の碑	朝		○	○	関東大震災
227	千葉県	八千代市大和田新田 ふれあいパーク	1972	無縁仏之墓	朝		○		関東大震災
228	千葉県	八千代市菅田下 長福寺	1983	震災異国人犠牲者玉心供養塔	朝		○		関東大震災
229	千葉県	八千代市菅田上 中台墓地	1995	無縁供養塔	朝		○		関東大震災
230	千葉県	船橋市馬込町 馬込霊園	1924	法界無縁塔	朝		○		関東大震災
231	千葉県	船橋市馬込町 馬込霊園	1947	関東大震災犠牲同胞慰霊碑(1963 年移転)	朝		○		関東大震災
232	千葉県	木更津市永井作 普光寺		朝鮮人納骨堂	朝				海軍航空隊
233	千葉県	匝瑳市(そうさ)市飯高 妙福寺	1997	感謝と謝罪の碑 (中帰連)	中		○		
234	東京都	墨田区八広 荒川堤防下	2009	悼 関東大震災時 韓国・朝鮮人犠牲者追悼之碑	朝		○	○	関東大震災
235	東京都	墨田区横網 横網公園	1973	追悼 関東大震災朝鮮人犠牲者碑	朝		○	○2	関東大震災

- 3 -

No.	所在地	碑所在地	設置	碑名称	渡日形態		文	写	備考
236	東京都 墨田区 横網	横網公園	1951	東京都慰霊堂・納骨堂	朝			○	東京空襲
237	東京都 目黒区 中目黒	祐天寺		祐天寺納骨堂	朝			○	軍人軍属
238	東京都 大田区 池上	照栄院妙見堂	1983	チャンギー殉職者慰霊碑	朝		○	○	
239	東京都 東村山市 萩山町	国平寺		国平寺位牌	朝		○	○	甲申政変
240	東京都 港区 南青山	青山霊園	1904	金玉均之碑	朝		○	○	甲申政変
241	東京都 文京区 向丘	真浄寺		朝鮮国金玉均之墓	朝			○	
242	東京都 奥多摩	小河内ダム	1953	慰霊碑	朝			○	小河内ダム(注242)
243	東京都 東大和市 多摩湖	玉湖神社	1945	慰霊碑(2基)	朝			○	東京水道局(注243)
244	東京都 小金井市 本町	上野恩賜公園	1969	日中不再戦の碑	中			○	
245	東京都 江東区 亀戸		1926	吉林義士王希天記念碑(1993 再建)	中			○	(注245)
x	東京都 江東区 森下		2015	東京大空襲犠牲者霊誌	朝			○	(注245x)
246	神奈川県 横浜市南区堀之内町	宝生寺	1971	関東大震災韓国人慰霊碑	朝			○	関東大震災
247	神奈川県 横浜市港北区菊名	蓮勝寺		朝鮮人納骨塔転住改葬記念碑	朝			○	関東大震災
248	神奈川県 横浜市港北区菊名	蓮勝寺		韓国人盛地改修記念碑	朝				関東大震災
249	神奈川県 横浜市西区元久保町	久保山墓地	1974	殉難朝鮮人慰霊之碑	朝		○	○	関東大震災
250	神奈川県 横浜市港北区篠原町	東林寺	1961	納骨堂			○	○	関東大震災
251	神奈川県 相模湖町	相模湖ダム	1979	殉職者慰霊碑	両	捕虜連行	○	○	
252	神奈川県 相模湖町	相模湖ダム	1993	湖銘碑	中		○	○	
253	神奈川県 大和市上草柳	善徳寺	1963	戦没台湾少年の慰霊碑	朝			○	
254	神奈川県 横須賀市緑が丘	良真院	1933	横須賀海軍建築部請負工事殉職者弔魂碑	中	強制連行	○	○	海軍建築部(注254)
3	北信越地方	碑所在地	設置	碑名称	渡日形態		文	写	備考
301	石川県 七尾市矢田新町	七尾港	1977	「一次帯水」の碑	中		○	○	
302	石川県 七尾市矢田新町	七尾港	2005	中国人殉難烈士慰霊碑	中			○	
303	石川県 七尾市(伊久留)	旧相馬小学校	2003	相馬飛行場跡碑	朝		○	○	
304	石川県 金沢市 野田山	野田山新設墓地	1992	尹奉吉義士殉国記念碑 説明板	朝		○	○	(注303)
305	石川県 金沢市 野田山	野田山新設墓地内	1992	尹奉吉義士暗葬之碑 説明板	朝			○	(注304)
306	石川県 金沢市 額谷町	額谷台切り り場	1998	額谷地下軍需工場跡	朝	強制連行	○	○	
307	富山県 高岡市 伏木錦町	伏木港	1979	日中友好之碑	中	強制連行	○	○	
308	富山県 富山市 不二越社内	不二越社内	2000	女子挺身隊勤労の碑	朝			○	
309	富山県 南砺市大字祖山字大沼	ダムサイト右岸		殉職碑記念碑 (祖山ダム工事犠牲者慰霊碑)	朝			○	
310	富山県 宇奈月町内山	常照寺		呂野用塙	朝				
311	富山県 宇奈月町	薬師寺		萬霊之塔	朝				
312	長野県 長野市松代町	象山地下壕入口脇	1995	松代大本営朝鮮人犠牲者追悼平和祈念碑	朝	強制連行	○	○	(注312)
313	長野県 長野市松代地区	象山地下壕入口脇	1995	松代大本営象山地下壕の説明板	朝	強制動員	○	○	
314	長野県 天龍村平岡地先	平岡ダム	1964	「在日殉難中国烈士永垂不朽」碑	中			○	
315	長野県 天龍村平岡地先	平岡ダム	1964	中国人烈士火葬場跡(石碑+案内板)	中		○	○2	

- 4 -

113

番号	都道府県	所在地	碑所在地	設置	碑名称	国籍	渡日形態	文	写	備考
316	長野県	天龍村大字長島字防池	半刷発電所		工事殉職者の慰霊碑	中			○	(注315)
317	長野県	天龍村平岡	自慶院	1947	中華民国人興亜建設殉故殁者之碑	中		○	○2	
318	長野県	天龍村平岡	天竜中学校		満島俘虜収容所跡地、鎮魂碑	中		○	○	
319	長野県	木曽町三岳黒沢	大島橋脇	1983	「在木曽谷殉難中国烈士永垂不朽」碑	中		○	○	高瀬川発電
320	長野県	大町市大町	大町公園	1960	帰国記念植樹と記念碑	朝		○		高瀬川発電
4 東海地方			碑所在地	設置	碑名称		渡日形態	文	写	備考
401	愛知県	名古屋市南区豊田	名南ふれあい病院	1988	東南海地震被害者追悼碑	朝		○		
402	愛知県	名古屋市千種区法王町	日泰寺	1948	冤死同胞慰霊碑	朝		○	○	空襲犠牲
403	愛知県	名古屋市千種区法王町	日泰寺	2000	冤死同胞慰霊碑 碑文、朝鮮人犠牲者名	朝		○	○	空襲犠牲
404	愛知県	名古屋市千種区法王町	日泰寺	1995	納霊再建＋碑歴	朝		○	○	空襲犠牲
405	愛知県	豊川市緑町	第2号緑町緑地	1946	豊川海軍工廠戦没者供養塔（1957 建立縁起）	朝		○		
406	愛知県	半田市雁宿町	雁宿公園	1995	半田戦災殉難者追悼平和祈念碑	朝	徴用連行	○	○3	中島飛行機
407	静岡県	西伊豆町宇久須	法雲寺	1976	中国人殉難者慰霊碑	中	強制連行	○	○3	仁科鉱山
408	静岡県	西伊豆町宇久須	国有林	1976	中国人殉難者慰霊碑「鎮魂」	中	強制連行	○		峰之沢鉱山
409	静岡県	浜松市天竜区龍山町平山	妙運寺	1975	中国人殉難慰霊碑	中	強制連行	○		
410	静岡県	浜松市天竜区佐久間町	天竜橋梁の西側	1938	三信鉄道建設工事殉職碑	朝		○		(注410)
411	静岡県	浜松市中区	浜松城公園	1959	朝日両国永久親善万歳・帰国記念植樹の碑	朝		○		
412	静岡県	川根本町元藤川	観天寺共同墓地	1972	三界萬霊塔	朝			○	久野脇発電（注412）
413	静岡県	川根本町崎平	大井川発電所	1936	大井川発電所殉難者慰霊碑	朝		○		(注413)
414	静岡県	川根本町千頭	千頭ダム入脇		朝鮮人追悼碑（地蔵？）	朝		○		湯山発電所（注414）
415	静岡県	掛川市本郷原	共同墓地	1979	無縁供養塔	朝		○		
416	静岡県	熱海市福道町	丹那隧道熱海駅側		丹那トンネル殉職碑	朝		○	○2	中島飛行機人（注416）
417	静岡県	静岡市清水区北矢部	清水斎場	1956	清水戦災殉難者納骨堂	朝		○		清水港
418	静岡県	静岡市葵区駿府城内	駿府城公園	1960	友情の旅碑	朝		○		(注418)
419	静岡県	富士市中丸浜区	中丸共同墓地	1948	中華民国人興亜建設殉故殁者之碑	中		○		富士飛行場
420	静岡県	富士市中丸浜区	中丸共同墓地	1990	中国人殉難者慰霊碑	中		○		富士飛行場
421	静岡県	沼津市御幸町	市民文化センター	1960	帰国記念植樹の碑	朝		○		
422	岐阜県	飛騨市神岡町浅井田	浅井田ダム右岸		浅井田ダム・慰霊碑	朝	強制連行	○		間組
423	岐阜県	八百津町	丸山ダム右岸		丸山ダム・慰霊碑	朝		○		木曽川発電
424	岐阜県	恵那市大井町宇良戸	大井ダム		大井ダム・慰霊碑	朝		○	○	木曽川発電
425	岐阜県	瑞浪市大湫町宇深山	笠置ダム		笠置ダム・慰霊碑	朝		○		木曽川発電
426	岐阜県	岐阜市大宮町	岐阜公園	1962	日中友好之碑	中		○		
427	岐阜県	瑞浪市明世町	岐阜公園	1972	中国人殉難者之碑	中		○		
428	岐阜県	瑞浪市明世町化石山	化石山	1967	日中不再戦の響いの碑　平和の鐘（1972 山頂移転）	中	強制労働	○	○3	(注428)
429	岐阜県	瑞浪市明世町戸狩	瑞浪市民公園	1974	化石山地下壕内の地球同胞内の斜板	両		○	○	
430	岐阜県	各務原市各務おがせ町		1968	中国人殉難塔	中	強制連行	○		(注430)

- 5 -

番号	所在地	碑所在地	設置	碑名称	中朝	渡日形態	文	写	備考
431	岐阜県 高山市宗猷寺町	宗猷寺境内	1970	中国人殉難者之碑	中				(注431)
432	岐阜県 川辺町下麻生	地下壕横の公園	1974	中国人殉難者之碑	中			○	(注432)
433	三重県 青山町伊勢路		1930	近鉄旧青山トンネル殉職者供養塔	朝		○	○	(注433)
434	三重県 熊野市木本	木本トンネル前	1994	朝鮮人労働者追悼碑	朝		○	○	(注434)
435	三重県 熊野市紀和町		2010	紀州鉱山朝鮮人追悼碑	朝	強制連行	○	2	(注435)
5 関西地方		碑所在地	設置	碑名称		渡日形態	文	写	備考
501	奈良県 天理市	柳本飛行場跡	1995	旧大和海軍航空隊大和基地の説明板	朝	強制連行	○	2	(注501)
502	奈良県 生駒市	宝徳寺	1977	梅国人犠牲者無縁仏慰霊碑	朝		○	○	旧生駒隧道
503	京都府 舞鶴市佐波賀	殉難の碑公園	1978	浮島丸殉難者追悼の碑	朝	強制労働	○	2	大湊海軍
504	京都府 舞鶴市余部	共楽公園	1978	舞鶴海軍工廠殉職者 鎮魂碑	朝		○	2	(注504)
505	京都府 綾部市	紫水ヶ丘公園	1995	日韓友好の碑	朝		○	○	
506	京都府 与謝町滝		1946	中華人殉没者供養塔	中			○	大江山鉱山(注506)
507	京都府 与謝野町滝		1994	日本中国悠久平和友好之碑	中	強制連行	○	○	大江山鉱山(注507)
508	京都府 与謝野町滝		1995	日本中国悠久平和友好之碑の説明板	中	強制連行	○	2	大江山鉱山(注508)
509	京都府 上京区	同志社大学	1995	尹東柱詩碑	朝	獄中死	○	○	
510	京都府 京都市左京区田中高原町	京都造形芸術大学	2006	尹東柱留魂之碑	朝		○	○	
511	京都府 京都市東山区 下河原町	霊山観音	1968	韓国人犠牲者慰霊塔	中		○	2	
512	大阪府 大阪市港区築港	天保山公園	2005	日中友好の碑「彰往察来」	中		○	2	大阪空襲
513	大阪府 大阪市港区弁天町	崇禅寺	1959	港区戦災死者有縁無縁精霊碑(1970改葬)	朝	強制連行	○	2	(注513)
514	大阪府 大阪市東淀川区東中島	ピース大阪	1953	戦災犠牲者慰霊碑	両		○	2	
515	大阪府 大阪市中央区大阪城2	大阪城公園	2005	大阪空襲犠牲者モニュメント「刻の庭」	朝		○	○	大阪空襲(注515)
516	大阪府 大阪市中央区大阪城1	大阪城公園	1995	「戦争の傷跡」銘板	朝	強制連行	○	○	大阪空襲(注515)
517	大阪府 大阪市中央区大阪城1	大阪城公園	1936	教育塔	朝		○	○	陸軍造兵廠(注515)
518	大阪府 大阪市天王寺区茶臼山町	統国寺		朝鮮人殉難者之諸精霊碑	朝	強制連行	○		
519	大阪府 大阪市天王寺区生玉町	生玉公園	1996	生玉公園地下壕の銘板			○	○	
520	大阪府 大阪市都島区中野町	大長寺	1956	護讃地蔵慰藩	朝	強制連行	○	○	大阪空襲
521	大阪府 大阪市城東区新喜多	京橋駅南口	1947	京橋駅爆撃被災者慰霊塔・納経塔＋説明板	朝		○		
522	大阪府 大阪市此花区桜島2	日本伸銅大阪工場	2003	旧住友伸銅大阪工場朝鮮人勤労犠牲土慰態碑	両		○	○	大阪空襲
523	大阪府 大阪市大正区南恩加島	南恩加高小学校	1995	鎮魂の鐘・十六地蔵モニュメント	朝	強制連行	○	○	疎開児童(注523)
524	大阪府 茨木市桑原		1996	大阪警備府軍跡地の説明板	朝	強制連行	○	○	(注524)
525	大阪府 高槻市成合北之町		1977	ダーツ地下壕跡略路板	朝		○	○	高槻地下壕
526	大阪府 大東市野崎	婦碑不動院(瀧ふ動)	大正	大東亜戦戦没日韓看護婦慰霊之碑	朝		○	○	
527	大阪府 東大阪市日下町	称揚寺	2006	招魂碑	朝		○	○	生駒隧道(注527)
528	大阪府 和泉市唐堂町	光明池	2006	光明池朝鮮人労働者慰霊碑(1983再建, 2005修復) 説明板	朝		○		
529	大阪府 和泉市唐堂町	光明池		光明池朝鮮人労働者慰霊碑	朝		○	○	
530	大阪府 豊中市広田町	服部霊園	1958	大阪市戦災犠牲者慰霊塔	朝		○	○	大阪空襲

No.	県	碑所在地	設置	碑名称	国籍	渡日形態	文	写	備考
531	兵庫県 神戸市中央区海岸通		2008	神戸港平和の碑	両		〇	〇	神戸空襲
532	兵庫県 神戸市中央区国香通	東福寺		朝鮮人無縁仏	朝		〇		(注533)
533	兵庫県 神戸市兵庫区会下山町	会下山公園	1996	神戸電鉄敷設工事朝鮮人労働者の像	朝		〇	〇	
534	兵庫県 加東市社町社	昭和池		昭和池・慰霊塔	朝		〇		
535	兵庫県 新温泉町久谷	久谷八幡神社	1911	鉄道工事中 職整病没者 招魂碑	朝		〇		山陰線工事(注535)
536	兵庫県 相生市相生挂石	頭部墓園	1995	相生平和記念碑（梅国朝鮮人無縁仏之碑）	朝		〇	〇	播磨造船所
6	**中国・四国地方**	**碑所在地**	**設置**	**碑名称**		**渡日形態**	**文**	**写**	**備考**
601	広島県 広島市中区	平和記念公園	1970	韓国人原爆犠牲者慰霊碑（1999：公園内に移設）	朝		〇	〇2	(注601)
602	広島県 広島市西区観音新町	広島重工広島製作所	1960	三菱造船員慰霊碑	朝		〇	〇	
603	広島県 北広島町奥原	浄謙寺	1995	韓国人原爆犠牲者追悼碑	朝		〇		鉱山・原爆
604	広島県 北広島町細見宇下山	大狩ダム	1995	慰霊塔	朝		〇	〇	正冶ダム(注604)
605	広島県 庄原市高野	高暮ダム	1995	高暮ダム朝鮮人権牲者追悼碑	朝		〇	〇	(注605)
606	広島県 庄原市高野	高暮ダム		高暮ダム朝鮮者殉職者慰霊碑	朝		〇	〇	
607	広島県 安芸太田町坪野	中国電力安野発電所	2010	安野 中国人受難之碑	中	強制連行	〇	〇2	安野発電所
608	広島県 安芸太田町	温井ダム		慰霊碑	朝		〇		中国電力
609	山口県 周南市大字大向字門前	向道ダム		慰霊碑	朝		〇	〇2	向道ダム(注609)
610	山口県 周南市徳山			供養碑				〇2	海軍燃料廠
611	山口県 下関市彦島江の浦町	関門トンネル	1985	関門トンネル殉職者の碑	中	強制就労	〇		
612	山口県 下関市椋野町	円陵寺	1982	日中平和折念慰霊の碑	朝		〇	〇2	強制就労
613	山口県 宇部市西岐波大沢	旧長生炭坑食堂	2013	長生炭鉱殉難者之碑	朝	強制連行	〇	〇2	(注613)
614	山口県 宇部市床波	追悼ひろば	1948	長生炭鉱水没事故権牲者追悼碑	朝	強制連行	〇	〇3	(注614)
615	鳥取県 岩美町荒金			供養塔（1988 移築）	朝		〇	〇2	荒金鉱山(注615)
616	岡山県 玉野市日比	常光寺観音院	1986	日中友誼鉄魂之碑	中		〇		
617	岡山県 倉敷市水島	韓国人会館	1996	韓国・朝鮮人強制連行労働犠牲者慰霊碑	朝	強制連行	〇		
618	愛媛県 新居浜市東平	東平葬儀場	1954	中国人俘虜殉難者霊塔（1970→端応寺に修転）	中		〇		
619	愛媛県 新居浜市山根町	端応寺	1970	中国人俘虜殉難者慰霊塔	中		〇		別子銅山
620	徳島県 つるぎ町貞光字野口	貞光寺	1946	十六地蔵尊	両		〇		疎開児童(注620)
621	徳島県 つるぎ町貞光字野口	貞光小学校	2005	平和の鐘	両		〇		疎開児童(注621)
622	高知県 大月町弘見大字弘波場	事故現場	1995	朴三根慰霊之碑	朝	強制連行	〇		特攻基地
623	高知県 四万十町下道	ダム建設現場	2009	津賀ダム平和折念碑	朝	強制連行	〇		
7	**九州地方**	**碑所在地**	**設置**	**碑名称**		**渡日形態**	**文**	**写**	**備考**
701	長崎県 長崎市松山町	平和公園	1979	長崎原爆朝鮮人犠牲者追悼碑と説明版	朝	強制連行	〇	〇	(注701)
702	長崎県 長崎市松山町	平和公園	2014	韓国人原爆犠牲者慰霊碑予定地	朝	強制連行	〇	〇	(注702)
703	長崎県 長崎市松山町	平和公園	1981	外国人権牲者追悼碑			〇	〇	
704	長崎県 長崎市松山町	平和公園	2008	中国人戦争権牲者追悼碑	中		〇	〇	浦上刑務支所
705	長崎県 長崎市松山町	平和公園	2013	中国人原爆権牲者追悼碑説明板	中	強制連行	〇	〇	浦上刑務支所

- 7 -

- 20 -

番号	都道府県	所在地	場所	年	碑名	民族	備考			関連
706	長崎県	長崎市香焼町		1980	日中不再戦之碑	中		○	○2	高島崎瀬坑
707	長崎県	長崎市高島2490	高嶋神社境内	1920	千人塚供養塔			○	○	
708	長崎県	長崎市高島2490	高嶋神社境内	1988	慰霊碑(千人塚ばして)			○	○	(注708)
709	長崎県	長崎市高島2490	高嶋神社境内	1906	再祭堂一崎瀬坑罹災者招魂碑			○	○	三菱両島崎瀬坑
710	長崎県	長崎市野母崎町南越	清掃会社會庭	1976	南越名海難者無縁仏之碑			○	○	三菱両島崎瀬坑
711	長崎県	壱岐市芦辺町諸吉里触	芦辺浦青石ヶ浜	1992	大韓民国人慰霊碑	朝		○	○	帰国船遭難
712	長崎県	対馬市厳原町大手橋	修善寺	1986	大韓人畫益故先生殉国之碑	朝	獄中死	○	○2	抗日義兵
713	福岡県	田川市	市営霊園	1999	翔魂之碑	朝	強制連行	○	○	
714	福岡県	田川市伊田	石炭記念公園	1988	韓国人犠牲者慰霊碑	朝	強制連行	○	○	
715	福岡県	田川市伊田	石炭記念公園	1989	旧川地区炭鉱殉職者慰霊の碑	朝	強制連行	○	○	
716	福岡県	田川市伊田	石炭記念公園	2002	強制連行中国人殉難者　鎮魂の碑	中	強制連行	○	○2	三井田川炭坑
717	福岡県	田川市大字川宮	法光寺内	1975	朝鮮人炭鉱殉難者之碑「叛光」(1997再建)	朝	強制連行	○	○2	
718	福岡県	田川市		2000	追悼碑・無窮花堂・歴史回廊	朝	強制連行	○	○2	
719	福岡県	北九州市八幡両区三ツ頭	三松園瑠照院		大君・岩松・高松各炭坑の死者追悼石仏	中		○	○	
720	福岡県	北九州市小倉北区寿山川町	広寿山福聚寺墓地		小倉炭鉱殉職者慰霊塔	朝	強制連行	○	○	
721	福岡県	北九州市若松区深山	小田山墓地	1990	若松沖遭難者慰霊碑	朝	強制連行	○	○2	三井三池炭鉱
722	福岡県	大牟田市甘木字甘木山	甘木公園	1995	徴用犠牲者慰霊碑	朝	徴用	○	○	三井三池炭鉱
723	福岡県	大牟田市甘木字甘木山	甘木公園		馬渡社宅慰霊碑	朝		○	○	三井鉱山
724	福岡県	大牟田市馬渡町	馬渡第一公園	1997	馬渡社宅51棟の殉難者記念碑	朝	強制連行	○	○3	
725	福岡県	大牟田市宮浦	石炭公園	2013	三井三池炭鉱宮浦坑中国人殉難者慰霊碑と碑文	中	強制連行	○	○2	
726	福岡県	小竹町新多		1994	松岩菩提供養塔	朝	強制連行	○	○2	目尾炭飯(注726)
727	福岡県	宮若市宮田	千石公園	1982	炭坑殉難者復権の塔	朝		○	○	
728	福岡県	糸田町	千石公園	1981	黄岡炭鉱第三坑殉職者慰霊之碑(2009姿相求刻銘)	朝		○	○	
729	福岡県	福智町赤池	福智町中央公民館	1994	明治炭鉱赤池炭鉱非常殉職者慰霊碑			○	○	赤池炭鉱
730	福岡県	桂川町吉隈	麻生吉隈炭鉱跡	1936	吉隈炭坑非常殉職死合葬者碑	朝	強制連行	○	○	麻生吉隈炭坑
731	福岡県	桂川町吉隈	麻生吉隈炭鉱跡	1942	徳香追慕碑(1982再建)	朝		○	○	麻生吉隈炭鉱
732	福岡県	桂川町			吉隈炭坑夫同霊地納骨堂	朝		○	○	
733	福岡県	添田町	日向家の墓地		日向墓地			○	○	古河大峰炭鉱
734	福岡県	飯塚市庄司	国際交流広場	2000	朝鮮人強制連行犠牲者追悼堂(無窮花堂)	朝	強制連行	○	○	(注737)
735	福岡県	飯塚市庄司	国際交流広場	2002	歴史回廊	朝	強制連行	○	○	
736	福岡県	飯塚市	朝鮮人収容地跡	1988	三菱鯰田炭鉱朝鮮人慰霊碑			○	○2	飯塚市炭鉱
737	福岡県	鯰田小学校東方	慶尚院		慶尚院朝鮮人慰霊碑	朝		○	○	
738	福岡県	飯塚市相田高雄団地	無縁墓地	1969	「供会一処」墓(無縁遺骨)			○	○	日鉄二瀬炭鉱
739	佐賀県	唐津市肥前町入野	光明寺	1990	韓国人勝病没者の霊位	朝		○	○	杵島炭鉱
740	佐賀県	唐津市肥前町入野	光明寺	1957	大鶴鉱業所殉職者の碑	朝		○	○	杵島炭鉱
741	佐賀県	唐津市肥前町入野	光明寺	2001	にあんちゃんの里J碑	朝	大勢移動	○	○	

撤去要請

527　招魂碑／朝鮮人３人刻銘
533　神戸電鉄敷設工事朝鮮人労働者の像／朝鮮人13人
535　鉄道工事中職殉没者慰魂碑／犠牲者27人中朝鮮人７人
601　韓国人原爆殉難病没者慰霊碑／1977：折り鶴を川に投げ捨て。放火など。
　　　1990：広島市による「改置」移設計画。1999：公園内に移設。
604　慰霊塔／朝鮮人18人刻銘
605　高麗ダム朝鮮人犠牲者追悼碑／2008：追悼碑に落書き
609　慰霊碑／朝鮮人３人刻銘
613　長生炭砿殉難者之碑／犠牲者183人中137人が朝鮮人
614　長生炭砿水没事故犠牲者追悼碑／犠牲者183名（内朝鮮人136名）
615　供養塔／2014.6：碑文修正の申し入れあり
620、621　十六地蔵菩／朝鮮人２、中国人１名含む
701　長崎原爆朝鮮人犠牲者追悼碑／碑右から撤去要請→2014年 現所
702　韓国人原爆犠牲者慰霊碑予定地／2014：設置許可申請→設置反対運動→技
　　　崎市が碑文の再検討要求
708　慰霊碑（千人塚）／1988：建立直後に（何者かが破壊
726　松営岩提供養塔／金光烈さんは強制連行されてきた大人ではなく、こどもの
　　　塚と考えている（「風上、伝えより）
737　朝鮮人強制連行犠牲者追悼碑（無窮花堂）／2014.5：改訂や撤去の申し出
750　弔魂碑／朝鮮人名１
806　平和の礎／446人の朝鮮人刻銘

- 10 -

315　工事殉職者の慰霊碑／日本人38人、中国人15人、韓国人13人
410　三信鉄道建設工事殉職碑／犠牲者54人中朝鮮人15人刻銘
412　三界萬霊塔／朝鮮人３人刻銘
413　大井川発電所殉難者慰霊碑／54人中、朝鮮人12人刻銘
414　朝鮮人追悼碑（地蔵？）／犠牲者12人中朝鮮人３人
416　丹那トンネル殉職碑／犠牲者67人中朝鮮人７人
418　友情の森碑／1999 施主、2000 再建
428　日中不再戦の誓いの碑／平和の鐘／中国人39人
430　中国人殉難塔／中国人26人
431　中国人殉難者之碑／中国人３人
432　中国人殉難者之碑／中国人４人
433　近鉄旧青山トンネル殉職者供養塔／犠牲者16人中朝鮮人８人
434　朝鮮人労働者追悼碑／朝鮮人２人
435　紀州鉱山朝鮮人追悼碑／2011：熊野市は不動産取得税、固定資産税を課税
　　　やや電品→2014.4：説明板撤去
501　旧大和海軍航空隊大和基地の跡地にメール
504　舞鶴海軍工廠殉職者鎮魂碑／朝鮮人３人も刻銘
506、507、508　中華人病没者供養碑／中国人犠牲者12人
513　港区戦災死者有縁無縁精霊碑／50人ほどの朝鮮人犠牲者
515　大阪空襲模擬モニュメント「刻の庭」／中国人８人、朝鮮人多数
516　「戦争の傷跡」銘板／2008：撤去申し入れ
523　餓魂の頭・十六地蔵碑／朝鮮人２、中国人１名
524　大阪警備府安威合祀霊器移転跡地の説明板／2014：茨木市が設置者大阪府に

様々な人々の協力で「福留範昭ワールド」を再現── 編集裏話

川瀬俊治

　今回の書籍で編集担当者が巻頭の追悼文で登場したことに驚いた方も多かったと思います。編集者はあくまでも黒子であり、ましてや編集した本の最初に登場するなど非常識極まりないからです。
しかし、この本のイレギュラーは編集上、止むに止まれぬため取った非常手段でした。刊行しなければならない日が決まっていました。３月の山口県の下関集会に間に合わせることでした。ところが最初に登場する原稿が入手できなのです。頭をまず決定して、大枠を決めて、最後に送られる原稿は後ろに回すことにしました。

　編集裏話を語ると、担当者が巻頭に登場する経緯はこうした事情からです。しかし、結果として巻頭と解説が偶然に呼応する構成になったという評価も得ました。

これは偶然のことです。さらに２００７年から２年間の韓国の新聞報道を翻訳、解説された福留昭範の自宅原稿のパソコンに保存されていることがわかり、「福留さんの仕事で紹介しないわけにはゆかない」と小林久公さんからの提言で急きょ加えました。「しかし、膨大になり印刷代がかかる」と私は賛成しませんでしたが、ただ「経費は気にしなくてやりましょう」と飛田雄一さんから推していただくことで、贅沢なこの本が生まれたのです。

　本というのは偶然の出合いと新たな展開があるものです。そういう柔軟さがないといい本は誕生しない。ただ、そういう編集スタイルは「事故」を起こす危険性があるので、薦められた方法ではありませんが。
福留昭範さんが書かれた原稿には、あとから手を入れないという方針でしたが、「誤字をそのままにしておいていいのか」と指摘を受けて初校レベルで朱を入れることにしました。韓国側の民族問題研究所で担当したチョ・スンミさんはこの本の編集を終えて退職しましたが、「元原稿をいかして手をつけない」という方針を変えたことで迷惑をかけました。データー入力、装丁のソン・キスンさんともに最後まで粘り強く付き合っていただいた。
多くの方の校正作業を手伝っていただく結果になりました。さらにデーター化していない原稿が３作品あり、総枚数にして１００枚近くに達しましたが、編集委員ではない池田真理さんが入力していただいたのもラッキーでした。
共同で進めた民族問題研究所は年間２０冊ほど本を刊行している中堅出版社ともいえるところです。出版のノウハウを蓄積しており、編集上の用語の統一、書籍用紙の選択、写真のレイアウト、書籍の装丁などを、如何なく実力を発揮しました。
飛田さんに聞くと、まだ５００冊印刷して１００冊程度しか売れていないということです。どうか皆さん、販売に力を入れてください。新聞報道は朝日と西日本が掲載される予定です。載れば少しは販路が広がるものと期待しています。

竹内康人編著
戦時朝鮮人強制労働調査資料集　増補改訂版
―連行先一覧・全国地図・死亡者名簿―
2015.1、B5、268頁、2000円＋税

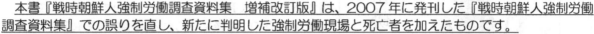

※購入希望者は、＜01160-6-1083　公益財団法人神戸学生青年センター＞で、送料（164円）とも2324円をご送金ください。折り返し送本します。

＜編著者紹介＞
1957年生、静岡県浜松市出身、歴史研究
強制動員真相究明ネットワーク会員
著書に『戦時朝鮮人強制労働調査資料集2　名簿・未払い金・動員数・遺骨・過去清算』（神戸学生青年センター出版部）、『調査・朝鮮人強制労働①炭鉱編』『同②財閥・鉱山編』『同③発電工事・軍事基地編』『同④軍需工場・港湾編』（社会評論社）など

　本書『戦時朝鮮人強制労働調査資料集　増補改訂版』は、2007年に発刊した『戦時朝鮮人強制労働調査資料集』での誤りを直し、新たに判明した強制労働現場と死亡者を加えたものです。
　本書の「強制連行期朝鮮人強制労働現場全国一覧表」の参考文献にあるように、全国各地で強制連行・強制労働調査がおこなわれてきました。これらの調査は真相を明らかにするとともに、国境を越えて人々が手をつなぎ、かつての強制労働の現場をあらたな平和と友好の場所へと変えていく試みであると思います。
　過去の清算を求める運動は、民衆の地平から人権・民主・平和を獲得していくことにつながります。植民地支配は奴隷化と強制連行をもたらしましたが、その歴史は人間の尊厳の回復と平和の構築にむけての民衆の共同の作業によって克服できます。真相を隠すのではなく、明らかにすることで信頼関係が形成されていきます。そのような動きが新たなよき時代を作っていくと思います。
　1965年の日韓請求権協定から50年を経ようとしている今日、本書が、真相糾明と現地調査、そして被害者の尊厳を回復する形での日韓の新たな合意形成に役立てば幸いです。

（2015年1月、竹内康人、本書まえがきより）

＜目次＞
戦時朝鮮人強制労働調査資料集　増補改訂版
　　　　―連行先一覧・全国地図・死亡者名簿―
はじめに　5
1　戦時朝鮮人強制労働調査の現状と課題　6
2　強制連行期朝鮮人強制労働現場全国一覧表　13
3　強制連行全国地図　71
4　強制連行期朝鮮人死亡者名簿　122
おわりに　246

【 会 費 振 込 の お 願 い 】

2015年度（2015年4月～2016年3月）の会費の振り込みをお願いいたします。

個人一口 3000円、団体一口 5000円

（本ニュース紙を郵送で受け取られた方は、同封の振込用紙をご使用ください。）

送金先：［郵便振替口座］00930－9－297182　真相究明ネット

- 24 -

強制動員真相究明

ネットワークニュース No.8 2016年10月6日

編集・発行：強制動員真相究明ネットワーク
　（共同代表／飛田雄一、庵逧由香　事務局長／中田光信　事務局次長／小林久公）
〒657-0064 神戸市灘区山田町 3-1-1 (公財)神戸学生青年センター内
ホームページ：http://www.ksyc.jp/sinsou-net/　　E-mail：mitsunobu100@gmail.com （中田）
TEL 078-851-2760 FAX 078-821-5878 （飛田）
郵便振替＜00930－9－297182　真相究明ネット＞

＜目次＞
・韓国委員会の解散を受けて　　　　　　　　　　　　　　　　　　　　　　　　　　－1－
・第9回強制動員真相究明全国研究集会（名古屋）の報告　　　　　　　　　　　　　　－2－
・偽装データに基づく育鵬社教科書採択撤回を求める取組み　　　　　　　　　　　　　－4－
・日韓市民の連携で「遺骨を故郷・家族のもとへ」　　　　　　　　　　　　　　　　　－8－
・長野県へ来た農耕勤務隊～強制動員された朝鮮半島出身の「日本兵」～　　　　　　－11－
・『明治日本の産業革命遺産』三菱長崎造船所に強制動員された生存者が
　　　　　　　　　　『被爆者健康手帳』申請を却下した長崎市を提訴　　　　　　　－14－
・本の紹介／会費納入のお願い／Q&A 申込み／第10回研究集会案内　　　　　　　　－16－

＜韓国の委員会は解散しましたが、ネットワークは活動を続けます＞

　韓国では、2004年3月5日、「日帝強占下強制動員被害真相究明等に関する特別法」が制定されました。それを受けて、同年11月10日、「日帝強占下強制動員被害真相究明委員会」が発足しました。

　私たちは、本来日本側でも政府が真相究明のための委員会を立ち上げるべきだと考えましたが、それが望めないことから翌2005年7月、「強制動員真相究明ネットワーク」を立ち上げました。

　韓国では、2007年12月10日、「太平洋戦争前後国外強制動員犠牲者支援に関する法律」が制定され、翌2008年6月10日、「太平洋戦争前後国外強制動員犠牲者支援委員会」が設立されて犠牲者に対して「慰労金」の支給が開始されました。

　この二つの委員会は、2010年3月22日に制定された「対日抗争期強制動員被害者調査及び国外強制動員犠牲者等支援に関する特別法」により統合され、「対日抗争期強制動員被害者調査及び国外強制動員犠牲者等支援委員会」が発足しました。（同年4月20日）

　同委員会により、強制動員の真相究明と「慰労金」支給業務が続けられました。しかし、2015年12月31日をもってこの「対日抗争期強制動員被害者調査及び国外強制動員犠牲者等支援委員会」の活動は終了しました。

　韓国語の『結果報告書』として刊行され、日本語の＜要約版＞（B5版、151頁）が、本年6月発行され私たちのところにも届けられています。

　この間、多くの刊行物がだされています。口述記録集 16 冊（2005～2015 年）、資料集 10 冊（2006～2013 年）、真相調査報告書 34 冊（2006～2012 年）、計 60 冊です。真相究明のための各委員会の努力に心からの敬意を表したいと思います。

　韓国の委員会は解散しましたが、私たちのネットワークは、活動を継続することにしました。引き続きともに強制動員真相究明のために活動していきましょう。

　　　2016年9月

　　　　　　　　　　強制動員真相究明ネットワーク　　共同代表　飛田雄一　庵逧由香

-1-

2016.3.5～6

第9回強制動員真相究明全国研究集会（名古屋）

竹内康人（強制動員真相究明ネットワーク会員）

　2016年3月5日から6日にかけて、名古屋市内で第9回強制動員真相究明全国研究集会が開催された。3月5日の「朝鮮人強制労働と世界遺産問題」をテーマにもたれた集会には100人、翌6日の名古屋三菱女子勤労挺身隊関係跡地のフィールドワークには50人ほどが参加した。

　集会では最初に、名古屋三菱朝鮮女子勤労挺身隊訴訟を支援する会の小出裕さんが「朝鮮女子勤労挺身隊調査を通じて解決済み論の誤りを糺す」の題で、30年にわたる名古屋三菱朝鮮女子勤労挺身隊の調査と裁判闘争の経過を話した。

　小出さんは、三菱の「殉職者名簿」から1944年12月7日の東南海地震での朝鮮挺身隊少女6人の死者の存在を知ったこと、1988年に追悼碑「悲しみを繰り返さぬようにここに真実を刻む」を建てたこと、1999年からの名古屋三菱女子勤労挺身隊訴訟で強制連行・強制労働の事実を認定させ、国家無答責や別会社論を否定させたこと、2007年からは三菱本社前での金曜行動をはじめたこと、三菱での労働を認めさせるために厚生年金脱退手当金を2009年に受給させたことなどを話した。

　そして、三菱が追悼碑に参列しなかったこと、空襲での朝鮮人徴用工の死者を公表していないこと、いまも女子勤労挺身隊員への謝罪と賠償がされていないことなどをあげ、この問題は解決済みではないとし、問題解決を訴えた。

　続いて、韓国の民族問題研究所の金敏喆さんが「儒生日記から見た日帝末期における強制動員の実態」の題で、儒生の日記を分析することで当時の強制的な動員状況を明らかにし、明治産業革命遺産の際に日本政府が強制労働を否認した発言を論駁した。

　利用した日記は、全羅南道の儒生・金胄現「定岡日記」、忠清北道の金麟洙「致斎日記」、京畿道の鄭瀾海「観瀾斎日記」などである。日記からは、1943年になると募集の強制性が露骨になり、面吏員たちが村を捜索し、工場で働けそうな18歳から30歳以下の住民を罪人のように捕まえていったこと、郡面の官吏たちが夜中に村を襲撃して労働者を捕まえ、逃亡があると代わりに家族のなかから一人を連れていったこと、志願兵は名目にすぎず、実際には強制徴収であったこと、婚約した日に徴兵された者もいたこと、1944年2月には村で徴用対象者全員が逃亡する事態が起きたこと、駐在所は逃亡者を出頭させるために家族を牢獄に入れ、それでも出頭しない時には年齢に関係なく人を引っ張り、割当を埋め合わせたこと、徴用を避けるために破産して流浪する者もいたことなど、強制動員による村落内の具体的な状態を知ることができる。金さんは、このような強制的な動員状況であっても、総督府の行政力による総動員管理には限界があったことも示した。

　この2つの話の後、三菱長崎造船、三菱高島、三井三池、日鉄八幡、日鉄釜石での強制労働の実態について報告があった。

　竹内は「三菱重工業・三菱鉱業と強制労働—長崎を中心に」で、ユネスコの世界遺産は人種差別を克服し、国際的な人権と平和の認識に資するものであり、資本・労働・国際の視点が必要であること、明

治産業革命遺産の枠組みは安倍談話にあるような歴史修正主義の影響を受けたものであること、登録に際しての日本政府の強制労働認識が偽りであること、日本への労務80万人、軍人軍属37万人の朝鮮人強制動員の史料があること、三菱重工長崎造船所は6000人、三菱高島炭鉱は4000人の朝鮮人を強制動員したこと、三菱内での過去の清算にむかう企業文化が必要であることなどを示した。

韓国の原爆被害者を救援する市民の会の河井章子さんは、三菱長崎造船所に強制動員された3人の朝鮮人の被爆者手帳認定をめぐる取り組みの現状を話した。この3人は、黄海郡遂安郡から木鉢寮に連行された李寛模さん、大牟田から長崎造船へと徴用された金成洙さん、八幡から長崎造船へと徴用された裵漢燮さんである。3人の被爆者認定のために、厚生年金加入記録の調査、郵便貯金の照会、供託文書の開示請求、三菱への在職証明書の発行要請などをおこなってきたが、在職の証拠がないとされ、認定をさせることができない。河井さんは、供託については名簿がないとされ、本人には通知のないまま供託の払い戻しがなされていることを示し、これで「解決済み」なのかと問いかけた。

三井三池炭鉱については広瀬貞三さんが、三井三池の労務部門の担当者の動向を示しながら、戦時下の三井三池炭鉱での朝鮮人、中国人、俘虜の連行の全体像を明らかにした。

三井鉱山は日本の戦力増強政策に積極的に対応した。川島三郎会長は1942年から日本鉱業会会長を務め、三井鉱山への朝鮮人の強制動員も増加した。三井鉱山は日本各地で中国人を強制連行し、その使用数は全国1位になった。大牟田の連合軍俘虜第17分所には1737名が連行されたが、全国84カ所の動員先のうち最大の数だった。三井炭鉱は増産と動員のなか、1945年5月時点で、外国人労働者の割合は33.7％に増加した。三井文庫には関連史料が保管されているとみられる。その公開が望まれる。

八幡製鉄元徴用工問題を追及する会の兼崎暉さんは、北九州市が八幡製鉄所を観光スポットとして売り出しているが、八幡製鉄所ができたいきさつや戦争と共に発展してきたこと、戦争中の強制連行・強制労働には一言もふれていないとした。

八幡製鉄には製鉄所と港運に6000人の朝鮮人が動員され、中国人200人、俘虜1200人も動員された。日本政府は65年協定で解決済みを語っているが、韓国の裁判では日鉄の強制動員被害者への賠償を認める判決をかちとっている。国際企業として被害者への賠償が求められる。

八幡に関連して裵東録さんが発言した。裵さんの父は八幡製鉄の下請けの組に連行され、母も八幡の港運で働いた。裵さんは母の労働証明書を示しながら、出産してすぐ、鉄鉱石を手で貨車に積み込んだことなどを話し、産業革命が石炭と鉄の生産によるものであり、そこに強制労働があったことを忘れてはならないと訴えた。

日本製鉄元徴用工裁判を支援する会の山本直好さんは日本製鉄釜石での強制労働について報告した。釜石では橋野鉱山と橋野高炉跡などが明治産業革命遺産に組み込まれているが、戦時には日本製鉄釜石製鉄所に少なくても690人、日鉄鉱業釜石鉱山約1000人の朝鮮人が連行された。1995年には新日本製鉄を相手取り朝鮮人遺族が遺骨や未払い金の返還等を求めて東京地裁に提訴、1997年、一人あたり200万円の慰霊金で和解した。日本製鉄の生存者の裁判は日本では敗訴し、韓国では高裁で勝訴した。集会後、交流会がもたれ、全国から発言があった。

翌日には、三菱名古屋朝鮮人女子勤労挺身隊関係跡地のフィールドワークがなされた。勤労挺身隊宿舎跡、道徳工場跡、追悼記念碑、三菱重工殉職碑などを見学し、調査と裁判、尊厳回復へのたたかいの歴史を学んだ。

フィールドワーク・東南海地震犠牲者追悼碑前

偽装データに基づく育鵬社教科書採択撤回を求める取組み

「教科書ネット・呉」「教科書ネット・ひろしま」　内海隆男

広島県呉市では 2011 年に引き続き、2015 年にも「右翼的」な教科書である育鵬社中学校歴史・公民が採択された。

　育鵬社教科書が採択される場合には、多くは選定委員会より出された答申と無関係に教育委員の意向（挙手や投票による）により、採択が行われることが多い。

　しかし、呉市の場合は答申（総合所見）を尊重するかたちで採択されていた。

（答申尊重型の採択は東京都教委や栃木県大田原市においてもなされている。）

社会（歴史的分野）総合所見の評価表

	東 書	教 出	清 水	帝 国	日 文	自由社	育鵬社	学び舎
視点①	○	○	○	○	○	○	○	□
視点②	◎	○	○	◎	○	○	◎	○
視点③	□	□	□	□	○	□	○	○
視点④	○	○	○	○	○	○	○	○
視点⑤	○	○	□	○	○	□	○	□
視点⑥	○	○	○	□	□	○	○	□
視点⑦	○	○	○	○	○	○	○	○
視点⑧	□	○	□	○	◎	◎	◎	□
視点⑨	○	○	○	○	○	○	○	○
視点⑩	○	○	○	○	○	○	○	□
視点⑪	○	○	○	○	○	○	○	○
評価点	32	32	30	32	33	31	35	27

※上記の表は呉市教委作成「総合所見」にある評価を基に作成したもの。点数は◎：特に優れている（4 点）　○：優れている（3 点）　□：普通（2 点）　△：配慮を要するもの（1 点）として筆者がつけたものである。視点①〜⑪は教科書の調査・研究をするときに決められたもので、②では近代の歴史上の人物がカウントされた。

　呉市では市民側がプロジェクトチームを立ち上げて、なぜ総合所見（答申）で育鵬社が一位（「特に優れている」の評価）となるのかを、徹底的に点検してみようということになった。（2015 年 12 月）

　そのきっかけは、歴史の総合所見に[「近代の日本と世界」で扱われている人物名]がリストアップされていたデータに不思議なことがあったからだ。

　それは東京書籍の特設ページ「私たち歴史探検隊　地域の歴史を調べてみよう－⑤原爆ドームの保存と平和への願い」（p 230〜233）に出てくる「黒瀬真一郎、河本一郎、楮山ヒロ子、佐々木禎子、ヤン・レツル」の 5 人の人物がセットになって、帝国書院、日本文教出版、そしてまさかの自由社、育鵬社のデータにも載せてあったのである。

　本文ではない特設ページでどんな問題・テーマを扱うかは、教科書各社によって違いがある。東京書籍が 4 ページにわたって取りあげた特設ページに出てくる人物が、同じ順番で、しかもセットになって

- 4 -

124

出てくる教科書が他に存在するはずはないのである。

　このような間違いを発見したので、他にも間違いはあるはずだと考えて、歴史教科書の8冊の全てに当たってみた。
　その結果、教科書に載っているのに、作成されたデータ（{「近代の日本と世界」で扱われている人物}）には載せられていない人物が244名、逆に教科書に載っていないのに載せている人物が138名いることが判明した。これは否定することができない客観的事実である。

　この事実をもとに市民は教科書ネット・呉を結成して2月23日に呉市教委に公開質問状を提出。その様子はNHKやTBSでニュースとして放映された。こうして呉市教委は、教科書採択のために作成した公文書総合所見の見直しを迫られることになった。
　そして呉市教委は3月3日に総合所見見直しの結果を発表する臨時教育委員会を開催。そこで改訂版の「総合所見」が出され、なんと歴史と公民で合わせて1054か所の誤りがあることが公表された。しかし、それでも歴史と公民に育鵬社を採択したという結果は変える必要はないというあきれたものであった。

　呉の教科書問題は国会でも取り上げられた。3月9日、馳・前文科省大臣は「保護者や地域住民等に教科書採択に対する不信感を抱かせたのであれば、採択権者である呉市教委においては説明責任を果たしていただくと共に、今後同じような誤りが起こることがないよう再発防止に向けて調査研究の方法、体制等について見直していただくことが重要であると考えており、しっかりとした対応が行われることを期待したい。」と答弁。その前日には呉市教育長は「教科書問題と関係はない」とのコメントを出し、辞任している。

　呉の教科書問題の中身は
①　採択のために作成された公文書「総合所見」がデタラメな内容であること、したがって「適正な手続き」を経て採択されたとはいえない。無効である。
②　育鵬社教科書を採択するために水増しをするなどの不正を行い高評価していること
③　答申を尊重して採択したことになっているが、呉の採択のシステムは、社会科の指導主事・事務局が調査・研究から採択まで一貫して、育鵬社教科書を採択するのに都合のいいものになっている。
ことなどである。

　今回は紙面の都合上①と②について以下報告する。
　呉の教科書問題の一つは、採択するために作成された総合所見（答申）の内容が杜撰を通り過ぎて、デタラメということがある。教科書を採択するための基本的な資料としての公文書である総合所見が前代未聞の間違いだらけ。次の表が発表された数字である。

誤記等の数

- 5 -

	歴史的分野	公民的分野	計
誤記載	265	132	397
記載漏れ	277	47	324
カウントミス	257	23	280
誤字・脱字	44	9	53
計	843	211	1,054

（2016年5月12日　呉市教育委員会臨時会提出資料より）

不正疑惑ではなく、不正そのものを示すものが次の表である。

【公民視点⑧『県選定資料』
「発展的な学習に関する事例数と具体例」のカウント数】

東書	教出	清水	帝国	日文	自由社	育鵬社
28	12	23	12	30	21	18

【公民視点⑧『呉市教委総合所見』
「補充的・発展的な教材の数と具体例及び大項目ごとのバランス」のカウント数】

東書	教出	清水	帝国	日文	自由社	育鵬社
28	12	23	12	30	21	49

　上記の表を見れば誰でもわかることであるが、県の選定資料と呉の作成した総合所見のカウント数が育鵬社だけが多くなっていることに気が付く。これは育鵬社の 1 ページ以上の特設ページだけではなく、教科書の中にある囲みの解説などのコラムの数をカウントして入れるとういう水増しを行っていたからである。これは不公平であり、高評価にするための偽造工作である。

　3 月 3 日の臨時教育委員会議では誤りを認めて、改訂版の総合所見を提出してきたが、それには育鵬社は 49 から 24 に、東京書籍は 28 から 32 になっていた。しかし、東京書籍は教材の数は多いが、「大項目ごとのバランス」が悪い（現代社会に特設の教材が一つしかない）からとして育鵬社は◎、東京書籍は〇の評価は　変えなかったのである。

　その後請願書による取り組み（請願権を使って公開質問状の回答を求める）で、市教委はしぶっていた文書による回答をせざるを得なくなり、8 月 23 日市教委定例会で請願書への回答が審議され、翌日請願者に回答送付してきた。

　また 7 月 15 日には住民監査請求を行った。呉市教委は不正なデータの操作を行い、恣意的な評価を付した採択資料で採択をおこなったから、教員用教科書・指導書購入費の返還を要求した。それに対して 9 月 13 日に監査の結果の通知されてきた。それには「請求人の主張には理由がないものと判断する」としている。その判断は呉市教委の主張を無批判的に受け入れたものであり、とうてい受け入れることはできない。監査の結果が出て呉市教委は大喜びをしたと思えるが、次は住民訴訟つまり裁判・法廷においてのたたかい、それも本人訴訟の形で、間もなく始まる。

教科書ネット・呉の取り組み

◎公文書公開請求

2015 年

7月17日　呉市教育委員会会議で教科書採択

　　　　　→社会科教科書採択に係る資料の公開請求

9月16日　総合所見（答申）等の公開

2016 年

2月22日　**歴史**評定の意思形成過程に係る資料（USB 等を含む）などの公文書公開請求

3月 7日　呉市教委が「不存在通知」　→3月23日　不服申立て

4月22日　質問書提出（呉市情報公開審査会に諮問をしたのか・・・）

　　　　　（「不服申立てがあった場合は…速やかに呉市情報公開審査会に諮問するものとする」

　　　　　（呉市情報公開条例第11条）とあるが、いまだに諮問せず）

4月20日　**公民**評定の意思形成過程に係る資料（USB 等を含む）などの公文書公開請求

5月 2日　呉市教委が「不存在通知」（非公開決定）を通知　→5月11日　不服申立て

6月30日　処分庁（呉市教委学校教育課）が弁明書を審査庁（呉市教委教育総務課）に提出

7月 1日　審査庁（呉市教委教育総務課）が弁明書を申立て者に送付

7月29日　申立人が反論書を提出

8月26日　処分庁（呉市教委学校教育課）が再弁明書を審査庁（呉市教委教育総務課）に提出

8月29日　審査庁（呉市教委教育総務課）が処分庁（学校教育課）の再弁明書を送付と再反論書の提出の通知

　　　　　（申立人は再反論書を提出せず、諮問された情報公開審査会で意見陳述等をする）

◎**公開質問状の提出**

2月23日　公開質問状を提出（その1）

　　　　　（総合所見にある教科書の評価はいつ、どこで、誰が、どういう議論をして付けたかなど10の質問）

3月18日　公開質問状を提出（その2）

　　　　　（教科書の評価の意思形成過程に係る記録の公表など8の質問）

◎ **請願書の提出**

4月22日　請願書提出

　　　　　（いままでの公開質問状に文書で回答することなど）

8月23日　市教委定例会で請願書への回答審議

8月24日　請願者に回答送付

9月 8日「請願書についての回答書（8/24）についての公開質問状（その1）」を提出

9月16日　呉市教委定例会で請願書（9/8）を不採択にした。

◎ **住民監査請求**

7月15日　住民監査請求

　　　　　（呉市教委の教員用教科書・指導書購入費の返還要求）

8月 4日　請求人の意見陳述

9月13日　住民監査請求に係る監査の結果の通知

　　　　　（「請求人の主張には理由がないものと判断する」）

- 7 -

日韓市民の連携で「遺骨を故郷・家族のもとへ」

在韓軍人軍属（GUNGUN）裁判の要求実現を支援する会　古川雅基

この写真を見ていただきたい。これは私が昨年（2015年）3月に太平洋戦史館の岩淵宜輝さんと一緒にニューギニアのビアク島へ行き、撮影した写真である。岩淵さんはお父さんがニューギニアで戦死し、戦後も遺骨調査を継続している方で2012年にはGUNGUN原告の高仁衡さん、南英珠さんの慰霊の旅にも同行していただいた。今も現地の人が畑を掘るとこうした日本兵の骨がごろごろと出てくる。戦死者240万のうち日本政府が認めているだけでも113万の遺骸が未回収なまま。間違いなくその1パーセントは朝鮮半島から動員された方のものだ。しかしこれまで発掘された遺骸は現地で焼骨され、例外なく東京の「千鳥ヶ淵戦没者墓苑」に収容されてきた。

　靖国神社に「英霊」と褒め称えられる一方で、「放置されてきた遺骸」。ここにこそ戦争の本質がある。そしてその両者の中に必ず旧植民地から動員された人々がいることに目を向けさせることが私たちの大事な取り組みになってくる。

「戦没者遺骨収集推進法」が成立

　4月1日、「戦没者遺骨収集推進法」が施行された。昨年9月衆院可決、2月24日に参院本会議で可決、衆院本会議で再議決、成立したものだ。
　遺骨を「遺族に引き渡す」ことを明記した画期的な法律だが、一方で「我が国の」の文言が外国人を排除するものかどうかが懸念された。私たちは東京へ何度も行き、国会議員へのロビー活動を精力的に行った。その成果が2月18日参院厚労委員会で表れた。
　津田弥太郎議員から「補償問題や慰安婦問題とは絡めることなく、また費用についても適切に韓国側が負担する、そのような前提の下で、韓国側から遺骨に関するDNA鑑定をお願いされた場合どう対応するのか」との質問に対し、塩崎厚労大臣は「遺族の気持ちは国境に関係なく同じである。朝鮮半島出身者については、外交交渉に関わる問題であるが、遺族の気持ちに強く配慮をしていくべきという指摘、意向をしっかりと受け止め、韓国政府から具体的な提案があれば真摯に受け止め政府部内

- 8 -

で適切な対応を検討する」と答弁した。

　そして参院可決時に「戦没者の遺骨から抽出したDNA情報のデータベース化に当たっては、できる
だけ多くの遺骨の身元を特定し遺族に引き渡せるよう、遺族からの幅広いDNA検体の提供の仕組みに
ついて検討すること」との付帯決議が附された。

　時間をさかのぼる3月16日、私たちは参議院会館で「戦没者遺骨DNA鑑定に関する国会内学習会」
を開催した。遺骨収集ボランティア「ガマフヤー」代表の具志堅隆松さんが、沖縄での遺骨収集の現状
について報告。次に「文系でもわかるDNA鑑定」と題してこの問題について協力を申し出ている「NPO
遺伝子情報解析センター」の研究員から、DNA鑑定のしくみや日進月歩の科学技術の発展などを学ん
だ。方法次第で鑑定の精度を上げることが十分可能であることや、厚労省が「地名、部隊名」が判明し
ている人に限定したり、「歯」に限って鑑定を行うなどと、恣意的な基準を設けてきたことの不合理性が
明らかになった。

　集会には川田龍平議員をはじめ2人の議員、5人の議員秘書も参加。川田議員からは「戦争によって
奪われた遺族の時間を取り戻すためにも最善を尽くしたい」と厚労委に向けての決意が述べられた。最
後に、韓国から参加されたノーハプサ原告の鄭鎮福（チョン・ジンボク）さんのお父さんの戦死地クェ
ゼリン島からは、昨年15体の遺骸が収容されており、鄭さんのお父さんが含まれる可能性が十分考え
られることを全体で確認した。

沖縄からスタート　「歯だけでなく四肢骨を対象に」を要求

　学習会終了後、川田議員と意見交流。沖縄の遺骨実態や、韓国で行っている朝鮮戦争犠牲者のDNA
鑑定状況などを議論した。そして3月22日の厚労委で川田議員が質問。これまでDNA鑑定の検体に
ついて「歯」に限るとしている点について、川田議員は「たとえ一本の腕の骨、足の骨であっても、遺
族にとってはそれが父、兄、母であるかもしれない。東日本大震災で見つかった大腿骨一本が、DNA鑑
定の結果、大震災の犠牲者の遺骨と判明して遺族に返還された例がある。たとえ小さな骨片であったと
しても遺族に返すことがとても大事なこと。韓国では、朝鮮戦争の犠牲者のDNA鑑定を大腿骨などか
ら行っていると聞く。沖縄県が焼却せずに保管している遺骨について、腕や足などの四肢の骨からも
DNA採取できるかどうかの試験的な事業を実施すべき」と追及。厚労省は、「今すぐ歯以外でもDNA
鑑定をするほど今科学的な知見の集積は日本でされていない。韓国を含め、どのようなことが科学的に
証明可能なのかということをよく考えていく」と回答した。その後、厚労省に対して、韓国国防部遺骸
鑑識団の写真やソウル大学医学部の博士論文などを提示して、手足の「四肢骨」を鑑定対象にさせるべ
く、検討を確認してきている。

　法成立を受けて厚労省は3月29日、沖縄で収集した遺骨のDNA鑑定に関する方針を公表、遺骸の
発掘場所や今後呼びかける部隊名等が公開された。対象に県民犠牲者が含まれることや、遺族が希望
すれば将来の遺骸発見に備えてDNAデータを保管すること、発掘場所に関連した軍部隊名が公表され
るなど、一定の前進があった。

　一方の課題として、DNA鑑定検体を「歯だけでなく四肢骨を対象に」と、データ突合対象を「すべ
ての希望する遺族」へと広げさせる必要がある。

韓国でも韓国政府を突き動かす運動に進展あり

　残念ながら今回の法律は韓国人を視野に入れない不十分なものだ。しかし、塩崎大臣の発言にあるとおり、今後韓国政府を動かすことができれば展望は切り開かれる。

　最後に最近の韓国の報道を紹介したい。李熙子（イ・ヒジャ）さんたち太平洋戦争被害者補償推進協議会による韓国政府への具体的な要求を報じている。今後も日韓で連携を取りながら「遺骨を故郷・家族のもとへ」の運動を進めたいと思いますので、ご支援をよろしくお願いします。

強制動員被害者遺族の遺伝子銀行構築へ＝韓国政府

（４月３日ソウル聯合ニュース）

　韓国政府が、日本による植民地時代に海外で強制労働させられ命を落とした被害者の遺族の「遺伝子銀行」の構築を進めていることが３日、分かった。行政自治部の過去史支援団は、被害者遺族のDNA検体採取を来年の新規事業として計画し、企画財政部に来年度の第１次分の事業予算として３億ウォン（約2900万円）余りを申請した。企画財政部は中期事業計画と来年度新規事業計画を審議し、９月ごろに結果を発表する予定だ。日本政府が戦没者遺骨のDNA鑑定について対象範囲を拡大する方針を決めたことを受け、韓国政府に対し、日本と早期に交渉を行うよう求めている。

　太平洋戦争被害者補償推進協議会の関係者は「最初は日本政府が朝鮮半島出身者の遺骨を収集の対象から除外していたが、韓国政府が費用を負担するという前提で提案してくる場合は適切な対応を検討するとの立場に変わった。韓国政府が乗り出すときだ」と述べた。　また、「日本は歯から検体を採るため、歯がない遺骨は火葬すると聞いている。韓国政府の対応が遅れ、火葬されてしまえば遺骨返還が不可能になる」と懸念を示した。

≪集会の案内≫

「遺骨問題厚労省交渉」（在韓軍人軍属裁判の要求実現を支援する会主催）

　１０月１２日（水）　１６時～１７時　参議院議員会館　Ｂ１０４会議室

「戦没者遺骨返還のあり方を考える国会内集会」（「ガマフヤー」主催）

　１０月１３日（木）　12時30分～13時30分　参議院議員会館　Ｂ１０４会議室

（いずれも参加、問い合わせは古川まで　携帯：０９０-１１３５-１４８８）

長野県へ来た農耕勤務隊
～強制動員された朝鮮半島出身の「日本兵」～

長野県強制労働調査ネットワーク　原　英章

１．農耕勤務隊（農耕隊）とは？

　農耕勤務隊（以下、農耕隊と略す）は、アジア太平洋戦争の末期、朝鮮半島で召集した朝鮮人青年らを日本へ連行して、主としてサツマイモ、ジャガイモ（航空機燃料の原料として用いる）を栽培する農作業に従事させた部隊の名前でした。「農耕勤務隊臨時動員要領」（1945年1月30日軍令）によって、同年3月朝鮮半島で召集、訓練を経て日本へ連行し主として本州中部に配属されました。その数1万2500人でした。彼らが農耕隊として使役させられたのは1945年5月から8月終戦までの約3か月という短期間であり、また敗戦に伴って証拠となる書類等を焼却してしまったため、残っている記録が少なく、記憶している人々も限られていたので、今まで明らかにされてきませんでした。

　（注1）雨宮剛『もう1つの強制連行　謎の農耕勤務隊』（2012年5月）は農耕隊についての調査をまとめた労作である。

　農耕隊は第1から第5までの5隊で編成されていました。
　　第1農耕隊：静岡県富士山麓
　　第2農耕隊：茨城・群馬
　　第3農耕隊：栃木県那須野原
　　第4農耕隊：愛知県
　　第5農耕隊：長野県（上伊那郡中心）
　1隊につき2500人の朝鮮人が配属されました。1隊は10中隊から成り、1中隊は朝鮮人250人に日本人50人、合計300人が標準となっていました。

２．長野県へ来た第5農耕隊

　当時、陸軍糧秣廠第5農耕隊に所属していた速水勉さん（故人、三重県出身）は次のように証言しています。「1945年4月末（釜山で）半島兵3000名受け取り、長野県に駐在する10中隊に300名ずつ配分した。私の第1中隊は、5月4日300名の朝鮮兵とともに帰着した。長野県北佐久郡五賀村草越という部落に日本兵50名、朝鮮兵300名の農耕隊が農家の蚕室7～8軒借りて兵舎として、100haを目標に国有林のカラ松林を伐採、焼払い、80haの畑を完成し、ジャガイモ、ソバ等を栽培し、新地だからとてもよくできた。日本兵は40歳に近い兵であり、朝鮮兵は20歳位の召集したての兵であった。」

　（速水勉さん証言の要約、雨宮剛『もう一つの強制連行　謎の農耕勤務隊』202頁より）

　　（注2）速水さんの証言内容で、農耕隊の1中隊が朝鮮兵300名と日本兵50名で編制されていたというのは、朝鮮兵250名と日本計50名の勘違いではないかと思われる。

　私たちが入手した第五農耕隊の「留守名簿」には各中隊毎の朝鮮兵の名簿（多くは創氏改名による和名）とともに指導に携わった日本人の兵隊の名簿、住所が記載されています。（中隊によっては朝鮮人

- 11 -

131

のみで日本人について記載されていない名簿もある）しかし、長野県内のどこに駐屯したのか、は留守名簿に記載されていません。そこで、地元の農耕隊を知っている高齢者を訪ねて証言を聞いたり、実際に農耕隊に勤務していた韓国人を韓国に尋ねて数人から聞き取り調査を行いました。また、「留守名簿」にある日本人の住所宛に手紙を出して尋ねてみたりもしました。

　第5農耕隊は、上伊那郡が中心であり、多くは郡内の国民学校等の校舎を宿舎に使用していたことから各学校の学校史に記録があるかどうかを調べ、記録のある学校へは直接訪問して当時の学校日誌等の記録を調査しました。例えば、『西箕輪小学校百年史』に脇田隊長以下の農耕隊が宿泊していたことが記されている他、西春近北小（「5月16日106名」）、中箕輪小（「5月3日　農耕隊220名が到着」）、東春近小（「5月5日　農耕隊226名が到着」）といった記録が各学校史や学校日誌等に記されていました。それらの調査から現時点での仮説としてまとめたのが次の表です。

　第2中隊のみは複数の聞き取りから滋賀県に駐在していたことがほぼ明らかになりましたが、なぜ第2中隊のみが滋賀県に駐在したのかは不明です。

第五農耕隊各中隊の駐屯地・宿舎（現時点での仮説）

中隊名	中隊長（中尉）	小隊長（少尉）	駐屯地・宿舎（現在の市町村）
第1中隊	藤田	速水勉	草越（北佐久郡御代田町）
第2中隊	上田（？）		滋賀県
第3中隊	長谷川		中箕輪国民学校（上伊那郡箕輪町）
第4中隊			伊那商業学校（伊那市）
第5中隊	脇田米彦	村木喜六	西箕輪国民学校（伊那市）
第6中隊	土光茂樹	提政志、堀場壽賀	伊那国民学校（伊那市）
第7中隊	遠藤□三	土井保、浦田岩雄	西春近北・南国民学校（伊那市）
第8中隊	泉重雄	刈谷和夫、藤田實	東春近・富県国民学校（伊那市）
第9中隊	岡田精次郎	土肥三郎、渡部長	赤穂国民学校（駒ヶ根市）
第10中隊	赤松俊夫	飯田益夫、山口義雄	片桐国民学校（上伊那郡中川村）

　※　「第1中隊速水勉」は本人の証言、「第2中隊上田（？）」は『謎の農耕隊』掲載の新聞記事よりの推察。それ以外の中隊長・小隊長の名前は『留守名簿』等による。

　第2中隊を除けば、残りの9中隊の位置はほぼ北～南へ番号順となっている。

３．農耕隊の実態

　西箕輪にいた農耕隊分隊長であった白沢俊雄さん（故人静岡県出身）の証言（当時78歳）
「昭和20年9月中頃までその任を果たした。西箕輪の農耕隊は『第五農耕隊』といわれ、主に北朝鮮のラナンというところで集められてピョンヤンに連行され、そこで約1か月の訓練を受け日本へ運ばれてきた。大体20歳前後の青年たちで100名あまりいた。

　開墾と農耕の仕事だったが、松の木を切ったあとへ3尺くらいの幅のうねをつくり、さつまいもを植えたり、大豆を播いたりした。時には豊橋まで苗を取りに行った。肥料はなかったのであまり収穫はなかった。服装はごそまつなカーキ色の服でだぶだぶのものもあった。『やなぎごおり』の弁当と竹の水筒を入れた網袋を肩からさげて農作業場へ向かった。

　分隊長の下には上等兵の班長たちが約10名いてそれぞれ10名くらいの隊つくってさぎょうにあたった。幹部は常に短剣をつるしていたが、上等兵たちは丸腰であった。それでも彼らは絶対服従で

- 12 -

132

あり、同じ人間でありながら虫ケラ同然に、犬猫と同じように使った。一番困ったのは逃亡してしまうことで、西山をさがした。鉄塔をめざしていたようであるが、中には行方不明でそのままの者もいた。逃亡者がつかまった時は鎖でつなぎ、見せしめのために、ひどいことをした。今は思い出したくない。

食料事情はわるく、彼らは松の木を皮をはいでその白いところを食べていた。ある時、お赤飯かと思ったら、こうりゃんがたくさん入ったご飯だったことがあった。

敗戦後、1か月くらい後始末をして、解散は現地でやり、あとのことはわからない。書類はいっさい焼いてしまい残っていない。」（長野県歴史教育者協議会『戦争を掘る』1994年12月　303頁）

一方、第1中隊（草越農耕隊）の副隊長であった速水勉さんは次のように証言しています。

「２０歳ぐらいの兵隊は純真なもの。日本兵は４０歳くらいだから、親子みたいな関係であった。中隊長は高等学校（旧制）の校長もした人であったから、相談して私的制裁は絶対にやめようということにした。だから私の隊にはリンチはほとんどなかった。」（2011年1月29日速水さんから直接聞いた証言内容）

幹部の考え方によって朝鮮兵の扱いに差が大きかったことが伺えます。速水さんの隊のような場合はむしろ少なかったと思われます。

４．今後の調査の方向

長野県へ来ていた第5農耕隊の１０中隊の内、第２中隊、第４中隊については駐屯地（宿舎）や開墾場所がまだ確定に至っていません。他の８中隊については駐屯地（宿舎）はほぼ確定できたものの、開拓地など明らかになっていないところもあります。今後聞き取りや資料によって、長野県へ来た農耕隊の全体像を明らかにしていきたいと思います。

←　伊那市立富県小学校に保存されている農耕隊の表札

「農耕勤務隊泉隊刈谷隊」とある。

　泉重雄（中尉）は第８中隊長、

　刈谷和夫（少尉）は第８中隊小隊長

『明治日本の産業革命遺産』三菱長崎造船所に強制動員された
生存者が『被爆者健康手帳』申請を却下した長崎市を提訴

韓国の原爆被害者を救援する市民の会　　河井　章子

　今年3月、第9回全国研究集会（名古屋）で、「三菱長崎造船所に強制動員され被爆した韓国人男性が長崎市に申請した『被爆者健康手帳』の認定を待っている」と報告したが、金成洙さん（90）裵漢燮さん（90）の手帳は3月末に却下された。前年3月に却下された李寛模さん（94）を含む3人の却下理由は「陳述を裏付ける記録や証拠がない」というものだ。

　3人はいずれも韓国国務総理所属『日帝強占下強制動員被害真相糾明委員会』から強制動員の被害者として認定され、年間80万ウォンの医療支援金を受給している。金成洙さんと裵漢燮さんの克明な証言は、『真相糾明委員会』が発行した証言集『我が身に刻まれた8月』にも収録されている。そうした事実も長崎市は「本人の証言のみでは裏付けが取れず、認められない」と、一顧だにしなかった。

　強制動員された被害者が、なぜ自らの動員を証明しなければならないのか。そこには三菱長崎造船所、特有の問題がある。同じ三菱重工業でも広島造船所は戦後、広島法務局に1903名分の供託をしている。1995年から12年に及んだ三菱広島・元徴用工被爆者裁判のなかで、原告らは創氏名と同一人物である証明を要求されるなど、苦労の末に自らの供託金名簿を閲覧した。昨年3月、広島市は初めてその名簿を根拠に、一人に被爆者手帳を交付した。三菱広島造船所に強制動員されたものの厚生年金加入記録が見つからず、手帳申請ができずにいたのが、供託金名簿に名前が見つかった人もいた。（申請直前に死去）ところが三菱長崎造船所、そして保管しているべき長崎法務局、長崎県にも『供託金名簿』はないのだ。いや正確には「なくなった」のだ。2008年に国立公文書館つくば分館で発見された大蔵省文書『経済協力　韓国・105—朝鮮人に対する賃金未払い債務調』には「三菱重工業長崎造船所　現金（給料・団体積立金・退職金）3406人 859,770円78銭　昭和23年6月2日長崎司法事務局供託」と明記されているのだ。

　韓国政府が初めて行なった被爆者調査の報告書『広島・長崎　朝鮮人の原爆被害に関する真相調査—強制動員された朝鮮人労務者を中心に—』の『結論』には、2010年4月に日本政府から韓国政府に引き渡された供託金文書について「三菱重工業長崎造船所の供託金文書（3406名分）が今回の資料から漏れていたことは、極めて不適切と言える。日本当局が作成した文書を、内容の精査もせず、何の説明もないまま不完全な供託金文書を引き渡したということになるからだ」と記されている。

　昨年から今年にかけて長崎市に手帳申請を却下された3人は、正にこの「供託金文書」の不在の被害者に他ならない。長崎市は、本人の証言の信ぴょう性には目もくれず、ひたすら証拠、文書を要求する。その文書を保管していない三菱と法務局の責任は全く不問で、「なくなった」という三菱長崎造船所の言い分をオウム返しにするばかりだ。従って、かつて意志に反して広島・長崎に動員され、被爆した人々は、強制動員を裏付ける記録が入手できない限り、被爆者手帳を手にできないのである。

　全国研究集会のレジュメ P.28〜35 に記した通り、私達は1992〜2003の金順吉裁判に学び、郵便貯金、厚生年金、供託金文書を調べ、三菱に在職証明書の発行まで求めた。しかし生年月日が異なる金成洙さんの厚生年金加入記録を除き、何も得られなかった。彼らは強制動員の事実さえ認めない三菱造船所に対し怒りを露わにした。男性労働力の不足を補うために動員され、航空母艦や駆逐艦の建造に携わった朝鮮人青年らは今や90歳代だ。彼らが手帳を取るために裁判までせねばならないとは、痛恨の至りだ。

　しかも長崎造船所の『ないものはない』を突破するのは容易なことではないらしい。また『ないない尽くし』は長崎に限った話ではない。9月21日に長崎地裁で始まったばかりの困難な闘いを注視し、どうかご支援を賜りたい。

- 14 -

＜韓国人＞「被爆者健康手帳の交付を」提訴相次ぐ 2016年9月27日付 毎日新聞

　戦時中に長崎市の三菱重工長崎造船所に徴用されて被爆したとして９０歳の韓国人男性２人が、市などを相手取って被爆者健康手帳交付申請の却下処分の取り消しを求める訴訟を長崎地裁に起こしたことが支援団体への取材で分かった。近く別の韓国人男性も提訴する。３人は国が求める被爆の「証人」がいないなどの理由で申請を却下されており、支援団体は「被爆者が受けるべき援護を受けられないまま放置されている。本人の証言を重視して手帳を交付するよう訴えたい」としている。

　提訴は９月２１日付。原告は韓国・釜山在住の金成洙（キム・ソンス）さん（９０）と慶尚南道在住の裵漢燮（ペ・ハンソプ）さん（９０）。２人は昨年、長崎市に手帳交付を申請したが、いずれも被爆の証人が見つからず、市は今年３月に申請を却下した。

　訴状などによると、金さんは１９３８年、福岡県大牟田市の菓子店で働くために来日した後、４３年に長崎造船所に徴用された。昨年１２月、７０年ぶりに長崎を訪れ、被爆の証拠や証人を探したが見つからなかった。

　裵さんは３９年に朝鮮半島から八幡市（現北九州市）に渡り、４４年に長崎造船所に徴用された。腰には被爆の際に石などが当たって負傷したという傷痕も残っているが、被爆者とは認められなかった。近く提訴する京畿道在住の李寛模（イ・グァンモ）さん（９４）も長崎造船所に動員され、被爆したという。

　国内有数の軍需工場だった長崎造船所を始め、戦時中の長崎には多くの朝鮮半島出身者が動員された。長崎市は８１年、長崎で被爆した朝鮮半島出身者を１万２０００～１万３０００人と推計。市民団体「長崎在日朝鮮人の人権を守る会」は少なくとも２万５０００人はいたとみている。　戦後７０年を過ぎても相次ぐ朝鮮半島出身者による提訴の動きについて、長崎市の市民団体「在外被爆者支援連絡会」の平野伸人共同代表は「自らの意思に反して右も左も分からない長崎造船所に徴用された人たちに被爆の証明を求めても不可能だ。徴用や被爆状況を解明する責任は行政にある」と指摘する。【樋口岳大】

（2015年7月　河井撮影）

李寛模さん 1922年生まれ	金成洙さん 1925年生まれ	裵漢燮さん 1926年生まれ
黄海道出身　京畿道在住	慶尚南道出身　釜山市在住	慶尚南道出身　同在住

- 15 -

竹内康人編著
戦時朝鮮人強制労働調査資料集 増補改訂版
ー連行先一覧・全国地図・死亡者名簿ー
2015.1、B5、268頁、2000円＋税

※購入希望者は、＜01160-6-1083　公益財団法人神戸学生青年センター＞で、送料（164円）とも2324円をご送金ください。折り返し送本します。

＜編著者紹介＞
1957年生、静岡県浜松市出身、歴史研究
強制動員真相究明ネットワーク会員
著書に『戦時朝鮮人強制労働調査資料集2　名簿・未払い金・動員数・遺骨・過去清算』（神戸学生青年センター出版部）、『調査・朝鮮人強制労働①炭鉱編』『同②財閥・鉱山編』『同③発電工事・軍事基地編』『同④軍需工場・港湾編』（社会評論社）など

　本書『戦時朝鮮人強制労働調査資料集　増補改訂版』は、2007年に発刊した『戦時朝鮮人強制労働調査資料集』での誤りを直し、新たに判明した強制労働現場と死亡者を加えたものです。

　本書の「強制連行期朝鮮人強制労働現場全国一覧表」の参考文献にあるように、全国各地で強制連行・強制労働調査がおこなわれてきました。これらの調査は真相を明らかにするとともに、国境を越えて人々が手をつなぎ、かつての強制労働の現場をあらたな平和と友好の場所へと変えていく試みであると思います。

　過去の清算を求める運動は、民衆の地平から人権・民主・平和を獲得していくことにつながります。植民地支配は奴隷化と強制連行をもたらしましたが、その歴史は人間の尊厳の回復と平和の構築にむけての民衆の共同の作業によって克服できます。真相を隠すのではなく、明らかにすることで信頼関係が形成されていきます。そのような動きが新たなよき時代を作っていくと思います。

　1965年の日韓請求権協定から50年を経ようとしている今日、本書が、真相糾明と現地調査、そして被害者の尊厳を回復する形での日韓の新たな合意形成に役立てば幸いです。
（2015年1月、竹内康人、本書まえがきより）

【会費振込のお願い】
２０１６年度(2016年4月～2017年3月)の会費の振り込みをお願いいたします。
◎個人一口 3000円　　◎団体一口 5000円
（本ニュース紙を郵送で受け取られた方は、同封の振込用紙をご使用ください。）
送金先：[郵便振替口座]
00930-9-297182　真相究明ネット

＜「朝鮮人強制動員Q&A」申込みのご案内＞

◎購入希望される方は冊数・送付先を明記して申込みを、FAXまたはメールにて申し込みいただき、事前に郵便振替にて代金納入をお願いします

FAX 078-821-5878（神戸学生青年センター）　mitsunobu100@hotmail.com（中田）

郵便振替＜00930－9－297182　真相究明ネット＞

※　入金確認後送付させていただきますのでよろしくお願いします。

第10回強制動員真相究明全国研究集会
「強制連行・強制労働をどう伝えるか？」

＜基調講演＞
「強制連行問題と朝鮮植民地支配」

京都大学名誉教授　水野直樹さん

＜特別報告＞

「長野県へ来た農耕勤務隊〜強制動員された朝鮮半島出身の「日本兵」〜」

長野県強制労働調査ネットワーク共同世話人　原英章さん

第2部「強制連行をどう伝えるか？」

強制連行を伝える取り組みについての交流・議論

第3部「世界遺産問題を考える」

「明治産業革命遺産」に登録された資産のある地域の取組みの紹介や今後の方針について討議

日　時　2017年3月25日(土)13：30〜17：30
場　所　あがたの森文化会館講堂（松本市）
参加費　1000円　（一般1000円　学生500円）

＜フィールドワーク＞　里山辺地下軍事工場跡

　松本市山辺地区の金華山（864メートル）の地下や周辺、さらに少し南の中山地区の山際には太平洋戦争末期、地下工場や半地下工場が数多く造られた。いずれも陸軍航空本部の指示で、昭和20(1945)年4月から工事が始められた。このうち、地下工場で唯一入り口を残すのが里山辺地下軍事工場跡。ここで、多くの朝鮮人らが危険で過酷な労働を強いられた。

主　催　長野県強制労働調査ネットワーク
　　　　松本強制労働調査団
　　　　強制動員真相究明ネットワーク

（連絡先）〒657-0064　神戸市灘区山田町 3-1-1　（財）神戸学生青年センター内

ホームページ：http://www.ksyc.jp/sinsou-net/　mail mitsunobu100@hotmail.com 携帯 090-8482-9725

- 18 -

強制動員真相究明
ネットワークニュース No.9　2017年6月19日

編集・発行：強制動員真相究明ネットワーク
（共同代表／飛田雄一、庵逧由香　事務局長／中田光信　事務局次長／小林久公）
〒657-0064 神戸市灘区山田町 3-1-1 (公財)神戸学生青年センター内
ホームページ：http://www.ksyc.jp/sinsou-net/　E-mail：mitsunobu100@gmail.com（中田）
TEL 078-851-2760 FAX 078-821-5878（飛田）
郵便振替＜00930－9－297182　真相究明ネット＞

＜目次＞
- 巻頭言　-1-
- 第10回強制動員真相究明全国研究集会（長野県松本市で開催）の報告　-2-
- 研究集会の感想　-5-
- 沖縄戦遺族のDNA鑑定集団申請に向けて
　　　　　　「戦没者遺骨を家族の元へ6・22沖縄集会」を開催　-7-
- 日本政府の歴史歪曲と「慰安婦」問題の解決　-9-
- 強制動員・北炭の給与明細書　-11-
- 書籍の紹介　　李相業『死地を越え帰郷まで』日本語版　-15-
- 第11回研究集会の予告／会費納入のお願い　-16-

＜巻頭言＞

　2017年3月25・26日に、第10回強制動員真相究明全国研究集会が長野県松本で開催されました。松本集会では松本市長からのメッセージをはじめ、市を挙げての歓迎を受けました。毎年感じることですが、今回も主催の長野県強制労働調査ネットワークの皆さんが、いかに地元に根ざした活動をされているのかが印象的でした。盛りだくさんの中身については、本号の報告をご覧ください。

　韓国では2015年12月に終了した「対日抗争期強制動員被害者調査及び国外強制動員犠牲者等支援委員会」の業務の一部が、行政自治部の「過去事関連業務支援団」内に新設された「対日抗争期強制動員被害支援課」と「対日抗争期強制動員被害調査研究課」に移管されました。従来のような大規模な調査事業はほぼなくなりましたが、一方では被害者支援と追悼・記録事業等を「日帝強制動員被害者支援財団」（2014年6月設立）が引き継ぎ、2015年12月には「国立日帝強制動員歴史館」が釜山で開館されるなど、新たな進展もあります。また5月に劇的な交代劇を経て出帆したばかりの文在寅新政権ですが、「慰安婦」問題や強制動員問題で今後どのような対応をしていくのか、注目されています。

　真相究明ネットワークでは、昨年はこれまでインターネット公開のみだった「朝鮮人強制動員Q&A」を製本し、実費で販売を始めました。来年3月の第11回全国研究集会も開催が決定し、次の会場は沖縄です。細くても長く、粘り強く。そんな活動を続けられれば、と考えています。

共同代表　飛田雄一　庵逧由香

第10回強制動員真相究明全国研究集会（長野県松本市）で開催

　２０１７年３月２５日から２６日にかけて、第10回強制動員真相究明全国研究集会が長野県松本市で開催され、延べ約１００人が参加した。２５日は、あがたの森文化会館（旧制松本高校の講堂）で研究集会がもたれ、２６日には三菱重工業名古屋航空機の里山辺地下工場跡をフィールドワークした。

●あがたの森文化会館で第10回強制動員真相究明全国研究集会
　２５日の集会の基調講演では、強制連行と朝鮮植民地支配、長野県での農耕勤務隊調査、朝鮮人女性の労務動員などの報告がなされた。第２部は「強制連行をどう伝えるのか」の題でもたれ、奈良県天理飛行場、松本市による外国人労働調査報告書、滋賀県の大学での取り組み、高校での報告などがなされた。第３部は「明治産業革命遺産問題と強制労働」のテーマでもたれ、釜石、八幡の調査が報告され、紙上報告には長崎、三池、産業革命遺産全般があった。

会場入口には歓迎の看板が出迎え！

基調講演に立った水野直樹京都大学名誉教授

　基調報告で水野直樹さんは「強制動員問題と植民地支配」で、皇民化での同化と差異化について話し、植民地朝鮮では朝鮮人の本籍地が固定されたこと、朝鮮人学校における皇国臣民の誓詞の法令上の根拠なしの導入、戦時態勢がすすむなかで朝鮮・台湾が内務省管理局によって支配されるようになったことなどを示した。

原英章さんは「長野県へ来た農耕勤務隊」の題で、長野県に動員された第５農耕隊の調査を話し、全１０中隊が伊那市、駒ケ根市、中川村などに動員されていたこと、死亡者や逃亡者の存在、逮捕者へのリンチの実態などを示した。長野県内での現地調査による学校関係資料の精査によって、農耕勤務隊の動員状況が判明した。

　鄭惠瓊さんは「アジア太平洋戦争期朝鮮人女性労務動員現況」で、韓国の真相糾明委員会が認定した１０７６件の動員状況を分析し、女性動員が南洋群島では農場が多く、日本では工場や炭鉱などの炊事、韓国内では工場が多かったとした。

　第２部では、大学教員の庵逧由香さんが「いま改めて朝鮮人強制動員問題を伝えていくために」の題で、現代の学生は、身近に存在する戦争体験がなくなり、社会での共有が希薄になっている。けれども、K-Pop の影響などにより、日朝近代史の受講者が増加するなど、関心は高まっている。これまでの研究の蓄積の共有が必要になっていると提起した。

　続いて、奈良の高野眞幸さんと川瀬俊治さんが、奈良県天理柳本飛行場での調査報告と天理市による碑文撤去の問題点を指摘した。天理については、高野さんは２０１６年に「戦争と奈良県」を出版している。奈良の発掘する会は、韓国の端山市民と交流し、韓国から市民を招いて決議文をあげるなど、説明板の再設置に向けて活動している。

　小松芳郎さんは「松本市の調査報告」で、１９９０年代の「松本市における戦時下軍需工場の外国人実態報告調査報告書」の作成の経過を話した。本書は現在まで、第３刷が発行されている。松

本市はその後も、図書館や文書館に平和資料コーナー、伝えたい戦争の話の発行、記念碑の建立などの活動で平和に関する活動をすすめている。

滋賀の河かおるさんは「強制連行を伝える大学での取り組み」の題で、滋賀県での強制労働の現場の概況を話し、滋賀県での強制労働や戦争遺跡の一覧図を紹介した。また、実習授業での現場への大学生のフィールドワークなどについて紹介し、干拓の現場にも朝鮮人が動員され、地元では朝鮮人の動員が記憶されているが、記されているのは連合軍俘虜のことだけという問題点を指摘した。

竹内は、植民地支配と強制労働の教材化のなかで感じたことを、価値観の形成、さまざまな価値観の提示と民主主義の視点、用語の理解と表現力、批判的思考力、被害者の側に立って考える共感力、植民地主義の克服の視点、知識が人格を持つことの大切さ、「たのしく、ゆかいに」は、理想の追求と仲間の存在にあること、歴史認識による歪曲の克服、地域の民権の水脈に学ぶといった視点を示した。

第3部では、外村大さんが明治産業革命遺産と強制労働に関し、近代化を民衆の動きをからとらえることの大切さ、1910年までで時代を区切ることの無理、外交的配慮ではなく強制労働をおこなったこと自体の問題をみること、巧妙な強制性があること、徴用で送り込めない現場に、徴用を適用しない形で朝鮮人を動員したことの問題などを指摘した。

続いて山本直好さんが「釜石と歴史の継承」、中田光信さんが「八幡製鉄所における強制連行・強制労働について」で日本製鉄の現場での強制労働の実態について紹介した。

山本さんは、釜石市への艦砲戦災犠牲者の再調査要請により、犠牲者特定委員会が開催されるようになり、資料を提供したとし、1944年の落盤事故での朝鮮人死者について言及した。釜石市には、近代産業の幕開けを釜石の陽とすれば、戦争の悲惨さを釜石の陰とする認識がある。

中田さんは、八幡製鉄所での、朝鮮人、中国人、連合軍俘虜の強制動員の実態について報告し、製鉄所で4000人ほど、八幡の港湾関係でも同様の動員があったことを示した。また、連行された朝鮮人や連合軍俘虜の証言を紹介した。

集会後、交流集会がもたれた。地元のバンド、ぽこ・あ・ぽこが演奏し、全国各地の参加者が発言した。交流集会では最後に、沖縄の参加者が来年の沖縄での全国集会の開催についての思いを語った。

● 三菱重工業里山辺地下工場跡のフィールドワーク

トンネルの入口は急な斜面の上！

26日は雪、そのなか、三菱重工業名古屋航空機の里山辺地下工場跡のフィールドワークがもたれた。名古屋への空襲の激化により、1945年、三菱重工名古屋航空機の疎開が松本市とその周辺地域にすすめられたが、さらに、里山辺に地下工場、中山に半地下工場建設がすすめられた。この里山辺・中山の地下工場・半地下工場建設を熊谷組が請負い、そこに数千人の朝鮮人が連行され、中山には、相模発電工事や富士飛行場工事の現場に連行されていた中国人も転送されてきた。

里山辺の地下工場跡の一部は、戦後、信州大学が宇宙線研究のために利用していた。いまでは使用されていないが、松本の調査団の案内により、その施設の入口から内部に入ることができる。内

部は崩落がすすみ、足元には鋭角の岩石が飛散している。今にも崩れそうな箇所もある。空中の岩の粉が懐中電灯に照らされ、きらりと光る。

内部にすすんでいくと、カンテラの煤で記された出張所、熊谷組、天主などの文字を確認できる。トロッコ用の枕木のくぼみ、測量用の木柱の跡、坑口からの距離をはかる90,130などの文字、岩に打ち込まれたままのくさびなども残っていた。山の側面のトロッコ用の軌道跡をみることもできる。

中山には半地下工場が建設された。半地下工場の基礎のコンクリートの一部が残されている。その近くには、連行中国人の収容所があった。

掘り出した土を運び出したトロッコ用の軌道跡

70年ほど前に掘られた壕や半地下工場跡地は、強制動員の時代の強制労働の状況を語り続ける遺跡である。松本市は戦争遺跡の記念碑を設置しているが、里山辺には平和宣言都市25周年にあたる2011年、陸軍飛行場跡地には2012年、中山には2013年に設置した。

●被害証言は平和への指針

『明治日本の産業革命遺産　製鉄・製鋼、造船、石炭産業』（世界遺産推薦書ダイジェスト版・日本国政府内閣官房、監修・文　加藤康子）には、「テクノロジーは日本の魂」、「蘭書を片手に西洋科学に挑んだ侍（さむらい）たちは、半世紀の時を経て、近代国家の屋台骨を構築した」、「産業化により、地政学上における日本の地位を、世界の舞台に確保」などと記されている。このように「さむらい」の成功物語として明治が賛美されている。

本集会での長崎からの紙上報告にあるように、明治産業革命遺産の時期を1910年としたために、端島で登録されたのは護岸部分と内部の竪坑跡などである。1910年までのもので残っているものは石垣の護岸であり、そこもコンクリートで覆われている。

端島で世界遺産とされたのは端島全体ではなく、コンクリートに覆われた護岸の石垣なのである。長崎県と長崎市があてにしていた端島の保存工事のための政府資金は出ないことになったという。

推進する日本政府は、明治維新と産業革命を賛美し、戦争、植民地支配、労働については考察せず、その後の戦争による支配地の拡大や資源の収奪についての批判的視点もない。さらに日本政府は、徴用はあったが、強制労働ではないとする。期間を1910年までとし、その後の歴史をみようとしないやり方が、端島の自壊をすすめる。戦争と強制労働を語り伝える視点を持つことにより、端島の保存も可能になるのである。

松本市立博物館付属施設の松本市歴史の里には、民権の影響を受け、1901年に社会民主党結成に加わった木下尚江の生家が残され、「木下尚江は終わらない」という冊子が出されている。そこに木下が平民新聞に1904年に記した「敬愛なる朝鮮」の一部が掲載されている。そこで木下は、朝鮮人の持つ力に大きな希望を持つと記すとともに、いつか朝鮮半島の一角から平和をもたらす予言者の声を聞くことになるかもしれない、国が亡ぶ屈辱をなめた人でなければ、侵略の罪悪を責めることはできないと記している。

戦争被害の証言や過去清算の声を、木下がいう平和をもたらす予言者の声、平和への指針としてとらえなおしたい。

（事務局　竹内康人）

研究集会への感想

3月25-26日、第10会強制動員真相究明全国研究集会を松本に迎えることができました。各地からご参加いただいた皆さんに感謝いたします。

今回の研究集会で「強制連行・強制労働」をどう考えるかという認識の共育化へ貴重な提言がありました。植民地下にあった朝鮮人への様々な「強制」は、植民地支配への歴史的清算が済まない状態では、その真相が浮き彫りにならないことが理解できました。各地での実態調査・研究と合わせて、朝鮮人の「強制連行・強制労働」への歴史認識の形成にさらに努力することの必要性を感じた集会となりました。

松本強制労働調査団：小島十兵衛

フィールドワーク感想

十数年ぶりに里山辺の半地下工場跡を見学しました。いつ崩落してもおかしくないという状況で、再び見学ができ貴重な体験をさせて頂きました。

ポイントごとで丁寧な説明をして頂き、当時の強制労働の様子を伺うことができました。今回特に印象に残っていることは、持って来ていた照明を消し真っ暗な状態を体験したことです。見学する時は一人一人が照明器具を持っているので明るく、ごつごつと切れたった石や危ない所を注意しながら歩くことができしたが、当時は数少ない灯りで労働を強いられており、とても危険な作業であったことを感じました。

今年で戦後七十二年になり、戦争を体験していない世代の割合が増えています。歴史を風化させず、私達の身近にもつらい過去があったことをこれからも語り継がれていく為にも、この半地下工場跡を残していきたいと感じました。

フィールドワーク参加者　SM）より

炭鉱労働、農耕隊、Kpopと、「強制動員をどう伝えるか？」をテーマに様々な角度からの報告を聞くことができた。私が育った長野県伊那市西箕輪にも朝鮮人の農耕隊がいたと知り、今は亡き祖母が幼いころの私と兄弟の「無作法」に対して、「朝鮮人のようだ」と叱ったこと、それに対して「差別的だ」と父親が憤っていたこと、祖母はまたその母親から同じように言われて育ったことなどを思い出していた。欧米の捕虜に比べ、朝鮮人の動員については資料が残されていないか破棄されている場合もあるなかで、精力的な聞き取りなどによって地域のなかの朝鮮人の存在を掘り起こし伝えていくことは、記憶から消さないため、独善的な歴史の語りに対して、史実を積み重ねていく大切な営みだと感じた。以前、フィリピンの友人に「日本人は歴史を知っているのか」と言われ、「知っているよ」とむっとしたことを思い出したが、身近に起こっていたこととその意味について、本当に無知であったことを実感した。

「強制動員をどう伝えるか？」という問いに対して、歴史を学び、再解釈していく作業が大切という発言があった。私の住む近くの阿智村では、満蒙開拓団を舞台化する試みが行われている。子供から大人までがワークショップに参加し、ひとつの芝居を作り上げていく。自分たちの暮らす場所の歴史を学び、現在にどのような意味を持つのかを、身体を通して考え経験していく実験だと思う。私も、観客として参加できることを楽しみにしている。

長野県阿南町・尾崎真理子

- 5 -

第10回強制動員真相究明全国研究集会に参加して

明治大学大学院博士前期課程2年宮崎智武

2017年3月25日、第10回強制動員真相究明全国研究集会「強制連行・強制労働をどう伝えるか？」に参加させていただいた。私は現在創氏改名政策について修士論文を執筆中の大学院生であるが、印象に残った報告の感想・意見を述べさせていただきたい。

まず鄭惠瓊氏の報告からは、労務動員の研究から女性が抜け落ちていたというものであり、私自身その通りであったと反省すると同時に、実態を研究することの難しさも感じた。同時期の総督府の御用新聞『京城日報』を見ていると、男性が労働者として兵士として動員され抜けていくなかで、留守を守る家庭での女性の役割を説くものが目立つ。総督府がこの時期の朝鮮人女性に何を求めていたのか明らかにしていかなければならないだろう。

次に原英章氏の報告からは、緻密な調査から実態が明らかになっていく過程に面白さを感じたとともに、やはり一つ一つ聞き取りを積み重ねて明らかにしていく大変さも感じた。また、韓国での聞き取り調査の際に農耕隊ではなく軍人であることを主張する人が複数いたということからも、植民地支配、強制連行が被支配者に残した傷の複雑さをやはり示しているものとして印象に残っている。

庵逧由香氏の報告からは、韓国に対する認識の世代論の中で、自分が「当たり前」と思っていたことが、実は前の世代の「当たり前」ではないということに驚きを感じた。確かに私の周りには韓国旅行に行く／行った、K-pop が好きという人が「当たり前」存在している。私自身韓国旅行に行って現地で同世代（加えて同大学）の日本人と知り合った経験がある。ただ女性の方が韓国への興味があり男性には希薄なのではないかと感じており懇親会の際に質問させていただいた。差があるとしてもそういう興味を持っている人たちがいるということ自体が重要な変化であるとの御返事をいただき、世代の中にいると感じられないものがあるものだなと感じた。

外村大氏の報告からは、「強制か否か」の議論や強制性の強調に依って捨象されてしまう問題があるという問題提起が強く頭に残っている。国家による動員は行政が一定の責任を取らなくてはならず、責任回避のために「強制ではない」形式、つまり業者による募集や官斡旋という手法をとった。連れていく際の強制性と同時に、朝鮮人が動員に応じざるを得ない状況・心性を作り出したことも強制動員の重要な点であると改めて感じた。水野直樹氏も創氏改名政策研究において「自発性の強要」を指摘しており、制度上は強制とはされないことが実質的には強制となって被支配民衆に降りかかってくることこそが植民地の本質であろう。

4報告のみ上げさせていただいたが、各地域での研究の緻密さ面白さを体感することができたことが私にとって大きな経験となったと思う。次回を楽しみにしていたい。

沖縄戦遺族のDNA鑑定集団申請に向けて
「戦没者遺骨を家族の元へ6・22沖縄集会」を開催

「戦没者遺骨を家族の元へ」連絡会（在韓軍人軍属裁判を支援する会）古川雅基

遺骨問題についての国際会議の様子

前号ニュース以降の遺骨の動向についてまとめて報告します。

2016年12月19日、韓国国会議員会館で「旧日本軍韓国人戦没者遺骨調査と奉還に関する国際会議」が開催され、沖縄戦遺骨収集ボランティア「ガマフヤー」の具志堅隆松さんが遺骨収集の現状と課題を報告。主催者の姜昌一（カン・チャンイル）議員とソ・ビョンフン議員が今後韓国人遺骨についての韓国国会での窓口になっていただけることになりました。翌20日、私たちは韓国国防部「遺骸発掘鑑識団」を訪問。朝鮮戦争犠牲者の遺骨DNA鑑定では「DNA鑑定は四肢骨で行う」「焼骨は遺族が確定するまでしない」「地域で限定せず幅広い遺族との照合を行う」などの報告を受けました。「遺骨は遺族の元へ」の精神を大切にする韓国の姿勢を大いに学んで帰国しました。

「戦没者遺骨収集推進法」施行後、厚生労働省の作成した「作業等要領」では、「歯がある頭蓋骨のみを個体性有り」としてDNA鑑定対象とし、その他四肢骨のみ等の場合は「個体性なし」として鑑定対象外「残骨」として現地火葬されてしまう方針でした。

この間、私たちの運動と連携した国会でのやりとりを踏まえて、2017年3月31日塩崎厚労大臣から「戦没者遺骨のDNA鑑定の対象拡大の方針」が発表されました。「2016年度の沖縄県4地域（真嘉比・幸地・平川・経塚）の75の遺骨と関連する遺族から提出された301人の検体との照合の結果戦没者の身元特定には至らなかった。そして、2017年度は残る6地域の遺骨（歯）について遺族からの鑑定の申請を募る。そして四肢骨に関して、すでに歯について実施した75の検体のうち、四肢骨の存するものを対象に検証を始める」というものです。

現在の問題点として、①遺族からの検体の集まりが少なすぎる点、②鑑定呼びかけが軍人遺族にとどまり沖縄一般県民への呼びかけが行われなかった点、③厚労省が不確かな戦死記録に固執している点があげられます。

韓国では朝鮮戦争戦死者の遺族から集められた検体は3万人を超えます。それでも韓国において最大の問題は遺族の検体の「少なさ」だと指摘されています。高齢化する遺族に時間はないのです。DNAバンク（唾液を冷凍保存）と言う形でアジア太平洋地域の希望する遺族の検体保存を進めるなども検討するべきです。四肢骨（手足）の鑑定については、米韓の軍の研究所（アメリカDPAA／韓国遺骨発掘鑑識団）などでの

韓国国防部「遺骸発掘鑑識団」の建物

調査の結果、試行的にでも取り組むようになりました。今まで遺族に返す対象にさえならなかったことからすれば一歩前進ですが、米韓から学ぶべきは、骨片をはじめ全ての遺骨を鑑定対象にしていることです。特に細胞の中で数が多く、長期間生存率が高いミトコンドリア DNA の抽出を中心としながら、核 DNA の鑑定と組み合わせ、さらに人類学的骨鑑定・安定同位対比（骨の歴史を辿り出身地判定）などの最新科学を用い、歯科資料など前資料を総合的に組み合わせ個人特定しています。全ての遺骨を現地火葬せず保管し、鑑定を進めるノウハウなど学ぶ点が多くあります。ところが厚労省は、日本は米韓と違い前資料（徴兵検査の記録・認識票など）が無いので、ミトコンドリア DNA では正確な鑑定はできないと見当違いの報告を行っています。

　また現在厚労省は、ボランティア的に公立大学に鑑定を外注しています。四肢骨の鑑定について継続的・専門的・総合的に鑑定に当たる「人・施設・予算」が不可欠です。今年３月国会でも鑑定施設の必要性が参院予算委員会で総理に質問されています。今こそ沖縄で発掘された 600 体余りの遺骨を遺族に返す本格的取り組みが求められています。

沖縄戦遺族による DNA 鑑定集団申請を計画・韓国遺族も合流

　4 月 20 日参院厚労委員会においては、塩崎厚労大臣は「厚労省の側から直接個別に呼びかけるだけではなくて、広報を広く通じて‥遺族の側からのＤＮＡ鑑定の申請を募る」と答弁しました。遺族の側からＤＮＡ鑑定の申請を募ることは画期的であり、大いに評価すべきものと考えます。

　しかし手を挙げた遺族に対して国が死亡地の証拠を求める可能性があります。誰がどこで死亡したかわからないほど凄惨だったのが沖縄戦です。今まで沖縄県での DNA 鑑定で身元判明した 4 名の内 2 名の遺骨出土の場所と国の戦死記録の死亡地は食い違っています。不確かな戦死場所の記録に固執していては、DNA 鑑定を希望するほとんどの沖縄戦遺族が、事業に参加できません。

　そこで 6 月沖縄戦慰霊の日に合わせて「ガマフヤー」を中心に、沖縄戦遺族による「DNA 鑑定集団申請」と集会を計画しています。希望する遺族が沖縄で出土した全ての遺骨と照合する方法へ抜本的に方針変更するよう国に求めます。韓国・米国をはじめ国籍を超えた沖縄戦遺族の参加申込も受け付けます。ぜひ全国からご参加ください。

```
「戦没者遺骨を家族の元へ６・２２沖縄集会」

日時：６月２２日（木）午後２時から４時

場所：沖縄県浦添市社会福祉センター（０９８−８７７−８２２６）

主催：沖縄戦遺骨収集ボアンティア「ガマフヤー」（具志堅隆松代表）
```

国会でのやりとりなど「戦没者遺骨を家族の元へ」連絡会ＨＰをご参照ください。

http://kazokunomotoe.webnode.jp/

日本政府の歴史歪曲と「慰安婦」問題の解決

真相究明ネットワーク事務局次長　小林久公

　本年2月3日に内閣官房が日本軍「慰安婦」関係文書19簿冊182点を入手した。このことの経過と意義について報告する。

　日本軍「慰安婦」問題の本質は、女性が強制的に連れていかれたかどうか、すなわち強制連行があったかどうかではないし、女性たちが「慰安所」でお金を受け取っていたかどうかでもない。その本質は、本人たちの意思で退避することが出来ない奴隷状態に置き、性暴力をほしいままにしていた日本軍の人権侵害事件である。そして、その犯罪行為は、「軍の関与」のレベルではなく、日本政府と軍が一体となって実行したものである。「慰安婦」問題の解決には、日本政府が、このような加害事実を認め、被害者に謝罪し、賠償し、再発防止に取り組むことが必要である。

　歴代政権が継承してきた日本政府の事実認定は、「河野談話」の「今次調査の結果、長期に、かつ広範な地域にわたって慰安所が設置され、数多くの慰安婦が存在したことが認められた。慰安所は、当時の軍当局の要請により設営されたものであり、慰安所の設置、管理及び慰安婦の移送については、旧日本軍が直接あるいは間接にこれに関与した。慰安婦の募集については、軍の要請を受けた業者が主としてこれに当たったが、その場合も、甘言、強圧による等、本人たちの意思に反して集められた事例が数多くあり、更に、官憲等が直接これに加担したこともあったことが明らかになった。また、慰安所における生活は、強制的な状況の下での痛ましいものであった」というものである。

　2007年に安倍政権は「（河野談話）の調査結果の発表までに政府が発見した資料の中には、軍や官憲によるいわゆる強制連行を直接示すような記述も見当たらなかったところである」と言い出し、「記述が無い」→「文書は無い」→「証拠がない」→「強制連行は無かった」→「慰安婦は無かった」と歪曲をエスカレートさせ、政府と歴史歪曲者たちが大合唱をはじめた。

　その一方で「慰安婦問題は，当時の軍の関与の下に，多数の女性の名誉と尊厳を深く傷つけた問題であり，かかる観点から，日本政府は責任を痛感している。安倍内閣総理大臣は，日本国の内閣総理大臣として改めて，慰安婦として数多の苦痛を経験され，心身にわたり癒しがたい傷を負われた全ての方々に対し，心からおわびと反省の気持ちを表明する」（日韓合意記者発表）と言っても、それは被害者の心には届かない。

　だが、実際には「河野談話」の時すでに「強制連行を証明する文書」の存在は確認されていたのである。東京裁判やアジア各地で行われた日本軍人の戦争犯罪裁判の資料の中に「官憲等が直接これに加担したこともあったこと」が記述されている文書存在を、法務省が内閣官房へ法務省に報告していたのである。このことが明らかになったのは2013年2月の情報公開請求によってである。同時に、法務省からそれらの文書が「慰安婦」関係文書として送られていないことも明らかとなった。

　その後、それらの文書は、法務省から国立公文書館に移管され、人々が目にすることが出来るようになった。そして、国立公文書館に対して、それらの文書を「慰安婦」関係文書として内閣官房に送る様市民からの要請があり、今年2月3日に内閣官房に送られたのである。

　安倍政権が言っている「文書は無い」との意味は、各省庁に有っても、「慰安婦」問題の調査を担当す

-9-

147

る内閣官房に無ければ「文書は無い」と言っていることなのであった。しかし、その内閣官房が日本軍の「慰安所」が裁かれた戦犯裁判の記録を受け取った意義は大きい。

そこには、「強制連行を示す記述」とともに「慰安所」での強制、日本軍による性奴隷の実態を示す記述が各所にあり、それらが戦争犯罪として事実認定され有罪が宣告された事実が記載されている。

この文書の入手によって、日本政府が「新たに見つかった資料によると、軍が「慰安所」を設置し、女性たちを強制連行し、慰安所における生活は、強制的な状況の下での痛ましいものであったことが明らかになった。日本政府は責任を痛感し、心身にわたり癒しがたい傷を負われた全ての方々に対し，心からおわびと反省の気持ちを表明し」、「おわびと反省の気持ちを踏まえ、過去の歴史を直視し、正しくこれを後世に伝えるとともに、いわれなき暴力など女性の名誉と尊厳に関わる諸問題にも積極的に取り組んでいかなければならないと考えております」(アジア女性基金の歴代総理の手紙)と被害者に表明するならば、問題解決に一歩前進できるのではないかと期待している。

公開された日本軍「慰安婦」関係文書19簿冊182点の資料目録の第1ページ目　(全18ページ)

いわゆる従軍慰安婦問題の調査結果について(平成5年8月調査後発見分)

〔国立公文書館〕

通し番号	文書件名 (簿冊の名称)	時期 (年月日)	被出者	宛先	記述の概要
24-1	平11法務 03378100-001 Interrogation: HAYASHI Shuichi 「A級極東国際軍事裁判弁護関係 3105・第五類その4 5326-5348B (D)」				3頁上から22行目及び25行目に「brothel」との記述あり
24-2	平11法務 02091100-026 S・林、陳述ボン ナヤマタにて多数の婦人が性的関係のため逮捕投獄 「A級極東国際軍事裁判記録 (和文) (NO.52)」	昭和21年12月25日			3頁左から4行目及び7行目に「慰安所」との記述あり
25-1	平11法務 01929100-029 S・オハラ (日本軍中尉) 陳述モア島における原住民役夫及び原住民婦人の強制売春 「A級極東国際軍事裁判記録 (英文) (NO.54)」	昭和21年12月27日			4頁上から14行目に「brothel」との記述あり
25-2	平11法務 02093100-029 S・オハラ (日本軍中尉) 陳述モア島における原住民役夫及び原住民婦人の強制売春 「A級極東国際軍事裁判記録 (和文) (NO.54)」	昭和21年12月27日			3頁左から3行目等に「娼家」との記述あり
26-1	平11法務 01928100-003 ビールマン (夫人) 宣誓供述書モエンチワン (中央ジャワ) における婦人少女に対する暴行、強制売春 「A級極東国際軍事裁判記録 (英文) (NO.53)」	昭和21年12月26日			3頁下から5行目等に「brothel」との記述あり
26-2	平11法務 02092100-003 ビールマン (夫人) 宣誓供述書モエンチワン (中央ジャワ) における婦人少女に対する暴行、強制売春 「A級極東国際軍事裁判記録 (和文) (NO.53)」	昭和21年12月26日			3頁左から3行目等に「娼家」、5頁右から3行目等に「娼家」との記述あり
27-1	平11法務 01929100-027 L・A・N ロードレイクス (ポルトガル人) 宣誓供述書ポルトガル領ティモールのケリカイ、ナハレタ村における悪所内婦女徴発と接収 「A級極東国際軍事裁判記録 (英文) (NO.54)」	昭和21年12月25日			3頁上から13行目に「brothel」との記述あり

- 10 -

強制動員・北炭の給与明細書

強制動員真相究明ネットワーク会員　竹内康人

　２０１７年４月１１日、産経新聞は「歴史戦・第１７部　新たな嘘」で、韓国・落星台経済研究所の李宇衍「戦時期日本に労務動員された朝鮮人鉱夫（石炭、金属）の賃金と民族間の格差」、九州大学の三輪宗弘の発言などを利用して、「韓国で染みついた「奴隷」イメージ、背景に複雑な賃金計算法、『意図的な民族差別』事実と異なる、韓国人研究者が結論」とする記事を出した。

　その記事には、朝鮮人の給与明細書の写真が掲載されている。その給与明細書の写真をよくみると茂山秉烈のものが多い。ここではこの給与明細書について記すことで、強制動員された朝鮮人の状況について考えたい。

北炭空知炭鉱神威坑に動員された尹秉烈（茂山秉烈）

　写真の給与明細書は北海道炭砿汽船（北炭）のものであり、茂山秉烈の本名は尹秉烈である。尹秉烈の資料や証言は『写真でみる強制動員の話　日本北海道編』（韓国・強制動員被害真相糾明委員会２００９年）、『散らばったあの日の記憶』（韓国・強制動員被害調査支援委員会２０１２年）などに収録されている。

　尹秉烈の証言によれば、尹は１９２４年に忠清道洪城郡金馬面で生まれた。１９４２年１月、北海道の炭鉱の募集広告をみて、１日に３円の賃金とあり、どうせ徴用されるなら今のうちに行こうと、村の４人と募集に応じた。尹は北炭の空知炭鉱神威坑に送られ、鳩ヶ丘の第１協和寮に入れられた。北炭空知炭鉱への採用は身分証では１９４２年２月２７日になっている。尹は採炭労働を強いられ、２年後の帰国は延長され、１９４４年４月２５日には、現場で徴用を適用された。北海道庁長官による徴用告知書が残されている（その書類では尹の生年は１９２５年２月）。帰国できたのは１９４５年末のことだった。

　尹によれば、賃金は１日３円ということだったが、実際には８０銭から９０銭ほどであり、食事代や貯金を引かれると、賃金はほとんどなかった。作業服の代金も引かれた。一緒の部屋の２人が事故で亡くなったという。

　尹は、同僚と撮った写真、給与明細書などの炭鉱の資料、使用していた物品などを人生の証と考え、トランクに保管してきた。それらの資料は、強制動員被害調査がすすむなかで強制動員被害真相糾明委員会に寄贈され、韓国釜山の日帝強制動員記念館に移管され、展示されるに至った。

尹秉烈（茂山秉烈）の給与明細書

　産経新聞の記事では、賃金での民族差別はなかったという文脈でこの給与明細書が使われている。しかし、この明細書の内容については言及されていない。

　その内容をみてみよう。日付が不鮮明なものが多いが、これらの明細書は１９４５年ころのものであろう。１９４５年３月分の給与明細書をみると、就業日数は５日、稼賃金が１６円６０銭、補給金が１５円付けられ、賃金の計は３１円６０銭となる。ここから、厚生年金１２円、寄宿舎賄料２０円７７銭をはじめ、健康保険料、産業報国会費、町民税、団体生命保険料、忠霊塔寄付金、空襲共済基金など計３７円２銭が引かれている。支払額の欄には赤字で５円４２銭と記されている。赤字は炭鉱への借金を意味している。

　他の明細書にも、稼働が少ない、あるいは稼働がないため、赤字で３１円４９銭、２１円３４銭と記された明細書がある。

　比較的収入の多かった月の給与明細表をみてみよう。ある月では、賃金は稼賃金１３７円１７銭、休

- 11 -

149

日歩増７８銭、出稼手当１８円の計１５５円９５銭となり、ここから、年金保険料１２円、勤労所得税１５円７５銭、寄宿舎賄料２０円１０銭、組合貯金１１円１０銭、貯金１９円、さらに産報会費、町民税、団体保険料、簡易保険料、忠霊塔寄付金、氏子組合費など、計８３円８５銭が引かれたため、支払額は７２円ほどになっている。

　他の月の明細表からも、稼働日数が多ければ、賃金合計は１４０円を超えることになるが、引かれる額も８０円を超えたことがわかる。各月の支払い額は６４円８６銭、５３円、４９円５６銭、６２円９８銭、６１円６２銭などである。

　賄料は毎月必ず２０円ほどが毎月引かれ、稼ぎがあれば、２種類の貯金で毎月３０円近くが引かれ、所得税や各種保険などを合わせれば、計７０円から８０円が引かれていた。弁償金、物品代などが引かれている月もある。一日戦死貯金の名で、１日戦死したことされ、５円９０銭の貯金を引かれたときもある。

　ところで、産経新聞に掲載された給与明細書の写真は、支給金額が記されている最下部がカットされているため、読者はこのような形で引かれた支給額を知ることができない。

尹秉烈（茂山秉烈）の決戦増産手当給与通知書

　１９４３年と４４年の決戦増産手当給与通知書も数枚、残されている。

　１９４３年４期分の決戦増産手当給与通知書をみれば、手当計は、定着手当２７円４０銭、出勤手当５６円６０銭、出炭手当３４円１０銭の計１１８円１０銭、ここから規約貯金６０円、所得税１７円７０銭が引かれ。現金支払い額は４０円４０銭となった。

　１９４４年１期分では、手当の計が１１１円４０銭であり、ここから規約貯金５６円、鉱夫預金２３円、所得税１６円６５銭が引かれ、現金支給額は１５円７５銭であった。４４年２期分は手当合計が１１４円６０銭であり、そこから貯金・預金が８１円、さらに所得税が引かれ、支払額は１６円５０銭となった。

　このように手当給与では、規約貯金や坑夫預金により８割近くが引かれたときもあったのである。

　各地の炭鉱に連行された朝鮮人の証言には、逃亡防止のために貯金が強制され、渡された賃金わずかだったというものが多い。茂山秉烈（尹秉烈）の給与明細書や決戦増産手当給与通知書は、炭鉱資本によるそのような管理の実態を裏付けるものである。

　解放後、北炭夕張炭鉱では約１８万円の朝鮮人未払い預貯金が残っていたが、それらはこのような強制的な差し引きによって生まれたわけである。解放後では、北炭夕張炭鉱の朝鮮人未払金の約５２万円、北炭幌内炭鉱の約３３万円、北炭空知炭鉱の約４万円が判明している（GHQ・SCAP 資料、『北海道と朝鮮人労働者』１９９９年所収）。これらの未払金は GHQ を経て、その後、大蔵省から東京法務局に移管された。

　残された資料からは、給与明細書からは６割以上、決戦増産手当給与通知書からは８割以上が差し引かれ、支給額とされたことがわかるが、差し引かれた支給額はそのまま本人に渡されたのだろうか。

　炭鉱では現金支給を１０円程度とし、残りを貯金や送金にあてている例がみられる。その通帳は労務が管理した。逃走防止に利用された。北炭空知でも同様であったとみられる。だから尹は、食事代や貯金を引かれると、賃金はほとんどなかったと語るのである。

歴史を操り、愚弄する行為とは

　李宇衍はこの論文の註で、炭鉱の事例として「半島労務者勤労状況に関する調査報告」に、給料は寮長を通じて支払われたが、１人一月１０円以上を渡さず、残額を貯金や送金させたという記事が複数あることを記している。この記事は李が否定しようとしている「賃金は支給されないか，極めて少額にすぎなかった」という主張に近いものである。李が利用した賃金統計から、李が言うように、強制貯蓄等を

- 12 -

控除しても賃金の4割以上が残り、送金や生活に使用したと一般化するには無理がある。論文を読んでいくと、炭鉱への朝鮮人動員数は30万人を超えるものであったこと、年度がすすむにつれ契約期間の2年を超えて労働を強制された者が多いこと、現員徴用もなされたことなどへの理解がみられない。さまざまな争議や逃亡が起きた理由も示されない。

　強制連行を否定する者たちは、都合のいい記事を見つけては、賃金は良かった、差別はなかったと主張する。統計上の賃金額を示し、民族差別はなかったと主張しても、さまざまな形で動員され、意思に反して現場に留め置かれ、労働を強制されたこと自体を否定することはできない。李宇衍が依拠した「半島人労務者に関する調査報告」日本鉱山協会1939年や「半島労務者勤労状況に関する調査報告」労働科学研究所1943年などには、強制動員された人びとの労苦や思いは記されていない。

　歴史の記述では、文書資料に記されていない実態を明らかにすることが大切である。差別や虐待の記事が、企業などの文書に示されることは少ない。しかし、実際にはそれらがおこなわれたのである。動員が意思に反するものであり、そこで労働が強制されたことを、動員された人びとの証言をふまえ、文書史料を加えて描くべきだろう。

　産経新聞「歴史戦・第17部　新たな嘘」が掲載した茂山秉烈（尹秉烈）の給与明細書は、強制動員期に朝鮮人が「募集」の甘言に応じて移入（連行）され、現場で徴用され、そこで3年を超えての労働を強制された歴史と、その現場で強制貯金がなされ、ときにはマイナスの給与が示されたという歴史を示すものである。

　尹秉烈がトランクに入れて保管してきた史料類は、強制動員の歴史資料であり、民族差別がなかったことを示すものではない。自らの給与明細書が強制動員を嘘とする記事に利用されたことを、尹秉烈が知れば、再び人生を愚弄されたと感じるだろう。

　産経新聞はこの記事のおわりで、三輪宗弘が李宇衍の論文を評価し、韓国は学会でさえイデオロギーに支配されがちとし、「歴史を操る行為は、まさに当時を生きた人を愚弄する行為だ」と語ったとする。

　その言葉は、強制連行・強制労働を否定する行為にこそ向けられるものだ。強制動員の体験を語り、その資料を強制動員の歴史館に提供することになった尹秉烈たちの歴史を、操り、愚弄してはならない。
（文中敬称略）

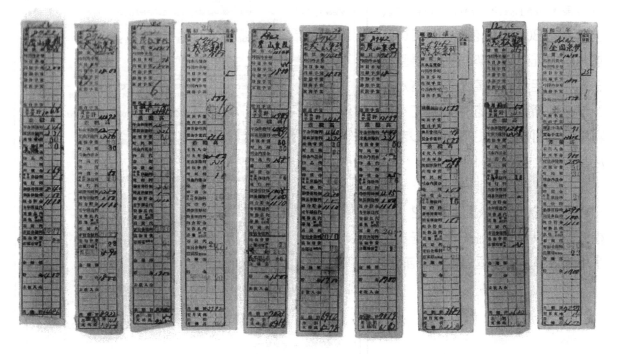

尹秉烈氏の給与明細　出典『散らばったあの日の記憶』韓国・強制動員被害調査・支援委員会

強制動員真相究明ネットワークで好評発売中！

朝鮮人強制動員Q＆A

強制動員真相究明ネットワークは、朝鮮人強制連行・強制労働問題を調査し、その解決を求めてきた人びとが、二〇〇四年の韓国での日帝強占下強制動員被害真相糾明委員会の設立を受けて、二〇〇五年に結成した団体です。この問題の解決にむけて年に一回程度、全国集会を開催し、真相究明や調査活動の交流をすすめるとともに、強制動員被害者の名簿調査、未払い金や供託金の史料調査、証言収集や現地での聞き取り調査、遺骨の返還などの活動をおこなってきました。

戦後七〇年を経た今日も、韓国の強制動員被害者による謝罪と賠償、尊厳の回復などを求める運動がつづいています。しかし、日本政府・企業は強制動員の被害に対し、その事実を認めることなく、その責任をとろうとしません。また、過去を正当化し、植民地支配や強制連行を否定する人もいます。

この強制連行や強制動員の問題について、労務動員を中心に、二〇項目にわたって解説しています。

頒価　一部　100円

今年3月25日開催の第10回強制動員真相究明全国研究集会＜資料集・改訂版＞（A4、140頁、送料とも800円）を発売しています。当日配布の資料集に水野直樹さんの補足資料、庵逧由香さんのレジメ、新聞記事を追加して＜資料集・改訂版＞として発行しました。送料とも800円です。

購入希望者は、郵便振替
＜00930-9-297182　真相究明ネット＞に800円をご送金ください。折り返し送付します。

第10回強制動員真相究明全国研究集会
「強制連行・強制労働をどう伝えるか？」

日　時　2017年3月25日(土)13:30～18:00
場　所　あがたの森文化会館講堂

基調講演　「強制連行問題と朝鮮植民地支配」
　　京都大学名誉教授　水野直樹
特別報告　「長野県へ来た農耕勤務隊～強制動員された朝鮮半島出身の「日本兵」
　　長野県強制労働調査ネットワーク共同世話人　原英章
特別報告　「アジア太平洋戦争期朝鮮人女性労務動員現況」
　　日帝強制動員平和研究会　研究委員　鄭恵瓊（チョンヘギョン）

第2部「強制連行をどう伝えるか？」
基調報告　立命館大学教員　庵逧由香
「奈良県天理・柳本飛行場跡の歴史を伝えるために」
　－資料発掘、証言者発見をどう進め、書籍化はどうした方法で実現したのか－
　　奈良県での朝鮮人強制連行等に関わる資料を発掘する会　高野眞幸
　－運動の軌跡・日韓市民共同の営みの動き－
　　奈良県での朝鮮人強制連行等に関わる資料を発掘する会　川瀬俊治
「松本市による「松本市における戦時下軍事工場の
　　外国人労働実態調査報告書」の編纂・発行の経緯について」
　　元松本市文書館館長・元松本市史編纂室長　小松芳郎
「強制連行を次世代に伝えていくために-滋賀県から」
　　滋賀県立大学教員　河かおる
「教材・植民地支配と強制労働」
　　強制動員真相究明ネットワーク会員　竹内康人

第3部「明治産業革命遺産と強制労働」
問題提起　東京大学教員　外村大
「釜石と戦争の継承－艦砲戦災・強制動員」
　　日本製鉄元徴用工裁判を支援する会　山本直好
「八幡製鉄所における強制連行・強制労働について」
　　日本製鉄元徴用工裁判を支援する会　中田光信
紙上報告
・「朝鮮人の証言から見る三井・三池炭鉱」
　　福岡大学　広瀬貞三
・「北海道から韓国へ遺骨返還の旅」
　　フリーライター　木村嘉代子
・「軍艦島」（端島）の世界文化遺産登録問題をめぐる最近の動向
　　長崎在日朝鮮人の人権を守る会　事務局長　柴田利明
・三菱重工業長崎造船所　強制動員被害者の被爆者手帳裁判　始まる
　　韓国の原爆被害者を救援する市民の会　河井章子
＜資料＞「明治産業革命遺産と強制労働」「史料・証言　明治産業革命遺産での強制労働」
　　「世界遺産についての第1次、第2次声明」
・松本市長からのメッセージ

フィールドワーク案内　「里山辺：地下工場建設跡を訪ねて」

書籍の紹介　李相業『死地を越え帰郷まで』日本語版
"朝鮮人の強制徴用を生々しく告発して … 安らかにお眠りを"

日帝強制占領期の炭鉱の実態を載せた手記『死地を越え帰郷まで』第2版発行控えて、李相業さん逝去

「生前に、あなたが書かれた回顧録の改訂第2版、新しい本をご覧になられたら良かったのに …」。5日午後、李国彦(49)勤労挺身隊ハルモニと共にする市民の会代表は、日帝強制占領時期の強制徴用の実状を生々しく告発した李相業さんの手記『死地を越え帰郷まで』の第2版発行の知らせを伝える際、無念さを隠せなかった。第2版が出るちょうど1週間前、李さんは89歳を迎え、世を去ってしまったのだ。

李さんは「今度の改訂版では、故人の手記がこの間歪曲されて来た強制徴用を直視しようとする日本社会に小さな変化を呼び起こす引き金になる点を記したが、故人がこの本を見られたら深く感じ入っただろう」と口惜しがった。実際に今度再出刊された第2版には、矢野秀喜朝鮮人強制労働被害者補償立法のための日韓共同行動事務局長の推薦辞11頁分が追加された。

彼は推薦辞を通じて、個人の回顧録が「炭鉱現場で日本人と朝鮮人に待遇の差はなかった」という日本の歴史歪曲に対する、最も実証的な反駁資料となると記した。昨年11月の初版と今年4月の日本語版に続き、再発行された第2版は事実上、故人に対する献呈版となった。

故人は15歳の1943年11月、日本の福岡県にある三菱鉱業上山田炭鉱に強制徴用された。彼は飢えの中、地下1,500mの切羽で一日15時間の重労働で苦しめられた。故人は手記で「地獄のような所」と表現した。その現場で、幼い同僚4人が苦痛の中で呻き、息を引き取る姿を両眼で目撃したのだった。故人は何度も死の峠を越え、三度の脱出を企てた末、解放後に故郷に帰って来た。以後、1948年の霊岩(ヨンアム)南初等学校(小学校)を皮切りに、33年間、教職生活を続けて来た。

矢野秀喜事務局長は故人が連行された上山田炭鉱が2015年7月、ユネスコ産業遺産に登載された端島(別名、軍艦島)と同じ三菱鉱業所属であった点に注目した。故人の手記を通じて明かされた朝鮮人労働者死亡に対する証言は、日本政府が否定している「強制連行」と「強制労動」を確認させてくれる重要なきっかけとなるからだ。これは日本国内の良心的歴史学者の真実探究につながり、近代史学者である竹内康人さんは「貴重な資料(手記)を送って下さり、ありがたい」という意を伝えた。実際に矢野秀喜事務局長は推薦辞で、竹内さんが出

亡くなられた李相業さん

版した朝鮮人強制労働資料集の内容も紹介した。資料集によれば、上山田炭鉱で死亡した朝鮮人労働者のうち、姓名が明らかになった人は66名に達する。また、福岡県特高課が作成した「労務動員計画による移入労務者事業場別調査表」では、1944年1月までの死亡者が44名と記されている。矢野事務局長は「故人の手記は、強制徴用当時の死亡者の状況を直接目撃した証言として、このような調査資料の信頼性を裏付けている」とし、「特に、軍艦島での炭鉱労働と朝鮮人労働者をどのように取り扱ったのかを知る契機となるもの」と強調した。（韓国日報2017年6月5日　光州= 安ギョンホ記者）

入手希望者は　paco.yat@poem.ocn.ne.jp　竹内康人さんまでご連絡ください

第11回研究集会・フィールドワークー予告

　沖縄戦は、多くの市民を巻き込み、県民4人に1人が犠牲になった太平洋戦争の激戦地でした。「軍隊は住民を守らない」というだけでなく、その背景には沖縄に対する「本土」の植民地主義ともいえる差別構造がありました。そして沖縄には当時植民地支配下にあった朝鮮半島から軍属として、あるいは日本軍「慰安婦」として動員された数多くの人たちもいました。「沖縄戦と朝鮮人強制動員」というテーマで戦争と植民地支配、そしてこの経験をいかに次世代に伝えていくかを共に考えていきたいと思います。

＜研究集会＞

日　時　2018年3月17日㈯13：00～18：00
場　所　沖縄県那覇市内（予定）
テーマ　「沖縄戦と朝鮮人強制動員」

＜フィールドワーク＞

日　時　2018年3月18日（日）　9：00～15：00
　南部戦跡を中心に特設水上勤務隊の足跡をたどる（予定）

【 会 費 振 込 の お 願 い 】

2017年度（2017 年 4 月～2018 年 3 月）の
会費の振り込みをお願いいたします。
　　　個人一口 3000 円、団体一口 5000 円
（本ニュース紙を郵送で受け取られた方は、同封の振込
用紙をご使用ください。）
　　送金先：[郵便振替口座] 00930−9−297182　真相究明ネット

強制動員真相究明

ネットワークニュース No.10 2018年2月2日

編集・発行：強制動員真相究明ネットワーク
（共同代表／飛田雄一、庵逧由香　事務局長／中田光信　事務局次長／小林久公）
〒657-0064 神戸市灘区山田町 3-1-1 (公財)神戸学生青年センター内
ホームページ：http://www.ksyc.jp/sinsou-net/　E-mail：mitsunobu100@gmail.com（中田）
TEL 078-851-2760 FAX 078-821-5878（飛田）
郵便振替＜00930－9－297182　真相究明ネット＞

＜目次＞
・ごあいさつ   -1-
・明治維新 150 年の今年を明治賛美の年に終わらせないために   -2-
・「第 11 回強制動員真相究明全国研究集会・ 沖縄」のご案内   -3-
・パンフレット『「明治日本の産業革命遺産」と強制労働』の紹介   -4-

今年もネットワークをよろしくお願いします！

　「明治日本の産業革命遺産」がユネスコの世界遺産に登録されて２年が経ちました。

　この問題については、真相究明ネットワークとして 2015 年の登録に際しては『「強制労働」の事実を認知し「明治日本の産業革命遺産」への記載を求める声明』を発し、昨年７月の登録２周年の時にも、日本の市民団体と韓国の市民団体との共同声明（明治日本の産業施設の世界遺産登録２年を迎えて「強制労働の現場にしみ込んだ被害者の血と汗、涙の歴史を記録せよ！」）も発表し、強制連行・強制労働の現場となった施設の「歴史の真実」を伝えることを一貫して日本政府に求めてきました。

　一方、日本政府は「明治産業革命遺産」が「西洋から非西洋への産業化の移転」が成功したことを証言する「顕著な普遍的価値」を持つものであるとして、明治期の産業近代化が「富国強兵」「殖産興業」のスローガンのもとで朝鮮半島の植民地化、中国大陸での利権拡大をめざすアジア侵略のための産業基盤の整備でもあったという日本の「近代史」を正しく伝えようとしていません。そして日中戦争から太平洋戦争期にかけて行われた三菱高島炭鉱（高島・端島[軍艦島]）や三井三池炭鉱、日鉄八幡製鉄所、三菱長崎造船所などで行われた数多くの朝鮮人、中国人、連合軍捕虜の強制連行・強制労働の歴史的事実さえも歪曲しようとしています。

　そこで、明治日本の近代化とは何であったのか、また「明治産業革命遺産」の各施設における強制連行・強制労働の歴史の真実を伝えるために日韓の市民団体がパンフレット『「明治日本の産業革命遺産」と強制労働』を共同制作しました。ぜひご一読いただき広めていだだきますようお願いします。

明治維新150年の今年を明治賛美の年に終わらせないために
「明治産業革命遺産」の歴史の「真実」を伝えよう！

今や観光地と化した「軍艦島」

　2015年の「明治日本の産業革命遺産 製鉄・製鋼、造船、石炭産業」のユネスコ世界遺産登録に当たり、当時の佐藤地ユネスコ大使は「日本は，1940年代にいくつかのサイトにおいて，その意思に反して連れて来られ，厳しい環境の下で働かされた多くの朝鮮半島出身者等がいたこと，また，第二次世界大戦中に日本政府としても徴用政策を実施していたことについて理解できるような措置を講じる所存である。日本は，インフォメーションセンターの設置など，犠牲者を記憶にとどめるために適切な措置を説明戦略に盛り込む所存である。」と表明（ステートメント）しました。そしてユネスコ決議には日本政府が自ら行った「ステートメント」に留意して「各サイトの歴史全体についても理解できるインタープリテーション（展示）戦略」を作成して2017年12月1日までにユネスコに報告することが義務付けらました。

　そして今年11月30日にユネスコに提出された日本政府の報告書には、2019年度に東京に「労働者の歴史」を盛り込んだ情報発信のための「シンクタンク」の役割を果たす「産業遺産情報センター」を設置する予定であり、現在その内容については検討中であるが、その内容については「朝鮮人の徴用政策を含む戦前、戦中、戦後の朝鮮人の調査」や「これまで顧みられなかった重要な歴史的文書の調査」を踏まえたものとするなどと書かれています。

　しかし、実際に強制連行・強制労働が行われた世界遺産が立地する九州から遠く離れた東京に「情報センター」を設置すること自体が強制労働の「負の歴史」を覆い隠そうとしていると指摘されてもやむを得ないのではないのでしょうか。そして、また「朝鮮人労働者を含む労働者に関連する情報の集積」の責任主体である「産業遺産国民会議」は、そのホームページ上で「軍艦島の真実 －朝鮮人徴用工の検証」と題して公開している3本の映像「誰が世界に誤解を広めたのか」「誰が軍艦島の犠牲者なのか」「誰が歴史を捏造しているのか」に加えて新たな証言や資料を公開しています。そこでは「軍艦島は「地獄島」ではありません」として、当時朝鮮人への差別は全くなくともに仲よく暮らし、戦後も「海岸に行って手を振ってさよならて言ってみんなを朝鮮に帰した。」「お別れというのはものすごく悲しかとさ」など朝鮮人の帰国も暖かく見送ったと元島民に証言させています。ここには強制連行の歴史的事実を無かったことにしようとする意図が透けて見えます。映像では、元島民らが見送った人達が以前から働いていた朝鮮人の家族なのか強制連行された元労働者なのかも曖昧な断片的な証言をそれだけがあたかも真実であるかのごとく思い込ませようとしています。これは安倍首相が得意とする「印象操作」と同じです。このような都合よく切り取った証言を「真実」といわせてはなりません。今年は明治維新150年、そして来年2019年は天皇の代替わり、さらに2020年は東京オリンピック開催の年です。産経新聞流に例えれば、「明治産業革命遺産」をめぐって、まさに新たな「国民統合」の「前哨戦」とも言える「歴史戦」に私たちは「真実の歴史」を対置して粘り強く闘っていかなければなりません。

（事務局　中田）

「第11回強制動員真相究明全国研究集会・沖縄」のご案内

読谷村に建てられた日本軍によって朝鮮半島から強制連行された朝鮮人軍属を慰霊する「恨之碑」

沖縄は、多くの市民を巻き込んで県民4人に1人が犠牲となった太平洋戦争の激戦地でした。しかも戦後、過去70年余にわたり多くの米軍基地が押し付けられてきただけでなくさらに高江のヘリパッドや辺野古の新基地建設の強行など「本土」の沖縄に対する植民地主義ともいえる「差別構造」がますます深まっています。

そしてまた、沖縄には戦争当時植民地支配下にあった朝鮮半島から軍属としてあるいは日本軍「慰安婦」として動員された数多くの人たちがいました。

「沖縄戦」と「朝鮮人強制動員」というふたつの「歴史」経験を次世代に伝えていくことは、いまたいへん重要な課題ではないかと考えて、今回研究集会をはじめて沖縄で開催することとなりました。ぜひともみなさんの参加をお待ちしています。

詳しい内容は、別添のチラシをご覧下さい。

＜第11回研究集会への連絡・申込先＞
◎参加希望される方は「事前申込」をお願いします
◎集会・懇親会・フィールドワークいずれに参加するかを明記の上
　メール　mitsunobu100@hotmail.com　　携帯　090-8482-9725（中田）まで
◎申込締切　2018年3月3日（土）

　　　　申し込みFax番号　　075-641-6564

お名前　　　_____

連絡先（メール・携帯番号等）　_____

参加されるものに〇をお願いします。

　　　集会　　　懇親会　　　フィールドワーク　　　オプション（辺野古連帯行動）

- 3 -

「明治日本の産業革命遺産」と強制労働

―世界遺産にふさわしい「普遍的価値」のために知らなければならないこと―

目次

はじめに
1　「明治日本の産業革命遺産」の構成と特徴
　「明治日本の産業革命遺産」の分布
　日本の産業遺産登録の試みと遺産構成
　九州地域の産業遺産施設における案内の現状
2　「明治日本の産業革命遺産」の歴史―侵略戦争、植民地、強制労働
　アジア侵略によって成し遂げられた明治日本の近代化
　植民地朝鮮からの強制動員
　アジア太平洋戦争期における中国人と連合軍捕虜の強制労働
3　強制労働の現場―製鉄所、造船所、炭鉱
　八幡製鉄所：日清戦争での賠償金で建設
　三菱長崎造船所：魚雷・軍艦の生産と原爆
　高島・端島の炭鉱：三菱鉱業の「圧制のヤマ」
　三池炭鉱：強制労働で成長した三井財閥の炭鉱
4　世界遺産で強制労働を語り伝える意義
　世界遺産の中の強制労働
　未解決の戦後補償：強制労働被害者の権利
　強制動員の歴史の記憶と継承のための活動
　資料　日韓市民団体共同声明書（2017年7月）

ブックレットの申込み　1部500円

ただし　10部以上まとめて購入の場合1部400円（送料無料）
下記郵便振替口座への入金確認後の発送になります。
送金先：[郵便振替口座]　00930-9-297182　真相究明ネット
問合せ先　神戸学生青年センター　078-851-2760　携帯 090-8482-9725（中田）

【会費振込のお願い】

2017年度（2017年4月～2018年3月）の会費のまだの方は会費の振り込みをお願いいたします。
　　個人一口 3000円、団体一口 5000円
（本ニュース紙を郵送で受け取られた方は、同封の振込用紙をご使用ください。）
　送金先：[郵便振替口座] 00930-9-297182　真相究明ネット

159

160

強制動員真相究明ネットワーク
　2005年結成。朝鮮人強制動員問題の調査・研究に取り組む市民団体。研究集会開催、日本政府への要請、ニュース発行、声明文発表などを行っている。『朝鮮人強制動員 Q&A』(2012.10)、『BC 級バタビア裁判・スマラン事件資料』(2014.8)、『福留範昭さんの全軌跡：戦後70年-日韓・過去問題の解決にかけた』(2015.5)、『日韓市民による世界遺産ガイドブック「明治日本の産業革命遺産」と強制労働』(2021.10)、『佐渡鉱山・朝鮮人強制労働：日韓市民共同調査報告書』(2022.10) などを発行。日帝強制動員被害者支援財団（韓国）発行の資料集、証言集の翻訳事業を行いこれまで22冊の書籍を刊行している。
連絡先：〒657-0051 神戸市灘区八幡町 4-9-22　神戸学生青年センター内
TEL 078-891-3018 FAX 078-891-3019
URL https://www.ksyc.jp/sinsou-net/　e-mail shinsoukyumei@gmail.com
共同代表：庵逧由香、飛田雄一　事務局長　中田光信

ISBN978-4-906460-77-9
C0036　¥1000E
定価＝本体1000円＋税

強制動員真相究明ネットワーク・ニュース合本 第一分冊
1号（2006年2月12日）〜10号（2018年2月2日）

2025年4月20日　第1刷発行
編者　強制動員真相究明ネットワーク
発行　公益財団法人 神戸学生青年センター
　　　〒657-0051 神戸市灘区八幡町 4-9-22
　　　TEL 078-891-3018 FAX 078-891-3019
　　　URL　https://www.ksyc.jp　e-mail　info@ksyc.jp
印刷　神戸学生青年センター（簡易印刷）
定価　１１００円（本体１０００円+税）

ISBN978-4-906460-77-9 C0036 ¥1000E